Morris Berman

Kultur vor dem Kollaps?

MORRIS BERMAN

KULTUR VOR DEM KOLLAPS?

Wegbereiter Amerika

Aus dem Amerikanischen von Jürgen Pelzer

Edition Büchergilde · Frankfurt am Main

Die amerikanische Originalausgabe erschien 2000
unter dem Titel »The Twilight of American Culture«
bei W. W. Norton & Company, New York, NY
Auszüge aus »This Book Is for Magda« von Lew Welch:

1. Auflage 2002
Lizenzausgabe für die Edition Büchergilde,
Frankfurt am Main,
mit freundlicher Genehmigung
der Büchergilde Gutenberg,
Frankfurt am Main, Wien und Zürich

Lektorat: Petra Wägenbaur, Tübingen
Typographie und Herstellung:
Thomas Pradel, Frankfurt am Main
Umschlaggestaltung: Susanne Will, Stuttgart
Satz: Dörlemann Satz, Lemförde
Druck und Bindung: Clausen & Bosse, Leck
Printed in Germany 2002
ISBN 3-936428-00-X

DEN DREI FREUNDEN

Kelly Gerling

Jane Shofer

John Whitney

INHALT

Danksagung – 13

EINLEITUNG
Die amerikanische Krise – 15

ERSTES KAPITEL
Zusammenbruch oder Wandel? – 30

ZWEITES KAPITEL
Die monastische Option – 95

INTERMEZZO
Das Zeugnis der Literatur – 117

DRITTES KAPITEL
Die Dialektik der Aufklärung – 130

VIERTES KAPITEL
Die monastische Option im 21. Jahrhundert – 163

FÜNFTES KAPITEL
Alternative Visionen – 194

Anmerkungen – 223

Kein Volk kann gleichzeitig unwissend und frei sein.
THOMAS JEFFERSON

Wenn ein Volk sich von Trivialitäten ablenken läßt,
wenn das kulturelle Leben neu bestimmt wird
als eine endlose Reihe von Unterhaltungsveranstaltungen,
als gigantischer Amüsierbetrieb, wenn der
öffentliche Diskurs zum unterschiedlosen Geplapper wird,
kurz, wenn aus Bürgern Zuschauer werden
und ihre öffentlichen Angelegenheiten zur Varietėnummer
herunterkommen, dann ist die Nation in Gefahr –
das Absterben der Kultur wird zur realen Bedrohung.
NEIL POSTMAN, »WIR AMÜSIEREN UNS ZU TODE«[1]

DANKSAGUNG

Mein größter Dank geht an meine Freundin und Kollegin Kelly Gerling, die das gesamte Manuskript mehr als einmal gelesen und zahlreiche Anregungen und wertvolle stilistische Verbesserungen gemacht hat. Jane Shofer und Alain Carrière waren ebenfalls hilfreich, insofern sie die erste Fassung dieses Buches detailliert kommentiert haben, und John Whitney war als Forschungsassistent wie immer großzügig mit seiner Zeit und ein wohlgesonnener, aber auch unbestechlicher Kritiker. Patricia Wertman von der Library of Congress war so freundlich, mich mit Dokumenten vom Congressional Research Service zu versorgen, die für die Frage der im ersten Kapitel diskutierten sozialen Versicherungsprogramme wichtig waren; Paul Dutton von der Simon Fraser University machte mich auf einige Quellen zum Mönchstum aufmerksam, die im zweiten Kapitel zitiert werden; und Ann Medlock und A.T. Birmingham-Young vom Giraffe Project lieferten die Hintergrundinformationen zu einigen »Mönchen«, die im vierten Kapitel beschrieben sind. Etwaige Irrtümer gehen ausschließlich zu meinen Lasten.

Großen Dank schulde ich auch meiner Agentin Candice Fuhrman, die an dieses Buch geglaubt hat und mir beistand, als wir die ironischen Beweise für die zentrale These dieser Arbeit in Form von Ablehnungsbescheiden sammelten, die uns verschlüsselt mitteilten, sie könnten mit dem Projekt nicht allzu viel verdienen. Ein Teil von mir war versucht, diese Bescheide zum Vergnügen der Leser im Anhang zu publizieren, denn sie bestätigen ja, wie ich Candice sagte, daß es keiner »weiteren Beweise« mehr bedarf. Doch irgendwie nahm ich dann doch Abstand davon; aber der Leser und die Leserin sollten sich dessen bewußt sein, wenn sie es nicht schon ohnehin sind, daß eine Situation, in der große Konglomerate nahezu das gesamte intellektuelle Eigentum in den USA kontrollieren und primär an Buchverträgen über Bill und Monica (oder wen auch immer) in Millionenhöhe interessiert sind, im Prinzip auf eine Zensur hinausläuft, die beinahe so mächtig ist wie die in der früheren Sowjetunion. Natürlich kann man in den USA alles kaufen und lesen, was man will, aber 96 Prozent all dessen, was auf dem kommerziellen Sektor publiziert wird, ist so ziemlich das gleiche Material.

Was mich dazu führt, abschließend meinem Lektor bei W. W. Norton, Robert Weil, zu danken. Norton ist der einzige noch existierende unabhängige, kommerzielle Verlag in den USA, und Bob ist vermutlich einer der wenigen noch verbliebenen Lektoren, die die verrückte Idee haben, daß es letztlich um mehr als Profite gehen muß, wenn es noch Hoffnung für die amerikanische Kultur und das amerikanische Verlagswesen geben soll. Ohne ihn gäbe es dieses Buch nicht.

M. B.
Washington, D. C., 1999

EINLEITUNG

Die amerikanische Krise

Amerika ist zur Geschäftsfassade
eines großindustriellen Mobs geworden.
(Anonym)

Vermutlich ist es eine Binsenweisheit, daß Autoren ebensosehr für sich selbst wie für ihre Leser und Leserinnen schreiben. In meinem Fall – und ich gehe davon aus, daß dies auch für viele andere Autoren und Autorinnen zutrifft – stellt der Prozeß des Forschens und Schreibens eine Methode dar, bestimmte Problemzusammenhänge durchzuarbeiten, um so zum Beispiel die Frage zu klären, woher wir kulturell kommen und wohin wir uns bewegen. Solche Probleme sind für mich zumindest nicht lediglich »interessante intellektuelle Fragen«, die ich völlig unbeteiligt untersuchen könnte, denn wäre dies der Fall, würde ich es wahrscheinlich bleibenlassen. Vielmehr ist es so, daß ich mich in diese Probleme verstrickt fühle, da ich ja Teil des kulturellen Prozesses bin, den ich beschreibe. Somit wird das Schreiben zu einer potentiellen Methode der Befreiung, und ich teile dann die Ergebnisse dem Leser und der Leserin mit, wobei ich ein bißchen hoffe, daß sie ähnlich denken. Ich nehme an, das ist offen und ehrlich.

Zu Anfang des 21. Jahrhunderts steckt die amerikanische Kultur ganz einfach in einem Schlamassel. Millionen von Amerikanern spüren dies, wenn auch nur unterschwellig, während ein paar Hundert Autoren und Autorinnen Bücher und Artikel darüber schreiben, Trends dokumentieren und die Ursachen analysieren. Titel wie Lewis Laphams *Waiting for the Barbarians* oder Robert Kaplans *An Empire Wilderness* schmücken in zunehmendem Maße unsere Bücherregale, und Auszüge aus diesen Büchern und Artikel über diese Themen finden ihren Weg in einige der besseren Zeitschriften des Landes. Und die Argumente, die sie entwickeln, sind nicht falsch; die Dokumentationen, die sie liefern – über zerfallende Schulen und weitverbreitetes Analphabetentum, über Gewaltverbrechen und krasse ökonomische Ungleichheit, über Apathie, Zynismus und das, was man als »geistigen Tod« bezeichnen könnte, sind einfach überwältigend. Man benötigt keinen Emerson oder Einstein, um zu erkennen, daß das System seine Grundlagen verloren hat und – ähnlich wie das antike Rom – immer stärker ins Dysfunktionale driftet.

Doch verfügen wir, auf individueller wie auf kultureller Ebene, über Methoden, dies vor uns zu verbergen. Überall gibt es viele schmerzstillende Mittel – wie etwa die konstante Belieferung mit technologischem Spielzeug –, und die Medien verstehen es wirklich ausgezeichnet, das Land mit jenen Spektakeln zu überziehen, die dafür sorgen, daß wir uns auf das Triviale und Sensationelle konzentrieren: der O.-J.-Simpson-Prozeß, der Tod von Lady Diana, Bill Clintons Sexualleben und jenes Infotainment à la CNN, das ein Medienrebell, David Barsamian, zu Recht als »Nuzak« (*news-ak,* analog zu *mus-ak*) bezeichnet hat. Aber das Problem reicht noch tiefer, denn auf eine verquere Weise beruht unser Verfall paradoxerweise gerade auf der Vitalität ebendieser Kultur. Amerikanische Energie ist deutlich spürbar, sie ist das erste, was ausländische Besucher bemerken und oft bewundern. Immer liegt eine gewisse Geschäftigkeit in der Luft: ein neuer Film, ein neuer Skandal, eine neue Idee, mit der man sich (eine Woche lang) befaßt, und natürlich der Aktienindex mit seinem stets fluktuierenden Auf und Ab. Wie, so könnte man logischerweise fragen, können wir von einem Kollaps sprechen, da doch Präsident Clinton 1999 in seiner Rede zur Lage der Nation versichert hat, die amerikanische Wirtschaft sei die stärkste seit dreißig Jahren? Die Arbeitslosigkeit sinkt, die Konjunktur steigt. Daß es uns gut geht, ist offensichtlich, oder nicht? Was der Präsident jedoch nicht gesagt hat, was aber eine ganze Reihe von Analytikern bis ins kleinste Detail nachgewiesen haben, ist, daß diese Daten in die Irre führen, und zwar bewußt in die Irre führen sollen. Es handelt sich um einen Wohlstand für die Reichen; die Wirklichkeit sieht für die meisten Amerikaner erheblich anders aus, und nahezu alle auf ökonomische Gleichheit gerichteten Initiativen des Präsidenten waren Werbegags, die zwar ein großes Echo fanden, doch inhaltlich dürftig waren (wieder einmal hat er zwar Marihuana geraucht, aber »nicht inhaliert«). Ich werde mehr darüber im ersten Kapitel sagen, doch die Leser sollten sich darüber im klaren sein, daß sich die Kluft zwischen Arm und Reich unter der Regierung Clintons nicht weniger dramatisch vergrößert hat als zuvor unter Reagan und Bush, und die Mittelklasse schrumpft und befindet sich in einer immer schwierigeren Situation.

Auf den folgenden Seiten hoffe ich unter anderem beweisen zu können, daß auch unsere vielgerühmte amerikanische Energie eher oberflächlich als substantiell ist. Das heißt nicht nur, daß der Wirbel von Aktivität einen Kern der Leere verdeckt, sondern daß wir eine neue Version des kulturellen Verfalls durchleben, wie dies in Oswald Spenglers berühmtem Werk von 1918 bis 1922, dem *Untergang des Abendlands*, beschrieben ist. Jede Zivilisation hat laut Spengler ihre Dämmerungsphase, während der sie sich in eine klassische Phase verhärtet, in der zwar die Form ihrer zentralen Idee gewahrt bleibt, aber der Inhalt, der wesentliche Geist, verlorengeht. Daher kommt es zu Ägyptizismus, Byzantinismus oder Mandarinismus. Im Fall Amerikas ist diese Phase von dem Politologen Benjamin Barber zu Recht als »McWorld« bezeichnet worden – kommerzielles, konzerngesteuertes Konsumdenken als

Selbstzweck. Betrachten Sie irgendeine Fernsehwerbung für Nike oder Pepsi, und Sie werden sehen, daß McWorld über eine enorme Vitalität verfügt; es erscheint energisch und optimistisch. Das Problem besteht darin, daß gerade diese Vitalität, die inhaltlich nichts anderes feiert als das Kaufen und Besitzen von Dingen, den kulturellen Verfall darstellt, von dem ich spreche. Die Vereinigten Staaten entwickeln sich laut Robert Kaplan zu einer großindustriellen Oligarchie, die lediglich die Fassade der Demokratie benutzt. Für den Gesellschaftskritiker Thomas Frank »ist das amerikanische Leben bei all seinem Glanz und Kosmopolitismus [...] niemals so unmittelbar ein Produkt des großindustriell-korporativen Erfindungsgeists gewesen«. In seinem Aufsatz »Dark Age« schreibt Frank:

»Die Einpassung jedes einzelnen in die enge Umarmung durch das multinationale Unterhaltungsmonopol ist [...] der krönende Triumpf des Markts über das widerspenstige Bewußtsein der Menschheit. [...] Wir werden keinerlei Distanz zur kommerziellen Kultur erreichen, da wir kein Leben, keine Geschichte, kein Bewußtsein haben, das von ihm distanziert wäre. [...] [Die kommerzielle Kultur] stellt sich außerhalb unserer Einbildungskraft, weil sie zu unserer Einbildungskraft *geworden* ist, zu unserer Fähigkeit, vorauszuschauen, zu beschreiben, Theorien zu entwickeln und Widerstand zu leisten.«[2]

Wenn wir hören, daß Firmen wir Microsoft und AT&T Klassenlehrpläne für Fünfjährige entwickeln, erkennen wir, daß Franks Warnung nicht als Übertreibung abgetan werden kann. Aber bis wir dies nicht sozusagen »von außen« sehen, bis wir nicht wirklich verstehen, daß in den USA »Hype« und Leben zusammenfal-

2 Erläuterungen zu den Anmerkungsziffern ab Seite 223.

len, können wir nichts dagegen tun. Wir können es nur bis zu Ende durchstehen.

Daß ausgerechnet die Vitalität ein Kriterium des kulturellen Zusammenbruchs sein soll, ist wahrscheinlich eine merkwürdige Vorstellung, doch wenn man die amerikanische Situation genauer untersucht, so trifft dies recht offensichtlich zu. Es handelt sich auch um ein Konzept, das indirekt an einigen obskuren Orten unserer Kultur aufzutauchen beginnt. Ein Film aus dem Jahre 1997 mit dem Titel *Love and Death on Long Island*, der vorwiegend die obsessive Qualität romantischer Verliebtheit behandelt, geht im Unterthema ganz explizit darauf ein, daß sich die amerikanische Kultur durch »vitalen Kitsch« auszeichnet. Ein ausgebrannter britischer Schriftsteller namens Giles De'Ath (von John Hurt glänzend gespielt) hat einen romantischen Narren an einem amerikanischen B-Movie-Schauspieler namens Ronnie Bostock (Jason Priestley) gefressen, der die Hauptrolle in Filmen wie *Hotpants College 2* spielt. Im Laufe seiner Nachforschungen zu Ronnie begegnet Giles der Welt der Videoverleihstellen, der Regenbogenpresse und hausgelieferter Pizza – also dem, was in den USA bestens funktioniert – und empfindet dies als erfrischende Abwechslung von plumpen viktorianischen Bibliotheken und den selbstverständlich grauen Seiten des *Times Literary Supplement.* Er fliegt schließlich nach Long Island, um das Objekt seiner Begierde aufzuspüren, der dort in Wirklichkeit mit seiner Freundin zusammenlebt. Davon nicht weiter abgeschreckt, umwirbt ihn Giles auf subtile Weise und macht ihm letztlich den Vorschlag, mit ihm nach England zurückzukehren und seine Schauspielkarriere in Europa fortzusetzen. Als Ronnie mit dem Argument zögert, alle seine Verträge liefen in den USA und »dort bin ich bekannt«, entgegnet Giles: »Als *was*, Ronnie? Als *was*?« Ob nun verliebt oder nicht, Giles läßt sich nichts vormachen; er versteht, daß das, was ihn an diesem »Land Bostocks« anzieht, seine jugendliche Energie, zur gleichen Zeit jedes realen Zwecks entbehrt, der über die Erzeugung jener Energie hinausginge. Ronnie seinerseits weiß, daß er kein John Gielgud ist, und so trennen sich ihre Wege.

Dieses Thema, der Verfall, der sich als Pseudo-Erneuerung gibt, taucht auch im Werk Don DeLillos auf, insbesondere in seinem Roman *White Noise (Weißes Rauschen)*. Dieses Buch versteht es ausgesprochen meisterhaft, eine geschäftige kommerzielle Kultur zu porträtieren, die durch Zwecklosigkeit und Verfolgungswahn charakterisiert ist. Der Held, Jack Gladney, ein Universitätsprofessor für »Hitler-Wissenschaft«, entdeckt, daß seine junge Tochter im Schlaf spricht und dabei die Wörter »Toyota Celica« flüstert. Eine tödliche schwarze Wolke oder ein »toxisches Ereignis«, wie es genannt wird, gelangt auf mysteriöse Weise in die Atmosphäre und fungiert als Metapher für das weiße Rauschen, das zur totalen Umgebung geworden ist – Radio- und Fernsehsendungen, Mikrowellen, Cyberwellen, Polizeisirenen, elektronische Geräusche von Videospielen und Haushaltsgeräten – was zwar alles vor Leben nur so pulsiert, in Wahrheit aber eine Todesbotschaft vermittelt. Durchgängig werden in diesem Roman die »Triaden« der amerikanischen Werbung wiederholt: Dacron, Orlon, Lycra Spandex; MasterCard, Visa, American Express; mit Blei, bleifrei, super-bleifrei, um so die kommerzielle Raserei des Ganzen mit einem wiederkehrenden, rhythmischen Beat zu unterstreichen. In einem Einkaufszentrum hält Jack plötzlich an und denkt bei sich selbst:

»Mir fiel auf, daß dieser Ort von Lärm überflutet war. Das eintönige Summen der Aggregate, das Quietschen und Rollen der Einkaufswagen, der Lautsprecher und die Kaffeemaschinen, das Geschrei von Kindern. Und über allem, oder unter allem, ein dumpfes und nicht lokalisierbares Dröhnen, wie von einer Art von schwärmendem Leben, das eben außerhalb des Bereichs der menschlichen Wahrnehmung liegt.

›Die Netzwerke, die Schaltsysteme, die Ströme, die Harmonien,‹ dachte er voller Zustimmung, nachdem er seinen Bankauszug an einem Automaten kontrolliert hatte. ›Das System war unsichtbar, was es um so eindrucksvoller machte ...‹«[3]

Dieses Konzept der Unsichtbarkeit – daß es niemanden gibt, den man in diesem glorreichen, großindustriellen Cyberglobalismus verantwortlich machen kann, da das System eigentlich nicht lokalisierbar (sondern überall) ist – ist wichtig für das Verständnis der gegenwärtigen Krise der amerikanischen Kultur, wie ich sie in diesem Buch beschreiben werde. Diese Krise ist die logische Kulmination eines bestimmten historischen Prozesses, der am Ende des Mittelalters in Europa begann, sich während der wissenschaftlichen und industriellen Revolution ausbreitete und schließlich in unserer Zeit seinen Höhepunkt erreichte. Diese Entwicklungen waren unermeßlich kreativ, aber sie erzeugten auch eine Art »Vektor«, der zum Triumph einer globalen Hegemonie der Konzerne, der Datenautobahn und der Kultur von McWorld führte, in der alles in einer universellen Lösung von Kitsch und Konsumdenken, weißem Rauschen und »Bostockiana« ertränkt wird. Wie bereits angekündigt, werde ich einen möglichen Weg aus diesem Morast aufzeigen, doch die Leser müssen sich der strukturellen Natur dieser Malaise bewußt sein. Sie entwickelte sich sozusagen »geologisch«, in langsamem, kumulativem Wachstum, und modische Rezepte für einen Wandel, vom »Paradigmenwechsel« bis zum Recycling von Zeitungen, werden einfach nicht ausreichen. Amerikaner lieben natürlich Beschönigungen und werden große Summen ausgeben, um sich sagen zu lassen, daß die Dinge in Wahrheit doch nicht so schlecht stehen und schnell und »spirituell« repariert werden können. Aber strukturelle Probleme verlangen strukturelle Lösungen, und deshalb müssen wir – trotz der noblen Intentionen der Autoren und Autorinnen – Bücher wie etwa Marianne Williamsons *The Healing of America* ablehnen, das den Lesern ein kurzfristig wirkendes Heilmittel auf der Basis einer »spirituellen Erweckung« verspricht, oder Bücher, die wie Gerry Spences *Give me Liberty* für größere Veränderungen auf der Basis von Gesetzgebung, Graswurzelaktivismus und Handlungswillen plädieren. Ich habe wahrlich nichts gegen Graswurzelaktivismus (so ist Spences College für Rechtsanwälte zum Beispiel ein ausgezeichnetes Projekt), doch sollten wir uns nichts vormachen: Solche Herangehensweisen sind einfach nicht in der Lage, in ein oder zwei Jahrzehnten den Moloch des globalen, großindustriellen Kapitalismus lahmzulegen; es gibt nun einmal keinerlei Heilung, wenn man sich einem falschen Optimismus hingibt oder der Wahrheit ausweicht. Die Wahrheit selbst heilt, nicht irgendwelche New-Age-Träume oder populistische Phantasien. Und die Wahrheit besteht darin, daß jeder Wandel historisch ist, und wenn man, sagen wir, den Zusammenbruch der Sowjetunion als ein Beispiel für ein »plötzliches« befreiendes Ereignis heranzieht, dann müssen wir uns daran erinnern, daß dieser Zusammenbruch dreiundsiebzig Jahre in Vorbereitung war und schließlich deshalb zustande kam, weil die strukturellen Widersprüche einfach nicht mehr länger umgangen werden konnten. Zu einer Erholung kann es nur langfristig kommen, und die »Heilung Amerikas« wird dann stattfinden, wenn gleichzeitig strukturelle Veränderungen der Wirtschaft erfolgen. Das Gleiche trifft für alle fortgeschrittenen Industrienationen zu. So drohten, als Anfang 1999 der damalige deutsche Finanzminister Oskar Lafontaine höhere Steuern für die Industrie erheben und so die Zurückstufung der Sozialprogramme verhindern wollte, Firmen damit, das Land zu verlassen, und die deutsche Konjunktur erlitt eine kurze Flaute. Lafontaine trat schließlich zurück, und die *Washington Post* schrieb damals in ihrem Leitartikel (vom 15.3.1999), der Rücktritt »zeige die Grenzen eines einzelnen Politikers oder eines einzelnen Landes, sich der Flut des globalen Kapitalismus entgegenzustemmen«.

»Die bleibende Errungenschaft des Geschichtsstudiums«, schrieb der hervorragende britische Historiker Lewis Namier, »besteht in einem historischen Sinn, einem intuitiven Verständnis dafür, wie die Dinge *nicht* geschehen«[4] (Hervorhebung von mir). Wenn es zur Auflösung der großindustriellen Hegemonie kommt – und unsere eigene »sowjetische Wende« wird mindestens weitere vierzig oder fünfzig Jahre, vom Zeitpunkt dieses Buches an gerechnet, auf sich warten lassen –, wird sie geschehen, weil das System letztlich nicht in der Lage ist, sich selbst auf unbestimmte Zeit zu erhalten. Dieser Typ von Zusammenbruch, der ein wiederkehrendes historisches Phänomen darstellt, ist langfristig und entwickelt sich aus dem System heraus; er kommt nicht zustande, weil 300000 Menschen meditieren oder ihre »Paradigmen wechseln« oder ihre unabhängige Lebensmittelkooperative unterstützen. Für mich ist dies »realistischer Optimismus«.

Natürlich reflektieren Bücher, die für einen rapiden substantiellen Wandel plädieren, nicht nur die verbreitete amerikanische Naivität, sondern auch die Tatsache, daß sich die Geschichte selten so schnell wie ein einzelnes menschliches Leben bewegt. Meine eigene Antwort auf unsere zeitgenössische Kulturkrise – die »monastische Option«, wie ich sie nenne – ist sicherlich ein gewagter Versuch, aber immerhin gibt es einen historischen Vorläufer dafür, daß bewußte kulturbewahrende Handlungen eine geologische Formation eigener Art bilden und schließlich den Dingen eine andere Wendung geben. Zumindest wird eine solche Aktivität einen spürbaren Unterschied bei jenen Individuen bewirken, die sie unternehmen; und es kommt möglicherweise zu einer größeren, nicht vorhersehbaren Wirkung. Wenn es eine kulturelle »Dämmerung« gibt, so impliziert das schließlich auch einen Morgen, und zu irgendeinem Zeitpunkt werden wir aus unserer gegenwärtigen Dämmerung und der nachfolgenden Dunkelheit auftauchen, und sei es auch nur deshalb, weil *keine* historische Konfiguration das Ende der Geschichte bedeutet.

Was ist der historische Präzedenzfall, den ich meine? Obwohl die Geschichte recht verwickelt ist (siehe das zweite Kapitel), beziehe ich mich auf eine Gruppe von Individuen – namentlich Mönche –, die sich nicht in die zerfallende Landschaft des Römischen Reiches einfügen konnten und sich selbst als Fremde in einem fremden Land fühlten. Was die römische Kultur wegwarf, empfanden diese Mönche als wertvoll; was die Kultur schätzte, hielten sie für dumm oder destruktiv. Und so nahmen es diese Männer zu Beginn des vierten Jahrhunderts n. Chr. auf sich, die Schätze der griechisch-römischen Zivilisation zu bewahren, als die Lichter ihrer eigenen Kultur sehr schnell ausgingen. In Irland und auf dem Kontinent sammelten und kopierten sie die Bücher und Manuskripte, welche die größten kulturellen Leistungen jener Zivilisation darstellten – Material, das sich 600 Jahre später bei der Morgendämmerung einer neuen europäischen Kultur als entscheidender Faktor herausstellen sollte.

Wenn solche Menschen im vierten Jahrhundert und danach dringend benötigt wurden, um die europäische Zivilisation vor dem völligen Verschwinden zu bewahren, so werden sie sicherlich auch heute gebraucht, wie der englische Romancier E. M. Forster bereits 1939 in seinem wichtigen Essay »What I Believe« erkannte. »Ich glaube an eine Aristokratie«, schrieb er,

»[…] nicht an eine Aristokratie der Macht, die auf gesellschaftlichem Rang und Einfluß beruht, sondern an eine Aristokratie der Empfindsamen, Rücksichtsvollen und Mutigen. Ihre Mitglieder finden sich in allen Nationen und Klassen und zu allen Zeiten, und es gibt ein geheimes Einverständnis unter ihnen, wenn sie zusammentreffen. Sie repräsentieren die wahrhaft menschliche Tradition, den einzigen andauernden Sieg unserer sonderbaren Rasse über Grausamkeit und Chaos. [...] Und sie machen weiter – eine unbesiegbare, wenn auch keine siegreiche Armee. Aristokraten, Auserwählte, die Besten – all diese Worte, die sie beschreiben, sind falsch, und alle Versuche, sie zu organisieren, scheitern. Immer wieder hat die Obrigkeit versucht, sie als ägyptische Priesterschaft oder christliche Kirche oder chinesisches Beamtenchorps oder Gruppenbewegung oder in einer anderen würdigen Form zu benutzen. Aber sie schlüpfen durchs Netz und sind verschwunden; wenn sich die Tür schließt, sind sie nicht mehr im Raum; ihr Tempel [...] ist die Heiligkeit der Einbildungskraft des Herzens, und ihr Königreich, obwohl sie es nicht besitzen, ist die weit geöffnete Welt.«[5]

Wenn ich von einer neuen, zeitgenössischen Klasse von Mönchen spreche (vgl. das vierte Kapitel), meine ich dies natürlich nicht wörtlich. Ich rede nicht von Askese oder religiösem Lebensstil und erst recht nicht von einer Organisation in mönchischen Orden. Doch meine ich durchaus Verzicht und Entsagung. Der »Mönch« (oder die »Nonne«) von heute ist entschlossen, dem »Spin« und der »Hype« der globalen großindustriellen Weltordnung zu widerstehen, er oder sie kennt den Unterschied zwischen Realität und Vergnügungsparks, Integrität und kommerzieller Werbung. Sie betrachten *Starbucks* als eine traurige Plastikausgabe des klassischen (oder bohèmehaften) Cafés einer versunkenen Epoche. Sie haben nichts am Hut mit der im Trend liegenden New-Age-»Weisheit« und lassen sich über Menschheitsfragen von Flaubert oder Virginia Woolf beraten, statt vom neusten Guru, der von den Medien oder der Gegenkultur hochgespielt wird. Computer und Internet sind für solche Personen nützliche Werkzeuge, kein Lebensstil, und sie verstehen, daß sowohl die republikanische wie die demokratische Partei großindustrielle Interessen vertreten, statt eine wirkliche Demokratie zu praktizieren. Sie scheuen sich nicht, als elitär abqualifiziert zu werden, denn sie stimmen Garrison Keillor zu, wenn er sagt, es sei »wirklich hochnäsig, Zuschauer mit minderwertiger Werbung zu überschütten, der man sich selbst überlegen fühlt«.[6] Die neue monastische Persönlichkeit ist ein geistlicher/weltlicher Humanist, der nicht irgendwelchen Slogans oder dem modischen Patois der Postmoderne ergeben ist, sondern den Werten der Aufklärung, die den Kern unserer Zivilisation ausmachen: das interesselose Verfolgen der Wahrheit, die Pflege der Kunst, die Verpflichtung zu kritischem Denken und anderes mehr. Vor allem kennt sie den Unterschied zwischen Qualität und Kitsch und versucht, die Qualität aus den Klauen einer Kultur zu retten, die in Kitsch ertrinkt. Wenn diese Person Lehrerin ist, sorgt sie dafür, daß ihre Klasse die *Odyssee* liest, obwohl die Hälfte ihrer Kollegen ihre Klassen Danielle Steel lesen läßt. Wenn er ein Schriftsteller ist, schreibt er für die Nachwelt, nicht für Bestsellerlisten. Als Mutter nimmt sie ihre Kinder mit zum Camping oder zu einem Kunstmuseum, nicht zu *Pocahontas*. Kurz: Eine solche Person zieht es vor, mittels der »monastischen Option« ihr eigenes Leben zu retten.

Doch bevor ich zum Kernpunkt meiner Argumentation übergehe, möchte ich einem Vorbehalt zuvorkommen: Ich behaupte nicht, daß die institutionelle Opposition gegenüber der dominierenden Kultur eine Zeitverschwendung ist. Ich bezweifle aber, daß sie kurzfristig nennenswerte Ergebnisse zeitigen wird, doch im großen und ganzen kann niemand genau wissen, was die langfristige Wirkung irgendeiner Tätigkeit sein wird. Um ein persönliches Beispiel anzuführen: Ich habe einige Monate als Lese- und Schreibspezialist in einer Washingtoner Reform-Highschool für gefährdete, schwarze Teenager gearbeitet, eine Schule, die mit dem Ziel gegründet worden war, solchen Jugendlichen eine bessere Chance zu geben als im Gefängnis zu landen. Es handelte sich zum größten Teil um eine undankbare Aufgabe: Diese Schüler kamen aus Verhältnissen, die von Gewalt und Drogen bestimmt waren, wußten, daß sie keine realistischen Lebenschancen hatten und waren dementsprechend mürrisch und apathisch. Ich konnte ein paar kleine Siege verzeichnen, aber die meisten meiner Versuche verliefen im Sand. (Es war auch keine Frage der Rasse; die Jugendlichen ließen sich auch von den schwarzen Lehrern nicht motivieren.) Armut und Gewalt hatten ihnen jegliche Neugier auf die Welt ausgetrieben; einige von ihnen hatten im Alter von 16 oder 17 Jahren noch nie vom Atlantischen Ozean gehört, wußten nicht, was das Jahr 1999 historisch bedeutete oder glaubten, der amerikanische Bürgerkrieg habe in den 1960ern stattgefunden. Ein Schüler glaubte, daß die Hauptstadt Washington im Mittleren Westen läge und war nicht in der Lage, New York, Florida oder Texas auf einer von mir flüchtig gezeichneten Skizze der USA zu lokalisieren. Diese Schüler konnten auch nicht einsehen, warum sie sich überhaupt mit solchen Dingen befassen sollten. Aber wie kann man 17 Jahre alt sein, weniger als 100 Meilen vom Atlantischen Ozean entfernt leben und noch nie von ihm gehört haben, oder in Washington leben und glauben, es liege in Nebraska? Dies ist keine kulturelle Verarmung, sondern ein kulturelles Massaker. Ich hatte den Eindruck, daß diese Schule bestenfalls einige der am wenigsten depravierten Kinder aus dieser Umgebung herausgreifen konnte, doch das weitere gesellschaftliche Umfeld würde sich so nicht ändern lassen.

Sollten wir keine derartigen Schulen haben? Hätte ich das Angebot, dort zu arbeiten, ablehnen sollen? Ich bewunderte die Haltung des Mitbegründers, eines Rechtsanwalts in den frühen 1930ern, der den Kopf voller Flausen hatte und ein chinesisches Sprichwort (von Konfuzius, glaube ich) an seine Tür geheftet hatte: »Diejenigen, die sagen, es könne nicht gemacht werden, sollen denjenigen Platz machen, die handeln.« Von mir direkt befragt, gab Tom (nicht sein richtiger Name) zu, daß er daran zweifele, daß die Schule wirklich eine Veränderung im größeren Rahmen bewirken könne. Wirtschaftliche Unterdrückung, ein Wirtschaftssystem, das skrupellos die Menschen einteilt in eine Handvoll Gewinner und eine Armee von Verlierern mit ungerecht verteilten Startchancen, all dies tut seine volle Wirkung: Die Fähigkeit des Systems, Menschen in Grund und Boden zu zerstören, sie geistig fast völlig zu zerbrechen, ist, aus der Nähe betrachtet, recht bestürzend. Es ist kein Zufall, daß die Chancen für einen 18- bis 24jährigen Jugendlichen, im Gefängnis zu landen, weit besser sind als die, eine Universität zu besuchen. Aber Tom und ich stimmten darin überein, daß es trotz dieser Wahrscheinlichkeit sinnvoller ist, eine Schule aufzubauen und jene Statistik zu widerlegen als überhaupt nichts zu tun. An Tom habe ich bewundert, daß er nicht in einem Wunderland lebte und keine »Heilung Amerikas« in zehn einfachen Schritten versprach. Er *wußte*, es würde schwierig werden. Doch für ihn stellte sich die Frage, was er sonst mit seinem Leben machen sollte.

Gruppen- und institutionelle Lösungen verwerfe ich also nicht von vornherein. Wer würde zum Beispiel den Wert von Amnesty International bezweifeln oder den einer – meiner Meinung nach – revitalisierten Gewerkschaftsbewegung? Meine Skepsis betrifft die größere Wirkung solcher Gruppen; ich bin viel optimistischer hinsichtlich der langfristigen Wirkung eines individuellen Engagements, also der von mir so bezeichneten »monastischen Option«, aber in moderner Verkörperung. Und während ich Elitentum nicht als Schimpfwort betrachte, muß ich hinzufügen, daß die monastische Option wirklich überhaupt nichts mit Klasse oder Privileg zu tun hat. Earl Shorris organisierte ein kulturelles Einführungsprogramm mit großer Literatur für die Armen in der Innenstadt New Yorks, und das war ein nachhaltiger Erfolg. Mein Motto ähnelt in etwa einem Slogan des französischen Philosophen Jean François Lyotard: Elitentum für alle. Oder, wie der Gründer des kulturellen Einführungsprogramms an der University of Chicago, Robert Maynard Hutchins, dies einmal formuliert hat: »Die beste Erziehung für die Besten ist die beste Erziehung für alle.«[7]

Dieses Buch ist somit ein Buch für Querdenker, für Männer und Frauen die sich in ihrem eigenen Land wie Fremde vorkommen. Also eine Art Leitfaden für das 21. Jahrhundert und darüber hinaus. Es versucht, den Lesern ein Gefühl dafür zu vermitteln, wo wir, historisch gesehen, stehen, und was dies bedeutet; es will angesichts der zeitgenössischen Entwicklungen eine Orientierungshilfe liefern, so daß man in der zerfallenden Kultur einen Sinn finden und vielleicht bis zu einem gewissen Grade zum Wiederaufbau dieser Kultur auf einer ganz anderen Basis beitragen kann. Ich möchte zeigen, daß es zumindest langfristig Grund zur Hoffnung gibt. So beschädigt Amerikaner auch sind, so sehr ihre Sinne abgestumpft sind von einem endlosen Bombardement durch weißes Rauschen und Infotainment, so bin ich doch überzeugt, daß tief in uns immer noch etwas existiert, was nach Realität hungert und den Unterschied zwischen der seichten Plastikwelt der Bostock-Nation und der dichten, undurchdringlichen Welt schwierigen Nachdenkens und eines herausfordernden Lebens kennt. Wenn Ihnen diese Unterscheidung intuitiv einleuchtet, wenn Sie endlich genug haben von CNN und Hollywood und John Grisham und der New-Age-»Spiritualität«, dann nehmen Sie Platz, stöpseln Sie Ihr Telefon (Ihren Beeper, Ihr Fernseh- und Faxgerät, Ihren Computer usw.) aus und widmen mir ein paar Stunden Ihrer Zeit. Ich verspreche Ihnen, ich werde mein Bestes tun, Sie nicht zu unterhalten.

ERSTES KAPITEL

Zusammenbruch oder Wandel?

Sallusts Beschreibung Roms im Jahre 80 v. Chr. – eine Regierung, die vom Reichtum kontrolliert wird, eine herrschende Klasse, der wiederholte politische Skandale gleichgültig sind, eine Öffentlichkeit, die durch Wagenrennen und Gladiatorenshows abgelenkt ist – all dies kann als gute Zusammenfassung einiger unserer eigenen Zustände gelten …

Lewis Lapham, »Waiting for the Barbarians«[1]

Bevor wir nun über den langen Weg zu einer kulturellen »Heilung« sprechen können, müssen wir damit beginnen, uns über die Krankheit zu verständigen. Wir haben es hier aber mit einem komplizierenden Faktor zu tun, auf den bereits in der Einleitung kurz angespielt wurde: Der Abstieg ist das unvermeidliche Schicksal aller Zivilisationen. Mit Ausnahme der Gesellschaften der Jäger und Sammler, die nicht durch komplexere Gesellschaften verdrängt wurden (und ich fürchte, es gibt keine reinen Jäger und Sammler mehr), scheint das Schema von Geburt, Reife und Verfall unausweichlich zu sein. *Est ubi gloria nunc Babyloniae?* Wo ist der Ruhm Babylons jetzt? Oder der des alten Ägyptens, Chinas, Indiens, Griechenlands, Roms? Alle sind untergegangen – das ist der historische Tatbestand. Warum sollte also Amerika diesem Schicksal entgehen? Wenn der Untergang in den zivilisatorischen Prozeß selbst eingebaut ist, dann ist es möglicherweise unangebracht, von Heilung zu sprechen. Von einem analytischen Standpunkt aus betrachtet, besteht das Problem eigentlich nicht darin, daß Staaten zusammenbrechen – denn das ist die Regel –, sondern einige es fertigbringen, so lange zu bestehen, wie sie es tun. Welchen Sinn hat dann mein Versuch, dem Leser einen kulturellen Orientierungsplan zu liefern oder einen Ausweg, eine kreative Antwort vorzuschlagen? Wenn der historische Tatbestand in diesem Punkt eindeutig ist, gibt es keinen Ausweg. Wir könnten uns genausogut vergnügen, während New York und Los Angeles in Flammen aufgehen.

Dies ist natürlich ein gewichtiger Einwand, der sich nicht so leicht abweisen läßt. Ich glaube auch nicht, daß Amerika irgendwie dazu ausersehen ist, eine historische Ausnahme darzustellen (ein solcher Glaube wäre nur Ausdruck typisch amerikanischer Überheblichkeit). Aber drei Dinge springen angesichts des historischen Tatbestands ins Auge, die erwähnenswert sind:

Erstens, der Verfallsprozeß mag unvermeidlich sein, doch ist er selten linear. In den 3000 Jahren seiner Geschichte durchlebte Ägypten beispielsweise Perioden vollständiger politischer Auflösung und ausländischer Herrschaft, die manchmal mehr als ein Jahrhundert dauerte, und dann erholte es sich. Der Verfall war zwar unvermeidlich, und schließlich wurde es dem griechisch-römischen Reich einverleibt, doch 3000 Jahre sind eine recht ansehnliche Zeitspanne; und die meisten dieser Jahre waren »positiv« (im Sinne politischen Zusammenhalts), während einige »negativ« waren. Man könnte sich also vorstellen, daß die USA eine Durststrecke durchqueren, von der sie sich möglicherweise wieder erholen, jedenfalls für eine gewisse Zeit.

Zweitens, wenn das klassische Modell für den Zusammenbruch eines Reiches das des antiken Roms ist, so müssen wir uns daran erinnern, daß dieser Fall, im Rahmen des größeren Weltsystems betrachtet, ebensosehr eine Transformation wie ein Abstieg war. Tatsächlich entwickelte sich aus den Ruinen des Römischen Reiches die mittelalterliche europäische Zivilisation. Die Parallelen zwischen dem römischen und dem amerikanischen Fall stimmen zwar nicht exakt, doch legt die Analogie einige Möglichkeiten für einen Wandel nahe. Wenn wir, zum Beispiel, tatsächlich auf ein neues Mittelalter zusteuern, wird es diesmal vielleicht nicht sechshundert Jahre dauern. Genau dies ist ein Fall, bei dem eine Art monastische Option und die bewußte Arbeit kultureller Bewahrung ins Spiel kommen können.

Drittens gibt es einen bereits in der Einleitung erwähnten Aspekt, den ich später in diesem Kapitel ebenfalls erörtern werde: Unser heutiger Verfall ist ein sehr lebendiger. In diesem Sinn *könnte,* sieht man von einer möglichen Überheblichkeit ab, etwas Niedagewesenes geschehen. Europas dunkles Mittelalter war wahrhaftig dunkel – »einzigartig monochromatisch«, wie es der Historiker Peter Brown formuliert hat. Unser eigener Wandel ist wegen des oben diskutierten »Unsichtbarkeit«-Faktors verwirrend. Für all jene, die vom »Rauschen«, von Spielzeug und Technologie verführt werden, ist der gegenwärtige Wandel zu einer globalen Wirtschaft geradezu ein kulturelles Aufblühen. Für jene, die ihre Werte anderswo sehen, ergibt sich das Paradox, daß ausgerechnet der Erfolg von McWorld und der von ihm verkörperte Wandel ein Schritt ins Dunkle sind, das letztlich genauso finster wie das frühe Mittelalter ist, ganz gleich wie die äußere Erscheinung aussehen mag. Ob dies eine Erholung einfacher oder schwieriger machen wird, bleibt abzuwarten.

Mein Argument besteht mit anderen Worten darin, daß es sich selbst dann, wenn ein Niedergang historisch unvermeidlich ist, um einen Prozeß handelt, der unerwartete Drehungen und Wendungen aufweist. Die Sinuskurve mag abfallen, aber dennoch gibt es Lücken in ihr. Ferner legt der Vorläufer der monastischen Option nahe, daß es möglicherweise Methoden gibt, dafür zu sorgen, daß alles Wertvolle in unserer Zivilisation bewahrt und in der

Hoffnung weitergereicht wird, zu einem späteren Zeitpunkt eine kulturelle Erneuerung auszulösen. Was jeden einzelnen Leser dieser Seiten betrifft, so *muß* er oder sie keineswegs dem Trend der Statistik folgen; es gibt Entscheidungsmöglichkeiten, die konträr zum allgemeinen Trend der Ereignisse verlaufen. Doch bevor wir all dies diskutieren, ist es erforderlich, den größeren Prozeß des kulturellen Niedergangs und die Faktoren näher zu betrachten, die ins Spiel kommen, wenn eine Kultur in ihre Dämmerungsphase eintritt und zu implodieren beginnt.

Zum Konzept des Niedergangs gehören oft organische Metaphern wie Geburt, Reife und Altwerden. Eine Zivilisation auf diese Weise zu betrachten geht auf das 18. Jahrhundert (Giambattista Vico) und vielleicht sogar auf die Griechen der Antike zurück; allgemein üblich wurde diese Methode dank der Schriften der philosophischen Schule des Deutschen Idealismus. Hegel zum Beispiel betrachtete Geschichte als eine Reise des Geistes, der sich rund um den Erdball bewegte, im Florenz des 15. Jahrhunderts die Renaissance auslöste und die Keime für den Niedergang legte, als er es anschließend verließ. Wie schon erwähnt, dachte Oswald Spengler in ähnlichen Begriffen, wenn er argumentierte, daß eine Zivilisation um ein zentrales Ideal, eine Art platonischer Idee, organisiert ist, und der Prozeß der Zivilisation eine Phase des Alterns einschließt, während derer sich die Idee zur reinen Form verhärtete. Spengler glaubte zu Beginn des 20. Jahrhunderts, daß dieser Prozeß des Formalismus oder des »Klassizismus«, wie er ihn nannte, zu seinen Lebzeiten im »Abendland« stattfand und die westliche Tagesordnung während der nächsten Jahrhunderte bestimmen würde.

Vielleicht hat diese organische Sicht etwas intellektuell Befriedigendes. Schließlich sterben Menschen, warum also nicht auch Zivilisationen? Es ist allerdings nicht wirklich notwendig, sich auf organische Metaphern (oder mystische Mächte) als Quellen der

Erklärung zu stützen. Wie Joseph Tainter in *The Collapse of Complex Societies* nachweist, sind Zivilisationen Anomalien. Die gesamte dirigistische Konfiguration von Hierarchie, Spezialisierung und Bürokratie tauchte historisch relativ spät auf – vor etwa 6000 Jahren – und muß ständig verstärkt und legitimiert werden. Sie erfordert auch eine Erweiterung der materiellen Basis und eine ständige Mobilisierung von Ressourcen, und der Trend führt zu immer höherer Komplexität. Größere Mengen von Information und Energie werden verarbeitet, größere Siedlungen werden gebildet, die Klassendifferenzierung und Stratifizierung nehmen zu, und eine komplexere Technologie wird entwickelt. Ein Zusammenbruch, der eine zunehmende Schwächung des politischen und administrativen Zentrums bedeutet, ist eine Umkehrung all dieser Prozesse und ein Phänomen, das in menschlichen Gesellschaften immer wieder auftaucht. Wenn das Zentrum geschwächt wird, gibt es keinen »Schutzschirm« mehr, der Sicherheit garantierte. Die Starken fallen über die Schwachen her, und es gibt kein höheres Ziel als das Überleben. Die Lesefähigkeit geht möglicherweise vollkommen verloren oder nimmt so dramatisch ab, daß ein dunkles Zeitalter unausweichlich ist.

Ein Zusammenbruch ist also in den zivilisatorischen Prozeß eingebaut, aber er kann in rein rationalen oder ökonomischen Begriffen gefaßt werden. Wenn es in Gesellschaften von Jägern und Sammlern zu einem Druck kommt – zum Beispiel zu einer Knappheit an Ressourcen –, haben die Stammesmitglieder eine einfache Option, die schon Hunderte von Jahrtausenden funktioniert hat: Sie migrieren. Die Lösung ist, kurz gesagt, horizontal, eine horizontale Ausbreitung. Wenn man dagegen seßhaft ist, an einem Ort bleiben möchte und der Lebensunterhalt von diesem Ort abhängt, muß man »in die Vertikale« gehen, d. h. eine andere Form der hierarchischen Kontrolle zur Problemlösung finden – ein Prozeß, der niemals endet. Eins kommt zum anderen. Die

Steuern werden selten gesenkt; die Informationsverarbeitung wird dichter. Stehende Heere werden größer, nicht kleiner, und Bürokratien wachsen eher, als daß sie schrumpfen. Die Eliten wollen – und bekommen – einen immer größeren Teil des Kuchens, und so weiter. Eine endlose Spirale von zunehmender Komplexität und dementsprechend höheren Kosten wird so in Gang gesetzt. Schließlich, so Tainter, »erreichen die Investitionen in gesellschaftspolitische Komplexität als problemlösender Antwort einen Punkt, an dem der Mindestertrag abnimmt«. Der »Schwerpunkt« liegt zu hoch; der Ertrag pro Investitionseinheit beginnt zu fallen. An diesem Punkt – dem Punkt sich verringernder Mindesterträge – ist der Kollaps nicht nur unvermeidlich; er wird vielmehr ökonomisch sinnvoll. Obwohl die Auswirkungen nicht gerade angenehm sind, wird der Zusammenbruch letztlich zu einem ökonomischen Verschlankungsprozeß, der besten Anpassung unter den gegebenen Umständen.

Tainters Argumentation widerspricht nicht unbedingt derjenigen des Deutschen Idealismus. Zum einen stimmen Tainter und Spengler darin überein, daß der Zusammenbruch ein integraler Bestandteil der Zivilisation selbst und daher unvermeidlich ist. Doch die Übereinstimmung reicht noch tiefer, wenn sie auch implizit ist: Wirtschaftlicher Niedergang hat eine offensichtlich »spirituelle« Komponente, die sich als Apathie und Bedeutungsverlust zeigt – was der französische Soziologe Emile Durkheim »Anomie« genannt hat und die hinter der Fassade des Spenglerschen Klassizismus hervorschauende Realität ist. In der klassizistischen Phase glauben Kulturen nicht mehr an sich selbst und unternehmen deshalb fragwürdige oder irregeleitete Kriege (Vietnam oder den Golfkrieg von 1991 zum Beispiel) oder werben um so mehr mit ihren Symbolen und Slogans. Während die organisatorischen Kosten bei zunehmend geringeren Erträgen steigen, nehmen auch Formalismus, Pomp und andere Begleitumstände zu. So wie sich die erschöpften Massen des antiken Roms mit Brot und Spielen ablenkten, so macht Hollywood Filme à la Rocky, wiederholt die ewig alten Formeln, die aber dennoch Kassenschlager sind. Gladiatorische Spektakel wie überhaupt die »Ramboisierung« der Kultur sind sichere Anzeichen eines geistigen Todes.

Wenn wir die Hauptargumente der bisherigen Diskussion zusammenfassen, so scheinen vier Faktoren vorzuliegen, wenn eine Zivilisation zusammenbricht:

a) Eine sich beschleunigende gesellschaftliche und wirtschaftliche Ungleichheit
b) Sich verringernde Mindesterträge im Hinblick auf die Investitionen in organisatorische Lösungen für sozioökonomische Probleme
c) Ein rapide fallendes Niveau in bezug auf Lesefähigkeit, kritisches Denken und allgemeine intellektuelle Bewußtheit
d) Geistiger Tod – im Sinne des Spenglerschen Klassizismus: die Aushöhlung kulturellen Inhalts und seine Erstarrung (oder Neuverpackung) in Formeln – kurz: Kitsch.

An diesem Punkt mag das geschilderte Szenario dem Leser beängstigend vertraut vorkommen, denn diese vier Bedingungen scheinen auf die Vereinigten Staaten am Beginn des 21. Jahrhunderts zuzutreffen. Welcher Leser ist sich nicht bewußt, daß sich der Abstand zwischen Arm und Reich seit den 1970ern zunehmend vergrößert hat? Daß das Pensions- und Rentensystem in Gefahr ist oder daß wir mehr Menschen pro Kopf der Bevölkerung (565 pro 100000) ins Gefängnis stecken als jedes andere Land der Welt? Daß Millionen unserer Schulabsolventen kaum lesen oder schreiben können, und alltägliche Wörter auf öffentlichen Schildern jetzt oft falsch geschrieben werden? Daß sich das gesellschaftliche Leben auf die Einkaufszentren beschränkt und die meisten Amerikaner in der Isolation alt werden, indem sie vor dem Fernseher und/oder mit Hilfe von Antidepressiva abschalten? Dies ist genau betrachtet die tagtägliche Realität, welche den Glanz und Zauber der sogenannten Neuen Weltordnung Lügen straft.

Um die Realität unserer Situation zu verstehen, wird es nötig sein, die vier Faktoren im einzelnen zu erläutern und zu illustrieren. Doch um für einen Augenblick vorzugreifen – es handelt sich, um dies noch einmal zu betonen, nicht um einen einfachen Fall des zivilisatorischen Zusammenbruchs, sondern um den eines komplexeren kulturellen Wandels. Von einer bestimmten Perspektive aus betrachtet – derjenigen Wall Streets, Beverly Hills', der Gegenden des sog. *Capital Beltway* (des Gürtels um die Hauptstadt) sowie Redmonts im Staat Washington (dem Domizil von Microsoft) – ist die Transformation in die globale Gesellschaft des 21. Jahrhunderts ein großer Erfolg. Als Entwicklung eines Spätreichs gesehen, mag es sich sogar, da die ehemalige Sowjetunion nur noch ein Schatten ihrer selbst ist, als anpassungsfähig erweisen, zumindest für die nächsten fünfzig oder hundert Jahre. Falls schließlich niemand eine andere Definition von Erfolg anbieten sollte, dann liegt vielleicht in Wahrheit gar kein Problem vor. Was einen Kollaps ausmacht, ist eine Frage der subjektiven Sicht, oder nicht?

Betrachten wir die einzelnen Elemente der amerikanischen Transformation etwas genauer. Ich beginne mit dem ersten Punkt, den Daten zur gesellschaftlichen Ungleichheit.

Vor nicht allzulanger Zeit konnte man Daten über den Einkommensunterschied zwischen Reich und Arm nur in linken Magazinen finden. Ich erinnere mich daran, wie wir als Studenten in den 1960ern aufgeregt solche Artikel kopierten und an unsere Freunde verteilten. Heute ist all dies gängige Information, die oft in Zeitungen des Mainstreams oder auf den Seiten von Magazinen wie *Business Week* und *Fortune* zu finden ist. In einem 1995 im *New Yorker* erschienenen Artikel bemerkt John Cassidy, daß es zwischen 1947 und 1973 sicherlich eine große Disparität zwischen Reich und Arm gab, die tatsächlichen Einkommen aber zu gleichen Teilen für jedermann stiegen.[2] Dies heißt, daß die auf die fünf Fünftel der Gesellschaft verteilte Einkommensteigerung in der graphischen Darstellung wie ein Gartenzaun aussah. Aber von 1973 bis 1993 waren es nach Cassidy nur die Reichen im obersten Fünftel, die eine beträchtliche Steigerung ihres Reichtums erlebten. Die Einkommen derjenigen, die zu dem einen Prozent an der Spitze gehören, stiegen zwischen 1977 und 1989 um 78 Prozent, und die Daten der Bundesbank aus dem Jahr 1989 zeigen, daß diese Elitegruppe an der Spitze 40 Prozent des Nationalvermögens besaß. Bis 1995 war diese Zahl (ohne Immobilien) laut Robert Reich auf 47 Prozent gestiegen – Vermögenswerte von mehr als vier Billionen Dollar –, während das obere Fünftel der Gesellschaft 93 Prozent besaß.[3] Daraus folgt, daß Amerika nicht mehr eine Mittelstandsgesellschaft ist. »Der Gartenzaun«, so bemerkt Cassidy, »ist durch eine kleine Treppe ersetzt worden, und ein Teil dieser Treppe befindet sich im Keller.« Die beiden untersten Fünftel (also 40 Prozent) erlebten in der Phase zwischen 1973 und 1993 eine Reduzierung ihres Einkommens, während das oberste Fünftel pro Jahr einen Transfer von 275 Billionen Dollar von der Mittelklasse zu den Reichen verzeichnete. 1973 verdiente der typische Chef einer großen Firma etwa 40 Mal so viel wie ein Arbeiter; heute verdient er 190 bis 419 Mal so viel. Reich stellt fest, daß das Nettovermögen von Bill Gates im Jahre 1998 – 46 Milliarden Dollar – größer war als das gesamte Nettovermögen der unteren 40 Prozent der amerikanischen Haushalte. »Das Land hat«, so folgert Cassidy, »eine nie dagewesene Umverteilung des Reichtums zugunsten der Reichen erlebt.« Im Hinblick auf die Vermögensdisparität führen die USA vor allen anderen Industrienationen.

Der MIT-Wirtschaftswissenschaftler Paul Krugman bezeichnet diesen Trend als eine »Spirale der Ungleichheit«, wobei dieses mangelnde Gleichgewicht von Jahr zu Jahr krasser wird.[4] Während es für die meisten Amerikaner immer schwieriger wird, ihren Lebensunterhalt zu verdienen, wird es gleichzeitig für eine exklusive Gruppe immer leichter, ein Vermögen zu erwirtschaften. Laut staatlicher Bevölkerungsstatistik erhielten 1970 die untersten 20 Prozent der amerikanischen Familien 5,4 Prozent des Nationaleinkommens, während die obersten 5 Prozent 15,6 Prozent erhielten. Bis zum Jahre 1994 waren die entsprechenden Zahlen 4,2 und 20,1 Prozent. All dies signalisiert laut Krugman eine »seismische Verschiebung im Aufbau unserer Gesellschaft«. Es zeigt auch einen Wandel unserer Werte an. 1961 bezog Präsident Kennedy Stellung gegen die Preiserhöhungen seitens der U. S. Steel Corporation. Heute ist es wahrscheinlicher, daß Vertreter des Spitzenmanagements zum Abendessen ins Weiße Haus geladen werden.

Was das Weiße Haus betrifft, so müssen seine Verlautbarungen bezüglich des zunehmenden amerikanischen Wohlstands mit erheblichen Einschränkungen gesehen werden. »Während die Volkswirtschaft wächst«, so schreibt William Finnegan *(Cold New World)*, »haben sich die wirtschaftlichen Aussichten der meisten Amerikaner verdüstert.«[5]

In der Tat war die Arbeitslosigkeitsrate 1999 die niedrigste in 25 Jahren, aber während der gleichen Periode fielen die realen Stundenlöhne beträchtlich, das mittlere Haushaltseinkommen nahm ab und die nationale Armutsrate stieg. Die Zahl der schlechtbezahlten Stellen nahm zu. Die letzten 25 Jahre haben, wie Finnegan feststellt, »zur ersten, über eine Generation währenden Senkung der durchschnittlichen Arbeitslöhne in der amerikanischen Geschichte geführt. [...] Die Mittelklasse, egal, wie man sie definiert, ist seit einiger Zeit deutlich geschrumpft.« Deshalb ist die prahlerische Behauptung des Weißen Hauses, daß 70 Prozent der Arbeiter, die zwischen 1993 und 1995 ihren Job verloren hatten, bis Anfang 1996 neue fanden, fragwürdig, denn die große Mehrheit jener 70 Prozent fand lediglich Teilzeitjobs oder Stellen, die geringere Löhne zahlten als ihre alten. Seit 1979 sind 43 Millionen Stellen und Arbeitsplätze in den USA gestrichen worden.

Wir driften also, kurz gesagt, in eine Situation, wie sie in Indien oder Mexiko oder Brasilien existiert, und es wird nichts getan, um dies zu verhindern. So stieg beispielsweise von 1991 bis 1994 die Zahl der mexikanischen Milliardäre von zwei auf 28. Ernesto Canales Santos, ein Firmenanwalt, der viele dieser Männer vertreten hat, nennt dies »das aztekische Pyramidenmodell«, das zu einem großen Teil durch US-amerikanische Investitionen möglich wurde und das sich umgekehrt auch auf unser eigenes Ungleichgewicht auswirkt.[6] So schreibt David Calleo *(The Bankrupting of America):* »Der fortgeschrittene Teil der [amerikanischen] Wirtschaft scheint eine immer wohlhabendere Enklave zu sein, die sich innerhalb einer sich zum Schlechteren entwickelnden Nation verbarrikadiert. Anstatt ein Modell für die Dritte Welt zu liefern, scheinen die USA sie zu imitieren.«[7] »Wenn überhaupt«, fügt David Rieff vom World Policy Institute hinzu, »ist Amerika heute, mit seinen größer werdenden Einkommensunterschieden, seinen sich zwischen Arm und Reich vertiefenden Unterschieden auf allen Sektoren, von der Schulausbildung bis zur Lebenserwartung, weniger demokratisch als es 1950 war.«[8]

Die Auswirkungen dieser Trends und der wachsenden Hegemonie der Konzerne sind besonders verheerend für Kinder – nicht nur in den Vereinigten Staaten, sondern auch in anderen Teilen der Welt. Zwischen 1979 und 1990 stieg die Zahl der amerikanischen Kinder, die unterhalb der Armutsgrenze leben, um erstaunliche 22 Prozent an.[9] Ein Artikel der *International Herald*

Tribune, der 1996 unter dem Titel »India's Child Slaves« erschien, stellt fest, daß 15 Millionen Kinder in Indien elf bis zwölf Stunden täglich unter gefährlichen Bedingungen arbeiten und geschlagen werden, wenn sie zu entkommen versuchen.[10] In der von der Weltbank finanzierten Seidenindustrie sind Kinder, die oft nur sechs oder sieben Jahre alt sind, gezwungen, ihre Hände in siedend heißes Wasser zu stecken. Um nicht zu verhungern, schikken manche indische Familien behinderte Kinder zum Betteln zu wohlhabenden arabischen Nationen. Es gibt Mädchen unter zehn, die zur Prostitution verkauft werden, und damit steht Indien kaum allein (asiatische Länder beschäftigen schätzungsweise eine Million Kinder als Prostituierte). Weltweit sind, laut der Internationalen Arbeitsorganisation der Vereinten Nationen, in Asien, Afrika und Südamerika 250 Millionen Kinder im Alter von fünf bis vierzehn beschäftigt, und das bedeutet auch Sklaverei, Prostitution und Arbeit in gefährlichen Industrien.[11]

Solche Trends spielen sich nicht in einem Vakuum ab. Die Involvierung der Weltbank und/oder amerikanischer Firmen ist Teil dieses umfassenden Unterdrückungssystems. Die globale Hegemonie der großen Konzerne, welche ihrer Natur nach multi- und transnational sind, bedeutet *per definitionem,* daß solche Entwicklungen durch ein Netz untereinander abhängiger Märkte, Investitionen und Handelsabkommen verbunden sind. Der Reichtum des oberen Fünftels in den USA ist nicht nur mit der Armut im südlichen Zentrum von Los Angeles, sondern auch mit den Slums in Buenos Aires verbunden. 1991 erzielte der Nike-Konzern drei Milliarden Profit und zahlte dabei seinen Arbeiterinnen in Indonesien, zumeist armen, unterernährten Frauen, 1,03 Dollar am Tag, was nicht zum Lebensunterhalt reicht (man denke an Nikes internationalen Slogan *»Just do it« – tu's doch einfach).* Bis 1996 verfügten die 447 reichsten Leute der Welt über ein Vermögen, das dem der ärmsten 2,5 Milliarden, also 52 Prozent der Weltbevölkerung entspricht. Was bedeutet es denn eigentlich, wenn wir einen neuen Pullover kaufen und auf dem Etikett steht »Made in the Philippines«, oder auf dem Transistorradio ist »Made in Korea« gedruckt? Wie stellen wir uns die gesellschaftliche und ökonomische Realität hinter diesen anscheinend neutralen Bezeichnungen vor? Oder hinter der Tasse kolumbianischen (oder brasilianischen, angolanischen usw.) Kaffees, den wir jeden Morgen trinken oder dem klug gemischten dekoffeinierten *Latte* mit zweiprozentiger Milch, den wir an einem sonnigen Herbstnachmittag in einem schicken Café mit unseren Freunden genießen? Es ist kaum nötig, daß eine Ann Landers uns auffordert, »aufzuwachen und den duftenden Kaffee zu riechen«. Die Wahrheit ist, daß es sich um ein bitteres Gebräu handelt und der Wohlstand der Wenigen mit dem Elend der Vielen erkauft wird.

Das Argument, daß die weltweite Ungleichheit strukturbedingt ist, ist ein Hauptthema der sog. Weltsystem-Analyse, die bei der Untersuchung dieses problematischen Verhältnisses zwischen dem Zentrum und der Peripherie unterscheidet. Zentrale Länder sind jene privilegierten Regionen der nördlichen Hemisphäre wie die Vereinigten Staaten und Westeuropa. In diesen Regionen ist die finanzielle, technologische und produktive (normalerweise industrielle) Macht konzentriert, eine Macht, die von einer Elite kontrolliert wird. Die Peripherie umfaßt dagegen die ausgebeuteten Regionen, die ihre Ressourcen und Arbeit an das Zentrum verkaufen, ohne jemals Zugang zu dessen Reichtum zu haben. Die Bereicherung des Zentrums ist strukturell abhängig von der Verarmung der Peripherie. So besteht heute die pazifische Peripherie aus Burma, Thailand, Malaysia, Indonesien und den Philippinen, während Europas Peripherie weitgehend Afrika ist, das der französische Wirtschaftswissenschaftler Jacques Attali (in *Millennium)* »ein ökonomisches Schwarzes Loch« nennt. In einer zukünftigen Welt von, sagen wir, acht Milliarden Menschen im

Jahr 2050 (einer sehr konservativen Schätzung übrigens), werden nach Attali auf Grund dieser strukturellen Ungleichheit fünf Milliarden gerade genug zum Überleben haben. Das 21. Jahrhundert, so schreibt er, wird eine *Blade-Runner*-Welt sein, »eine Welt, welche die gemeinsame Ideologie des Konsumdenkens angenommen hat, die aber scharf zwischen Reich und Arm gespalten ist«. Letztere, die in der bettelarmen Peripherie wohnen, werden »Boatpeople auf weltweiter Ebene« sein. Aber, so fügt er hinzu, diese Situation ist höchst labil, da sich die Menschen an der Peripherie zunehmend bewußt werden, daß der Wohlstand des Zentrums auf ihre Kosten erworben wird. Die Folge werde sein, daß sie sich schließlich gegen das Zentrum erheben werden, »in einem Krieg, wie man ihn in modernen Zeiten noch nicht erlebt hat«.

Der Soziologe Christopher Chase-Dunn hat dieses Thema in seinem Buch *Global Formation* bis ins Detail verfolgt. Er zeigt, daß die Hierarchie von Zentrum/Peripherie ein strukturelles Charakteristikum des Weltsystems ist, das heißt, sie ist eine Institution gesellschaftlich strukturierter Ungleichheit. Wenn man historisch zur wirtschaftlichen Revolution des 16. Jahrhunderts und zur Plünderung der beiden Amerikas zurückgeht, so war die Ausbeutung der Peripherie von entscheidender Bedeutung für die Entwicklung des industriellen Kapitalismus im Zentrum, und die direkte Anwendung von Gewalt führte schließlich zu einer institutionalisierten wirtschaftlichen Macht, die auf »Recht« und Privateigentum beruhte. Ein Netzwerk untereinander abhängiger Märkte hält somit, sagt er, in der Hauptsache unser globales System zusammen, wenn nötig, gestützt durch die militärische Macht der Staaten des Zentrums. Und so lesen wir in amerikanischen Zeitungen *(Seattle Post-Intelligencer* vom 27. 1. 1997, ursprünglich 1995 in der *Baltimore Sun* erschienen) von einem Ausbildungshandbuch der CIA, das die Foltermethoden beschreibt, die in den 1980ern in Honduras angewandt wurden. Dies war Teil der Bemühungen des damaligen Präsidenten Reagan, die linken Bewegungen in Nicaragua und El Salvador zu kontrollieren, Bewegungen, die, wie die folgenden Aufstände in Mexiko (Chiapas), für lokale Selbstbestimmung und gegen die Mächte des Marktes kämpften, die sie in einen permanenten Peripheriestatus zwingen wollten. Oder man betrachte die Situation in Kolumbien, wo Vertreter der CIA laut *Human Rights Watch* der Regierung halfen, »Todesnetzwerke paramilitärischer Soldaten aufzubauen, mit dem Ziel, angebliche Linke zu ermorden, und sie zu diesem Zweck auch mit Waffen und Geld versorgten«.[12]

Sonderlich überraschend ist dies natürlich nicht, vielmehr ist es typisch für unser Verhältnis zu Lateinamerika. Dennoch, so schreibt Chase-Dunn, ist die direkt aus dem Zentrum stammende Machtpolitik nun weniger ausschlaggebend als die Struktur von Ausbeutung und Herrschaft, da die Länder des Zentrums sich auf *lokale* Machtpolitik stützen können – das heißt darauf, daß autoritäre Satellitenstaaten an der Peripherie die Dreckarbeit leisten im Austausch für Wirtschaftshilfe an die Eliten der Peripherie; außerdem ist ökonomische Ausbeutung, die durch die Produktion und den Verkauf von Waren organisiert ist, eine effizientere, »weniger schmutzige« Kontrollmethode. (Hinzu kommt in den letzten Jahren die Rolle der Weltbank, des Internationalen Währungsfonds, von NAFTA, GATT, dem Multilateral Agreement on Investment usw.)

In jedem Fall handelt es sich hier um ein abgesichertes System, um einen komplizierten Mechanismus. Es gibt erhebliche Ungleichheiten zwischen den größeren Gebieten der Welt, aber auch innerhalb bestimmter Regionen. So spielen Länder der Peripherie wie Brasilien und Nigeria die Rolle des Zentrums gegenüber Ländern, welche für *sie* die Peripherie darstellen. All dies wirkt sich umgekehrt auf die zentralen Sektoren innerhalb der Länder des Zentrums aus. Ausbeutung der Peripherie und die

Drohung mit Kapitalflucht an die Peripierie haben dazu gedient, Gewerkschaften und sozialistische Parteien zu zähmen, und sie davon abgehalten, die Machteliten innerhalb des Zentrums herauszufordern.

All dies entspricht der Natur der globalen Wirtschaft. So sagte der Präsident der amerikanischen Bundesbank, Alan Greenspan, am 21. 1. 1997 in einer Anhörung vor dem Kongreß, daß die »erhöhte Unsicherheit des Arbeitsplatzes in einem beträchtlichen Maß die Zurückhaltung im Hinblick auf Kompensationen (d.h. Löhne) und die entsprechend gedämpfte Preisinflation erklärt«. [13] Normalerweise fällt der Aktienindex, wenn sich die Beschäftigungsquote erhöht. Für die wirtschaftliche Elite im Zentrum macht es sich bezahlt, Arbeiter und Angestellte zu haben, deren Jobs nicht sicher sind.

Wenn ein Land der Peripherie ausländische Investoren aufnimmt und dank der Kredite aus dem Ausland in Schuldenabhängigkeit gerät, sorgt beides dafür, daß seine wirtschaftliche Entwicklung Schaden erleidet und die gesellschaftliche Ungleichheit innerhalb dieses Landes vergrößert wird. Dies führt letztlich dazu, daß die direkte koloniale Kontrolle durch neokoloniale wirtschaftliche Mechanismen ersetzt wird. Die Struktur der Abhängigkeit, sagt Chase-Dunn, »unterstützt die Eliten an der Peripherie und hält die Löhne im Verhältnis zu den Einkommen der Eliten niedrig«.[14] Diese Eliten sind in Wahrheit »mit den Interessen der transnationalen Konzerne und der internationalen Wirtschaft« verbunden, nicht mit ihren eigenen Ländern und Völkern.

In Hinblick auf unsere eigene Diskussion ist es jedoch wichtig, daran zu denken, daß diese Beschreibung auch auf periphere Gebiete innerhalb der USA und nicht nur, sagen wir, auf Guatemala zutrifft. Monat für Monat geht immer mehr Vermögen in immer weniger Hände über. Mitte 1997 haben die Republikaner eine Steuersenkung im Kongreß vorgeschlagen, die darauf abzielte, dem obersten Fünftel 87 Prozent der Senkungen innerhalb des nächsten Jahrzehnts zu geben. Zwei Jahre später wurde der Versuch wiederholt, als im Repräsentantenhaus und Senat der Kompromiß eines Steuergesetzes verabschiedet wurde, das dem reichsten Fünftel 79 Prozent der Steuererleichterungen verschaffen sollte, und zusätzlich sollten Milliarden von Dollars an Steuererleichterungen den multinationalen Konzerne zugute kommen.[15] Dieser Prozeß ist unaufhaltsam, und obwohl ich keinen massiven Volksaufstand innerhalb der USA vorhersagen würde – dies wird wahrscheinlich eher in den Regionen der Peripherie außerhalb der Länder des Zentrums geschehen –, ist es doch so, daß diese Art von Ungleichheit schließlich die gesamte gesellschaftliche Struktur zerstören könnte, wie dies bereits in den öffentlichen Schulen und Innenstädten geschehen ist. Obendrein ist die gesellschaftliche Ungleichheit auch geistig zersetzend, entmutigend und wird diesem Land unerhörten Schaden zufügen. Wenn man in dieser Hinsicht einen Vergleich mit dem antiken Rom anstellen will, so ist die Feststellung interessant, daß unter der Herrschaft Neros (von 54 bis 68 n. Chr.) etwa 2000 Männer nahezu das gesamte Land zwischen dem Rhein und dem Euphrat besaßen. Die Bevölkerung teilte sich mehr oder weniger auf in die Reichen und den gesamten Rest, und die Reichen waren sehr, sehr reich. Auf ähnliche Weise sehen wir heute in den USA, laut Kevin Philipps *(Arrogant Capital)*, einen breiten Übergang »zu einer gesellschaftlichen und ökonomischen Stratifizierung, zu eingezäunten Wohngemeinden und verhärteten Klassenstrukturen, zu Geschäfts- und Finanzeliten, die sich gegenseitig aushelfen …«[16]

Warum kommt es zu diesem Abgleiten in größere Ungleichheit? Teilweise, weil die Konzentration von Reichtum in immer weniger Händen selbst ein Teil des Prozesses geringer werdender Mindesterträge ist. Jedesmal, wenn eine größere Investition in Komplexität stattfindet, geht gleichzeitig ein größerer Teil des Kuchens an die Elite. Hierarchie erzeugt Macht; je stärker die Vertikale, desto größer die Gelegenheit für die Wenigen, die Vielen auszubeuten, vor allem in Zeiten von Verschuldung und Krise. »Wenn massive Schulden zu einem großen landesweiten Problem werden«, schreibt Kevin Philipps, »so stellen sie zugleich eine große finanzielle Gelegenheit und handfeste Geschäftsinteressen dar.«[17] Für einige wenige bedeutet also mit anderen Worten der nationale Zusammenbruch die Gelegenheit, ein gutes Geschäft zu machen! Doch letztlich weiß niemand genau, warum die USA eine solche Verlagerung des Reichtums erlebt haben, wie John Cassidy einräumt. Sie scheint sich einer Kombination von Faktoren zu verdanken: dem steigenden Volumen des internationalen Handels, der Verbreitung der Computertechnologie, dem Niedergang der Gewerkschaften und der Einwanderung von unausgebildeten Arbeitern in das Land. Doch all diese Faktoren sind umstritten, und über eine wirklich eindeutige Erklärung verfügen wir nicht. Bestenfalls können Wirtschaftswissenschaftler sagen, daß sich der Kapitalismus eben auf diese Weise entwickelt hat (oder im Falle Roms, daß er vielleicht einfach durch die Endphase des Reiches bedingt war). Abgesehen von einer dramatischen Erneuerung der Gewerkschaften, könnte nur eine sehr hohe Besteuerung der Reichen für eine Umkehrung dieses Trends sorgen. Mitte der 1990er wollte Robert Reich, der damalige Arbeitsminister, dies als Möglichkeit ins Gespräch bringen, doch sein Vorschlag stieß auf eisiges Schweigen. Für eine solche Lösung gibt es einfach keine Sympathie, nicht einmal bei den Bürgern der Mittelklasse, die offensichtlich von einer solchen Maßnahme profitieren würden (hauptsächlich wohl deshalb nicht, weil sie, wie ich vermute, insgeheim glauben, daß sie sich irgendwie auf eigene Faust gegen das System durchsetzen und selbst reich werden, als ob sie bei der Lotterie gewinnen würden). Das Ergebnis, die fortschreitende »Aztekisierung« des Landes, steht deshalb von vornherein fest.

Wenden wir uns nun dem zweiten Punkt zu, Tainters These, insoweit sie auf die amerikanische Wirtschaft zutrifft. Wenn wir uns hier auf das wahrscheinlich zentrale Thema konzentrieren, die Sozialversicherung – vor allem das Pensions- und Rentenversicherungssystem sowie die Krankenversicherung für Senioren –, so stellen wir fest, daß dies leider ein sehr undurchsichtiges Gebiet ist. Was die Rentenversicherungsprogramme betrifft, so scheinen sich die Prognosen nahezu jeden Monat zu ändern. Wenn dieses Buch erscheint, werden meine Daten wahrscheinlich veraltet sein. Zudem fallen auf diesem besonderen Gebiet die Daten sehr verschieden aus, je nachdem welche politische Zielrichtung man vertritt. Positionspapiere rechter *Think tanks,* wie des Cato Institute, der Heritage Foundation oder des National Center for Policy Analysis, argumentieren, daß sich die Sozialversicherung in einer Krise befindet und ein Programm wie die Rentenversicherung beendet und/oder völlig überholt werden muß. Wir müssen deshalb hier bei den Daten vorsichtig sein, denn sie sollen oft einer Privatisierung das Wort reden, zum Beispiel das Rentenversicherungssystem durch private Pensionen ersetzen, ähnlich wie die IRAS oder »401 (k) Pläne«. Am anderen Ende des Spektrums, wie es in den Vereinigten Staaten existiert, befindet sich die Brookings Institution, die argumentiert, daß das System nur moderate Korrekturen benötigt, um weiter zu funktionieren. Angesichts dieser widersprüchlichen Behauptungen ist es deshalb schwierig zu entscheiden, welche Argumente stichhaltig sind, und der Leser sollte sich bewußt sein, daß ich kein Wirtschaftswissenschaftler oder in irgendeiner Form Experte in diesen Fragen bin. Dennoch will ich einen Versuch wagen.

In mancher Hinsicht ist es am besten, mit den Berichten der Sozialversicherungsverwaltung (SSA) selbst zu beginnen. Gemäß dem Bericht des Aufsichtsrats vom 30. März 1999 wird die Rentenversicherung 2034 zahlungsunfähig sein, und die Krankenhausversicherung als Teil von Medicare wird es im Jahre 2015 sein. Die kombinierten Ausgaben sind höher als die Steuern und Versicherungsbeiträge, die zu ihrer Unterstützung eingenommen werden, und diese Situation wird so bleiben. So werden die Kosten, die heute bei sieben Prozent des Bruttosozialprodukts liegen, bis 2037 auf 11,7 Prozent steigen. Bis 2025 werden die Ansprüche an die Sozialversicherung 86 Milliarden Dollar betragen, und bis zum Jahre 2075 werden die Kosten für Medicare um 45 Prozent höher sein als die Einnahmen, die dafür zur Verfügung stehen. Diese Zahlen beruhen nicht einmal auf einem sonderlich pessimistischen Szenario. Tatsächlich werden bereits 2014 andere Bundeseinnahmen benötigt werden, um bei der Auszahlung der Gelder zu helfen. Daher stellt der Bericht des Congressional Research Service (CRS) fest, daß »die langfristige Perspektive [...] wenig Anlaß zur Zuversicht liefert«[18], und die allgemeine Meinung spiegelt dies wider. Weniger als 50 Prozent der Amerikaner glauben, daß die Sozialversicherung ihre langfristigen Verpflichtungen einlösen wird, und in der Gruppe der Unterfünfundfünfzigjährigen vertrauen nahezu zwei Drittel kaum darauf, daß sich das System für sie auszahlen wird.

Warum ist dies so? Die Antwort liegt auf der Hand: Wir werden ein Land älterer Menschen. Bis 2025 wird die Zahl der Menschen, die 65 und älter ist, um 75 Prozent steigen, während die Zahl der Beschäftigten, die das System unterstützen, nur um 13 Prozent wachsen wird. Das gegenwärtige Verhältnis von Beschäftigten zu Sozialversicherungsempfängern ist 3,4 zu 1; bis zum Jahre 2035 wird es auf 2 zu 1 fallen. Die »großen Drei« – Sozialversicherung, Medicare und Medicaid – werden sich rasch zu einer Belastung entwickeln, da die Kosten in direktem Zusammenhang mit dem Alterungsprozeß der Bevölkerung stehen.

Wenn wir uns nun den zuvor erwähnten konservativen Organisationen zuwenden, so läuft das pessimistischste Szenario darauf hinaus, daß man bis zum Jahre 2045 nahezu 53 Prozent der gesamten versteuerten Einkommen in den Vereinigten Staaten benötigen wird, um das Sozial- und Krankenversicherungssystem zu bezahlen. Während 1950 17 Beschäftigte auf jeden Pensionär kamen, wird diese Zahl im 21. Jahrhundert auf *einen* fallen. Die Einkommenslücke, so sagen sie, wird bis 2020 bei 232 Milliarden Dollar liegen. Die Lebenserwartung steige schneller als früher vorhergesagt, während die Fruchtbarkeitsrate schneller falle als zuvor angenommen. Bis zum Jahre 2050 werde die Zahl der Rentner und Pensionäre 80 Millionen erreichen. Das Versicherungssystem sei demnach nicht zu halten, und, abgesehen von einer Privatisierung, könne nur wenig einen größeren Zusammenbruch abwenden.

Die Bewertung von Henry Aaron und Robert Reischauer von der Brookings Institution *(Countdown to Reform)*[19] bestätigt schließlich viele dieser Daten, vertritt aber die Position, daß eine »ängstliche« Einstellung ganz einfach falsch ist. Da wir bis 2034 Zeit haben, handle es sich nicht um eine Krise, sagen sie, und die Sozialversicherung könne in ihrer gegenwärtigen Form durch moderate Kürzungen der Auszahlungen, bescheidene Steuererhöhungen und durch eine Anhebung des Mindestalters für die Sozialversicherung sowie durch die Besteuerung der Bezüge wie die jeder anderen Pension gerettet werden. Das Problem bestehe darin, daß die öffentlichen Meinungsumfragen, wie die Autoren zugeben, sehr wenig Unterstützung für solche Maßnahmen zeigen, so daß die einzige Lösung darin bestehe, sie langsam einzuführen, um so weniger Widerstand hervorzurufen.

Wie groß sind die Probleme, in denen wir stecken, also wirklich? Sind wir, wie Joseph Tainter behauptet, am Punkt sinkender Erträge angelangt, oder handelt es sich um unnötige Panikmache, wie Aaron und Reischauer meinen? Wie gesagt, ich bin kein Wirtschaftswissenschaftler, doch die Schlußfolgerungen meiner Nachforschungen auf diesem Gebiet sind folgende:

1. Die langfristige Perspektive ist nicht gut, wie der Bericht des Aufsichtsrats der SSA offen zugibt.
2. Wir werden in der Tat eine Bevölkerung älterer Menschen, die Fruchtbarkeitsrate fällt, und es ist durchaus möglich, daß wir am Ende dieses Jahrhunderts ein Verhältnis von Beschäftigtem zu Rentner von 1 zu 1 haben werden. Dies wird tatsächlich drastische Maßnahmen erforderlich machen, aber Amerikaner wünschen, wie die Brookings-Autoren feststellen, keine höheren Steuern oder geringeren Bezüge, nicht einmal im Falle moderater Maßnahmen, von drakonischen einmal ganz abgesehen.
3. Alle scheinen darin übereinzustimmen, daß wir, wenn wir diesen Daten (2015 und 2043) etwas Positives abgewinnen wollen, in der Annahme, es stehe uns noch Zeit zur Verfügung, erkennen müssen, daß ein Hauptfaktor hinter dieser »gesunden« Situation das starke ökonomische Wachstum darstellt, das in diesem Land seit 1995 stattgefunden hat. Das sorgt besonders bei der Sozialversicherung für einen Aufschwung, denn es führt zu größeren Steuereinnahmen, die dann sowohl in die Sozial- wie in die Krankenversicherung fließen. Das Problem besteht nur darin, daß der Kapitalismus mit Auf- und Abschwüngen arbeitet und wir uns, wie der Bericht des Aufsichtsrats freimütig sagt, »vernünftigerweise nicht auf das wirtschaftliche Wachstum verlassen können«. Wir können es auch nicht auf eine unbestimmte Zukunft projizieren. Kurz: Ein struktureller Engpaß scheint in der Tat irgendwann im 21. Jahrhundert wahrscheinlich.

Dieser letzte Punkt ist meines Erachtens ein zentraler Aspekt. In *Gray Dawn* behauptet Peter Peterson, daß die Aufwendungen für Sozial-, Krankenversicherung und Medicaid und die Pensionen für zivile und militärische Angestellte bis 2030 den Gesamtbetrag der

Steuereinnahmen übersteigen werden.[20] Von 1980 bis 1990 stieg der Anteil der staatlichen Verschuldung von 34 Prozent des Bruttosozialprodukts auf 59 Prozent. 1996 belief sich der Schuldenbetrag auf fünf Billionen Dollar, und die Zinszahlungen dafür fraßen ein Sechstel des Staatshaushalts. Ich vermute, daß nur anhaltendes wirtschaftliches Wachstum diese Art von Verschuldung und Zinsbelastung ausbalancieren kann, und ich glaube nicht, daß wir uns darauf verlassen können. Inwieweit sich Tainters These exakt auf die wirtschaftliche Zukunft Amerikas anwenden läßt, bleibt somit unklar. Ich selbst habe das Gefühl, daß wir uns um die Mitte des Jahrhunderts in ernsthaften Schwierigkeiten befinden werden.

Wenn wir uns dem dritten Punkt zuwenden, dem Verfall der amerikanischen Intelligenz, so bietet sich ein Bild, das eindeutig trostlos ist. Die folgenden Daten sehen so aus, als ob sie erfunden wären, doch glauben Sie mir, sie sind es nicht.

- 42 Prozent der amerikanischen Erwachsenen können Japan nicht auf einer Weltkarte finden, und nach Garrison Keillor (National Public Radio vom 22. 3. 1997) zeigte eine andere Umfrage, daß nahezu 15 Prozent die Vereinigten Staaten nicht lokalisieren konnten. Keillor bemerkte dazu, daß dies ungefähr so ist, als sei man nicht in der Lage, »das eigene Hinterteil mit beiden Händen zu greifen«, und schlug vor, wir sollten uns am Vorabend einer Wahl nicht so eifrig darum bemühen, jedermann zur Abstimmung zu bewegen.
- Eine Umfrage vom Oktober 1996 belegte, daß 10 Prozent der Wähler nicht wußten, wer der republikanische und wer der demokratische Präsidentschaftskandidat war. Dies ist vor allem deshalb ernüchternd, wenn man daran denkt, daß eine der Fragen, die man gewöhnlich in psychiatrischen Krankenhäusern stellt, um die geistige Zurechnungsfähigkeit zu testen, lautet: »Wer ist der amerikanische Präsident?«

• Sehr wenige Amerikaner verstehen, in welchem Ausmaß die Konzerne ihr Leben bestimmen. Aber einer Meinungsumfrage des Magazins *Time* zufolge glauben fast 70 Prozent an die Existenz von Engeln; und eine andere Studie förderte die Tatsache zu Tage, daß 50 Prozent an die Präsenz von UFOs und extraterrestrischen Wesen auf der Erde glauben, während eine Umfrage von Gallup (laut Bericht von CNN vom 19. August 1997) ergab, daß 71 Prozent glauben, daß die amerikanische Regierung dieses Thema bewußt vertuscht. Mehr als 30 Prozent glauben, sie hätten einen Kontakt mit den Toten hergestellt.

• 1995 berichtete ein Artikel in der *New York Times* von den Ergebnissen einer Umfrage, nach der 40 Prozent der amerikanischen Erwachsenen (dies entspricht mehr als 70 Millionen Menschen) nicht wußten, daß Deutschland im Zweiten Weltkrieg unser Feind war. Eine 1996 von A. Roper durchgeführte Umfrage ergab, daß 84 Prozent der College-Abschlußkandidaten nicht angeben konnten, wer der amerikanische Präsident am Beginn des Korea-Krieges war (Harry Truman). 58 Prozent des Abschlußjahrgangs amerikanischer Highschools können einen Leitartikel in *irgendeiner* beliebigen Zeitung nicht verstehen. 1995 ergab eine Umfrage des amerikanischen Erziehungsministeriums unter 22 000 Schülern, daß 50 Prozent nicht wußten, was der Kalte Krieg war, und 60 Prozent keine Ahnung hatten, wie die Vereinigten Staaten entstanden waren.

• Irgendwann im Jahre 1996 lud Jay Leno eine Reihe von Schülern in sein Programm ein und bat sie, berühmte Zitate aus wichtigen amerikanischen Dokumenten, wie zum Beispiel Lincolns *Gettysburg Address* oder der amerikanischen Unabhängigkeitserklärung, zu ergänzen. Ihre Antwort bestand in allen Fällen darin, daß sie ihn entgeistert anstarrten. In einer Art Folgesendung zeigte Leno an 3. Juni 1999 ein Video mit Interviews, die er wenige Tage zuvor bei den Abschlußfeiern einer Universität durchgeführt hatte. Den Namen der Universität gab er nicht an; er sagte den Fernsehzuschauern lediglich, daß zu den Studenten, die er interviewt hatte, sowohl College- wie graduierte Studenten gehörten. Die Gruppe umfaßte Weiße und Farbige beiderlei Geschlechts. Leno stellte acht Fragen:

1. Wer entwarf die erste amerikanische Flagge? – Die Antworten waren u. a. Susan B. Anthony (Jahrgang 1820) und »Betsy Ford«.
2. Wovon waren die Dreizehn Kolonien nach der amerikanischen Revolution befreit? Ein Student sagte, »von der Ostküste«.
3. Was war die *Gettysburg Address*? Ein Student erwiderte, »eine Rede an Getty«. Ein anderer sagte, »die genaue Adresse kenne ich nicht«.
4. Wer hat die Glühbirne erfunden? Die Antworten schlossen Thomas Jefferson ein.
5. Wieviel ist drei hoch zwei? – Ein Student sagte »siebenundzwanzig«, ein anderer »sechs«.
6. Was ist der Siedepunkt für Wasser? Antwort u. a.: 45 Grad C.
7. Wie lange braucht die Erde, um sich einmal um ihre Achse zu drehen? Die beiden Antworten, die Leno erhielt, waren: »Lichtjahre« (eine Maßeinheit für Entfernungen, kein Zeitmaß) und »vierundzwanzig Achsen«.
8. Wie viele Monde hat die Erde? Die befragte Studentin sagte, sie habe vor ein paar Jahren eine Astronomieklasse belegt und dort ein A bekommen, doch an die richtige Antwort könne sie sich nicht erinnern.

Es ist wichtig, festzuhalten, daß kein einziger der befragten Studenten irgendeine dieser Fragen richtig beantworten konnte. Lenos Kommentar zu diesem schauderhaften Debakel bringt es auf den Punkt: »Und es sollen die Chinesen sein, die *uns* geheime Informationen stehlen?«

• Eine Umfrage des National Constitution Center aus dem Jahre 1998 ergab, daß nur 41 Prozent der amerikanischen Teenager die drei Regierungsgewalten nennen konnten, aber 59 Prozent kennen die Namen der »Three Stooges«. Nur zwei Prozent wissen, wer der Vorsitzende des Bundesverfassungsgerichts ist, 26 Prozent kannten nicht den Namen des Vizepräsidenten. In den frühen 1990ern berichtete die National Assessment of Education Progress, daß 50 Prozent der 17jährigen 9/100 nicht in Prozenten ausdrükken konnten, und nahezu 50 Prozent den amerikanischen Bürgerkrieg nicht in der richtigen Jahrhunderthälfte plazieren konnten – Ergebnisse, welche die *San Antonio Press News* als Beweis für die »anhaltende Kannibalisierung« der amerikanischen Kultur charakterisierte. In einer anderen Studie mit 17jährigen konnten nur vier Prozent einen Busfahrplan lesen, und nur zwölf Prozent konnten sechs normale Brüche der Größe nach anordnen.

• Die Unkenntnis der elementarsten wissenschaftlichen Fakten seitens erwachsener Amerikaner ist geradezu atemberaubend. In einer Umfrage der National Science Foundation aus dem Jahre 1995 sagten 56 Prozent der Befragten, Elektronen seien größer als Atome; 63 Prozent behaupteten, die frühesten Menschen lebten zur gleichen Zeit wie die Dinosaurier (ein chronologischer Irrtum von mehr als 60 Millionen Jahren); 53 Prozent sagten, die Erde drehe sich entweder in einem Tag oder einem Monat um die Sonne (d. h. nur 47 Prozent wußten, daß die richtige Antwort »ein Jahr« lautete); und 91 Prozent waren nicht in der Lage zu sagen, was ein Molekül ist. Eine Telefonumfrage von 2000 zufällig ausgewählten Erwachsenen, die von der Northern Illinois University durchgeführt wurde, ergab, daß 21 Prozent glaubten, die Sonne drehe sich um die Erde, weitere sieben Prozent sagten, sie wüßten nicht, was sich um was drehe.

• Unter den 158 Ländern der Vereinten Nationen rangieren die Vereinigten Staaten hinsichtlich der Lesefähigkeit auf Platz 49. Rund 60 Prozent der erwachsenen Bevölkerung haben niemals ein Buch irgendeiner Art gelesen, und nur sechs Prozent lesen ein Buch pro Jahr, wobei »Buch« so definiert ist, daß Harlequin-Liebesromane und Selbsthilfehandbücher eingeschlossen sind. Etwa 120 Millionen Erwachsene sind Analphabeten oder lesen nicht besser als Schüler der 5. Klasse. 1965 lasen noch 67 Prozent der Leser im Alter von 21 bis 35 Jahren eine Tageszeitung, 1998 waren es 31 Prozent.

• In einer 1998 durchgeführten Telefonumfrage sagten 12 Prozent auf die Frage, wer die Frau des biblischen Noah war, »Jean d'Arc« (laut National Public Radio vom 13. Juni 1998).

• 1997 reichte der Justizminister des Staates Missouri zum Spaß einen Antrag bei einer (nicht genannten) internationalen akademischen Akkreditierungsbehörde ein, um eine Institution namens Eastern Missouri Business College zu gründen, die Doktorgrade in Meeresbiologie und Gentechnologie wie auch in Betriebswirtschaft anbieten sollte. Zu den Fakultätsmitgliedern sollten unter anderem Moe Howard, Jerome Howard und Larry Fine – also die »Drei Stooges« – gehören und das vorgeschlagene Motto auf dem offiziellen Siegel sollte, aus dem Lateinischen grob übersetzt, »Ausbildung ist für die Katz« sein. Die Reaktion? Die akademische Akkreditierung wurde gewährt.

Nun wurde diese Geschichte in der von National Public Radio ausgestrahlten Sendung »Car Talk« berichtet, und ich habe keine Ahnung, ob sie der Wahrheit entspricht. Sie könnte selbst ein Jux sein. Aber interessant erscheint mir, daß ich mich nicht der Lage sehe, eine solche Geschichte einfach *a priori* als Witz abzutun. Tatsächlich könnte sie auch durchaus wahr sein – und gerade diese Ambiguität ist kennzeichnend für unsere Zeit.

• 1998 führte die Schulaufsichtsbehörde von Massachusetts einen Englischtest für Lehrer durch, der dem Prüfungsniveau eines Highschool-Abschlusses entsprach. Von den 1800 zukünftigen Lehrern, die an der Prüfung teilnahmen, fielen 59 Prozent durch. Die Reaktion bestand darin, daß der Interimsvorsitzende der Behörde, ein gewisser Frank Haydu III, verkündete, daß die zum Bestehen der Prüfung erforderliche Note gesenkt würde. Daß 59 Prozent einer großen Gruppe potentieller Lehrer ernsthafte Schwierigkeiten mit der Rechtschreibung und Zeichensetzung hatten und ein Vertreter der Kultusbürokratie dies nicht als Hindernis für deren Berufsausübung ansah, ist allerdings ein guter Indikator dafür, daß sich die Kultur unseres Landes in der Dämmerungsphase befindet.

• Als in einem ähnlichen Fall das für die Prüfungsergebnisse der Studienbewerber zuständige Zulassungsgremium eines Colleges feststellte, daß der Durchschnitt der Ergebnisse der Englischtests von 478 im Jahre 1963 auf 424 im Jahre 1995 gefallen war (auf einer Skala von 200 bis 800), führte es kurzerhand eine »Umstrukturierung« der Bewertung durch, so daß 424 zu 500 und 730 zur perfekten Punktzahl von 800 wurde.

• Laut *Wall Street Journal* von 31. März 1989 waren nur 10 Prozent der Bewerber in Chicago in der Lage, die Mindestanforderungen der Lese- und Schreibfähigkeit für Postangestellte zu erfüllen, und der Motorola Konzern berichtete, daß 80 Prozent aller landesweit getesteten Bewerber eine Prüfung, die der 7. Klasse in Englisch und der 5. Klasse in Mathematik entsprach, nicht bestanden hatten.

Diese Horrorgeschichten häufen sich in unserer Kultur in alarmierendem Maße, und sie werden durch höchst zufällige Beobachtungen bestätigt, wie sie jeder von uns tagtäglich machen kann. Es ist so, als hätte sich Amerika in eine gigantische Produktionsstätte von Tölpeln verwandelt. Gängige Wörter finden wir nun falsch geschrieben, zum Beispiel bei CNN oder auf den Warenetiketten in Supermärkten (»Caes*er* Salad«). Im Folgenden ein paar persönliche Anekdoten; ich bin sicher, Sie werden Ihre eigene Liste haben.

Beispiel: In einem teuren Restaurant in Salt Lake City, in dem ich zu Mittag aß, gab es ein elegantes Schild aus Holz im Art-déco-Stil, auf dem die Öffnungszeiten angegeben waren, wobei das Wort Sunday »S-u-n-d-y« geschrieben war – es stand tatsächlich so da, in Holz geschnitzt. Auf einem Schild vor einer Klinik in Washington, D. C. stand: Infant, Child*ern* & Adult Care.

Beispiel: Ich besuchte vor wenigen Jahren an einem College im Mittleren Westen einige Klassen für kreatives Schreiben, nur um festzustellen, daß kein einziger Student in all diesen Klassen jemals von Robert Browning gehört hatte, während ich in der Highschool »My Last Duchess« auswendig gelernt hatte. Ein Kollege an der gleichen Schule erzählte mir, einer seiner Studenten, ein Zwanzigjähriger, habe ihm gesagt, er habe noch niemals einen Roman gelesen.

Beispiel: In nahezu drei Jahrzehnten Lehrtätigkeit habe ich beobachtet, daß die Mehrheit der College-Studenten immer seltener in der Lage ist, ein Argument zu analysieren, den Beweis für ein Argument zu liefern oder einen grammatisch korrekten Satz zu schreiben. Aufsätze werden eingereicht, die mit Sätzen beginnen wie »In diesem Referat ich werden zeigen … [I are going to show that …]«. Als ich völlig ahnungslos eine Studentin fragte, welches ihre Muttersprache sei, bekam ich zu hören: Englisch.

Beispiel: Im *Portland Oregonian* vom 10. April 1998 werden »literarische Veranstaltungen« aufgelistet: »Hören Sie Werke von William Butler Yeats, Robert Frost und T.S. Eliot [read all*owed*, statt: aloud]«. (Solch eine Notiz, so könnte man sagen, stellt selbst ein literarisches Ereignis dar.) Anfang 1999 wurde in National Public Radio ein Interview mit Edmund White angekündigt, dem

Autor eines Buches über Marcel »Prawst« und Empfänger eines »Guh-genheim«-Stipendiums.

Beispiel: Da ich eine Rechnung aus Holland erhalten habe und den Wechselkurs wissen muß, rufe ich bei der Valuta-Abteilung einer größeren Bank an; die Angestellte kann Holland nicht finden, da es, wie sich herausstellt, unter Niederlande aufgelistet ist. »Ist Holland dasselbe wie Dänemark«, fragt sie mich.

Beispiel: Ich werde gebeten, an einer Universität im Südwesten eine Vorlesung über die »Krise der amerikanischen Intelligenz« zu halten, und der Text wird für die Universitätszeitung von einer Studentin in den späten Dreißigern zusammengefaßt. In ihrem Artikel von weniger als 250 Wörtern finden sich sieben fundamentale grammatische Fehler und ein völlig unverständlicher Satz. (Ich gehe einmal davon aus, daß dies kein bewußter Versuch einer Satire auf die Vorlesung war; das wäre in der Tat großartig gewesen.)

Beispiel: Ich werde für eine Stelle als Herausgeber von Publikationen einer nationalen Vereinigung für höhere Erziehung interviewt. Die Vereinigung – ich nenne sie NA – setzt sich, als Teil ihrer erklärten Mission, zum Ziel, »die Qualität der humanistischen Erziehung zu verbessern«. Dies bedeutet jedoch nicht, daß man an einem Curriculum von Grundkursen festhält oder akademische Standards wahrt; vielmehr sollen Studenten zu einem (vage definierten) sozialen Handeln angeleitet werden und praktische Fertigkeiten erwerben, wie sie für Jobs im 21. Jahrhundert nützlich seien. (Zu diesem Zweck erhält NA massive finanzielle Unterstützung aus der Industrie.) Im Laufe des Stellengesprächs werfe ich die Frage nach einem Wissen um seiner selbst willen auf, eines Wissens darum, wie man selbst und die Gesellschaft eigentlich funktionieren. Die NA-Präsidentin, die das Gespräch leitet, starrt mich einen Augenblick an und sagt: »Nun, das ist gut und schön, wenn man an einem weltabgewandten und kontemplativen Leben interessiert ist.« Ich sage: »Ich glaube nicht, daß es unbedingt dazu führen muß.« – »Wozu sollte es sonst gut sein?« fragt sie, nunmehr fast zornig. Und ich antworte, etwa in der Art, wie ich dieses Konzept einem Studenten im 1. Semester erklären müßte, daß »eine solche Erziehung, zumindest im Idealfall, die Wahrnehmungsfähigkeit ändert. Das Ziel ist die Wandlung der Psyche. Die Studenten können sehr aktiv in der Welt sein, aber sie haben ein viel besseres Verständnis dessen, was die Welt ausmacht, und wie sie da hineinpassen.« Meine Interviewerin nickt verständnislos; sie hat offensichtlich keine Ahnung, wovon ich spreche. Und ich denke: Die Frau ist eine führende Persönlichkeit im Bereich der höheren Bildung und sie hat buchstäblich keine Ahnung von der tieferen Bedeutung einer humanistischen Erziehung. Während mein Einfluß auf die höhere Bildung nicht-existent ist, ist der ihre enorm. Es ist nicht so, daß Studenten es dank ihres Einflusses lernen, auf ein nicht-utilitaristisches Konzept höherer Bildung verächtlich herabzusehen; vielmehr werden sie gar nicht erfahren können, daß ein solches Konzept überhaupt existiert.

Wenn die Umverteilung des Reichtums, wie früher beschrieben, »eine seismische Verschiebung« in der amerikanischen Gesellschaft widerspiegelt, so läßt sich eine ähnliche Verschiebung im Tenor amerikanischer Haltungen und intellektueller Fähigkeiten feststellen (und beide Trends sind durchaus verwandt). So sprach der Schauspieler Peter Coyote etwa 1995 in einem Interview mit National Public Radio ziemlich eindeutig davon, daß eine große »Intelligenzfeindlichkeit« nun Teil der amerikanischen Kultur sei. Oder man denke an die wiederholte und zutreffende Verwendung des Ausdrucks »Verdummung« in täglichen Diskussionen und in der Presse. Wie die Unwissenheit, die das heutige Amerika charakterisiert, gefeiert wird, läßt sich am enormen Erfolg eines Films wie *Forrest Gump* sehen, in dem ein gutmütiger Geisteskranker zu einem Helden gemacht wird; oder in der höchst populären Fernsehserie *Cheers,* in der jedes intellektuelle Interesse als hohl und prätentiös hingestellt wird, während ausgesprochene Dummheit als warmherzig und aufrichtig gilt. Wenn mein Kollege an der Universität in Michigan einen Studenten hat, der noch nie einen Roman gelesen hat, wie lange wird es dann dauern, bis er einen Studenten hat, der ihn fragt, was ein Roman sei? (Tatsächlich kennen bereits jetzt Millionen von Amerikanern nicht den Unterschied zwischen Literatur und Sachbuch.) Wenn Studenten schon jetzt nicht wissen, wer Browning ist, wie lange wird es dauern, bis sie nie von Shakespeare gehört haben? Wie lange, bis die *New York Times* und die *Washington Post* aus Mangel an Abonnenten eingehen, oder bis die englische Sprache für die Mehrheit der Amerikaner so unzugänglich sein wird wie Chaucers Englisch es jetzt ist? Wie lange, bis intellektuelle Begeisterung als historisches Phänomen oder als merkwürdige Geistesverfassung betrachtet oder einfach nicht beachtet wird?

In der Einleitung zu seinem Buch *Dumbing Down, Essays on the Strip-Mining of American Culture* stellt John Simon fest, daß innerhalb von nur einer Generation eine ganze Welt des Lernens vor unseren Augen verschwindet.[21] Wir können nicht mehr davon ausgehen, sagt er, daß wir eine mythologische Anspielung oder eine fremdsprachliche Wendung benutzen oder uns auf ein berühmtes historisches Ereignis oder einen literarischen Charakter beziehen und von mehr als einer Handvoll von Leuten verstanden werden. (Man versuche dies in irgendeiner Gruppe und achte auf die Reaktion. Das ist ein ausgezeichneter Prüfstein dafür, wie es um unsere Kultur wirklich bestellt ist und wie fremd man selbst darin ist.) Wenn man tatsächlich Lewis Laphams Kriterien für wirkliche Lesefähigkeit benutzt – d. h. ein gewisses Maß an Vertrautheit mit einer Mindestzahl an Standardtexten (Marx, Darwin, Dickens usw.) und die Fähigkeit, Ironie zu bemerken –, so könnte es durchaus sein, daß sich die Zahl der wirklich Lesefähigen in den Vereinigten Staaten auf weniger als fünf Millionen, d. h. weniger als drei Prozent der Bevölkerung, beläuft.

1953 veröffentlichte Ray Bradbury *Fahrenheit 451*, das später von François Truffaut verfilmt wurde; er beschrieb darin eine Gesellschaft der Zukunft, in der Intelligenz weitgehend zusammengebrochen und das Lesen von Büchern gesetzlich verboten ist. Die Menschen sitzen herum und kommunizieren mit Bildschirmen (die als »die Familie« gelten) und nehmen Beruhigungsmittel. Ist dies heute, nahezu fünf Jahrzehnte später, nicht weitgehend der Punkt, an dem wir angelangt sind? Legen die oben zitierten Daten nicht nahe, daß die meisten unserer Nachbarn tatsächlich geistlose Automaten sind, wie sie in Truffauts Film beschrieben sind? Zugegeben, in der Geschichte gibt es eine Klasse von »Buchmenschen«, die sich im Wald verstecken und die Klassiker auswendig lernen, um sie an zukünftige Generationen weiterzugeben, und dies liefert in der Tat einen Hinweis darauf, was uns eventuell in die Lage versetzen könnte, unsere Zivilisation schließlich zu retten – aber die Mehrheit der Bürger sieht am Vorabend des 21. Jahrhunderts *im Durchschnitt* vier Stunden am Tag fern, nimmt Prozac und ähnliche Mittel wie Süßigkeiten und liest vielleicht einmal im Jahr einen Roman von Danielle Steel.

Wie ist es dazu gekommen? Was sind die Gründe für diesen Stand der Dinge? »Waren wir vor der Einführung des Fernsehens so dumm?« fragt eine Figur in DeLillos *Weißem Rauschen.* Das Fernsehen hat natürlich einen Anteil daran, der noch über das hinausgeht, was Neil Postman *(Wir amüsieren uns zu Tode)* und viele andere aufgezeigt haben: daß der Inhalt der meisten Fernsehsendungen ein Publikum von Schwachsinnigen voraussetzt. Es hat auch etwas damit zu tun, daß dieses Medium bei seinen Zuschauern eine Aufmerksamkeitsspanne von etwa zehn Sekunden schafft und davon ausgeht, daß wirkliches Lernen über Bilder stattfinden kann. Diese Probleme betreffen auch das Internet und das Gros der mikrochipgesteuerten Kommunikation, was ich weiter unten diskutieren werde. Aber um den Punkten a und b unserer Liste von Faktoren, die an dem Niedergang beteiligt sind, weiter nachzugehen: Ein gleichermaßen wichtiger Aspekt ist, daß die ungleiche Verteilung des Reichtums und die sinkenden Erträge bei den Investitionen in Komplexität eine Situation schaffen, in der das Erziehungssystem und die intellektuelle Produktion auf verschiedenen Ebenen negativ betroffen sind.

Auf der unmittelbarsten Ebene geht es natürlich um den Zerfall des öffentlichen Schulsystems und den Verlust seiner ökonomischen Basis. Die Folgen sind öffentlich dokumentiert. Als ich 1962 die Highschool abschloß, war es ein ernstes Vergehen, in den Fluren Abfall zu hinterlassen. Innerhalb von zehn Jahren wurde an der gleichen Highschool ein Mädchen am hellichten Tag vergewaltigt, und die Situation hat sich in den vergangenen Jahren nur verschlechtert. Ende der 1980er war es üblich, daß Schüler Waffen mit in die Schule brachten, mit der Folge, daß gelegentlich ein Schüler erschossen wurde, und Ende der 1990er haben wir häufig Massaker erlebt (ungefähr acht in einem Zeitraum von zwei Jahren). Wer könnte in einem solchen Kontext daran interessiert sein, die Verfassung zu studieren, die nun ohnehin als eine Art Witz erscheint? Die Lehrer sind im Prinzip Babysitter geworden und oft erleichtert, wenn sie den Tag ohne einen gewaltsamen Vorfall hinter sich bringen können. Und wenn ich mit 16 Robert Browning auswendig lernte, so haben die meisten College-Studenten heute nicht einmal von Robert Browning gehört, und in der Graduate School – dem einzigen Ort, wo unsere junge Generation tatsächlich auf das Werk Robert Brownings stoßen könnte – werden die Studenten vielfach belehrt, daß ein solches Werk keine innere Bedeutung habe und nichts anderes als der kulturelle Ausdruck einer reichen Klasse von toten, weißen, »kolonialistischen« Männern sei.

Doch abgesehen von solch postmodernem Geschwätz ist die Situation der Colleges und Universitäten in den USA endlich bei der Position der Kirche im Mittelalter angelangt, die den Leuten Ablässe (sprich: Diplome) verkaufte, damit sie in den Himmel (sprich: an einen wohlbezahlten Job) kommen konnten. Dies ist der Regelfall an Tausenden von Institutionen der höheren Bildung, wo die Note B als Durchschnitt gilt (oder knapp darunter liegt) und wo As beinahe automatisch gegeben werden, um nicht die Einschreibquoten zu gefährden, von denen die institutionellen Gelder abhängen. Eine der bedrückendsten Bestandsaufnahmen in dieser Hinsicht ist das Buch *Generation X Goes to College* von Peter Sacks, das dokumentiert, wie die höhere Ausbildung auf Unterhaltung reduziert worden ist und wie die Verwaltungen der Colleges dies als »Recht« der Studenten verteidigen, statt des (zunehmend seltener werdenden) Bestrebens der Fakultätsmitglieder, echte akademische Standards zu wahren.[22] Nachdem Sacks (so das literarische Pseudonym des Autors) beinahe seine Stelle verloren hätte, weil er letzteres versucht hatte, gelang es ihm, eine Planstelle zu bekommen, indem er versteckt-zynisch seine Klassen in Kindergartenmanier aufzog. Über Nacht verwandelten sich die Bewertungen durch die Studenten, die zuvor negativ ausgefallen waren, in wahre Lobeshymnen; in den Augen einer Universitätsverwaltung, für die nur das »Ergebnis unter dem Strich« zählt, wurde er so ein »wertvolles« Fakultätsmitglied. Er bekam somit eine Planstelle, indem er genau die Erziehungsprinzipien, auf denen das Planstellensystem angeblich beruht, zerstörte, und seine Situation ist wahrlich kein Einzelfall. Wie viele Fakultätsmitglieder entdeckt haben, kann man eine ausgesprochen feindselige Haltung bei Studenten hervorrufen, wenn man lediglich das verlangte Kursmaterial präsentiert, und viele Studenten nehmen (zumeist zu Recht) an, daß die Verwaltung – für die die studentischen Bewertungen eigentlich vorgesehen sind – Professoren bestraft, die zu viel von ihnen erwarten. Paul Trout, der an der Montana State University Englisch lehrt, stellt fest, daß diese Bewertungen gewöhnlich die Studenten darum bitten, ihre Lehrer hinsichtlich der »Stimulation von Interesse« und dem »Eingehen auf die Studenten« zu beurteilen. Sie fragen nicht danach, ob der Kurs anspruchsvoll, die Arbeitsbelastung eine Herausforderung, die Benotung streng war oder ob die Studenten viel gelernt haben.

Eine ähnliche Bewertung liefert Mark Edmundson von der University of Virginia. In einem Artikel in *Harper's* aus dem Jahr 1997 führt er die normalerweise guten Bewertungen durch seine Studenten auf sein Auftreten im Vorlesungssaal zurück – umgänglich, humorvoll, distanziert. Er berichtet, daß in den Bewertungen eine »Haltung ruhiger Konsumentenexpertise [...] die Antworten durchzieht« und die Studenten den »gelassenen Glauben« hätten, seine Aufgabe bestehe darin, sie zu unterhalten.[23] Er *hätte gern,* daß die Studenten sagten, der Kurs habe ihr Leben verändert, doch er gibt zu, daß dies eine wirkliche Begegnung mit ihm oder den Texten erforderte, und dies würde gegen ihn arbeiten. Was funktioniere, sagt Edmundson, sei, »als urbaner, leicht ironischer, unendlich sympathischer Führer durch die intellektuellen Gefilde zu wirken, der ohne Intensität, großzügig, lustig und locker vorgehe«. Eine Prozac-Persönlichkeit, könnte man sagen. Und warum funktioniert das? Gerade weil die höhere Bildung heute wirkungslos *ist;* »weil die Universitätskultur, wie die amerikanische Kultur im allgemeinen, sich immer mehr dem Konsum und der Unterhaltung, dem Verbrauch und Aufbrauchen von Gütern und Bildern widmet«. Die allgemeine Stoßrichtung unserer Verbraucherkultur, fügt er hinzu, bestehe darin, »zu kaufen, um zu sein«, und die Universitätskultur bewege sich innerhalb dieser neuen Umlaufbahn. Folglich »sind Jugendliche schockiert, wenn sich ihre College-Professoren nicht bei ihnen einschmeicheln«. Das Verhältnis der Universität zu ihren »Kunden« sei »nahezu servil«. Die unausgesprochene Richtlinie seitens der Verwaltung an die Professoren sei: »Lehre, was die Jugendlichen anzieht, oder geh.« Und so stellt Edmundson die Frage: »Wie steht es mit ganzen Abteilungen, die nicht in diesem Sinn erfolgreich sind? Wenn die Jugendlichen nein sagen zu Latein oder Griechisch, soll man dann die Altphilologie auflösen? Solche Fragen werden von den Vertretern der Universitätsverwaltungen immer ernsthafter erörtert.

Seit den 1960ern ist in den Vereinigten Staaten eine Entwicklung im Gange, die Teil jenes Verdummungsphänomens ist, das ich oben beschrieben habe, und die wegen der ökonomischen Faktoren jeden Aspekt intellektueller und erzieherischer Tätigkeit berührt. Jean-François Lyotard beschreibt dies in seinem Buch *Das postmoderne Wissen* wie folgt:

»Das Wissen ist in der Form einer für die Produktionspotenz unentbehrlichen informationellen Ware zunehmend ein bedeutender, ja vielleicht der wichtigste Einsatz im weltweiten Konkurrenzkampf um die Macht. Es ist denkbar, daß die Nationalstaaten in Zukunft ebenso um die Beherrschung von Informationen kämpfen werden, wie sie um die Beherrschung der Territorien und dann um die Verfügung und Ausbeutung der Rohstoffe und billigen Arbeitskräfte einander bekämpft haben. So findet sich ein neues Feld für industrielle und kommerzielle sowie militärische und politische Strategien eröffnet. [...] In dieser allgemeinen Transformation bleibt die Natur des Wissens nicht unbehelligt. Es kann die neuen Kanäle nur dann passieren und einsatzfähig gemacht werden, wenn die Erkenntnis in Informationsquantitäten übersetzt werden kann. [...] Man kann von da an auf eine starke Veräußerlichung des Wissens gegenüber dem »Wissenden« gefaßt sein, an welchem Punkt des Erkenntnisprozesses sich dieser auch befinden möge. Das alte Prinzip, wonach der Wissenserwerb unauflösbar mit der Bildung des Geistes und selbst der Person verbunden ist, verfällt mehr und mehr. [...] Das Wissen ist und wird für seinen Verkauf geschaffen werden, und es wird für seine Verwertung in einer neuen Produktion konsumiert werden: in beiden Fällen, um getauscht zu werden.«[24]

Wenn Wissen zu Ware wird, geht notwendigerweise die Nuancierung verloren, das läßt sich überall feststellen. 1959 traf das Stratemeyer Syndicate in New York die Entscheidung, die berühmte Hardy-Boys-Serie zu vereinfachen, eine Folge von Büchern, die ursprünglich von dem talentierten kanadischen Autor Leslie McFarlane geschrieben worden war. Die Originalfassungen waren, wenn man an die intendierte Zielgruppe denkt, sowohl in intellektuellem wie emotionalem Sinn recht komplex. Die neuen Versionen waren dagegen auf den reinen Plot nach der Formel einer Räuber-und-Gendarm-Geschichte reduziert, und Wörter, die man eventuell im Lexikon nachschlagen mußte, wurden eliminiert. Jede emotionale Nuance, jede Textstelle, die Mehrdeutigkeit, Unsicherheit oder Unbequemlichkeit vermittelte, wurde durch Aussagen ersetzt, die für oberflächliches Einverständnis sorgten. Die Teenager, welche diese Bücher Mitte der 1960er lasen, wurden nicht mehr von ihnen herausgefordert; wie so vieles andere, so waren auch diese Bücher zu mentalem Kaugummi reduziert worden.

Ich habe zuvor davon gesprochen, daß das Phänomen der ökonomischen Disparität immer schlimmer wird, weil die reichen Eliten auch noch vom Prozeß des Niedergangs selbst profitieren. Dies trifft ebenso auf die intellektuelle Welt zu. Kent Carroll, der Mitbegründer des Verlags Carroll & Graf, stellt fest, daß das Verlagswesen heutzutage praktisch nur noch in der Vermarktung von Markennamen besteht. Die Verleger, sagt er, halten es für ihre Pflicht, den Lesern zu geben, was sie wünschen, und das läuft auf Wunder und Magie hinaus, die Gelegenheit, sich selbst

»neu zu erfinden«. Diese »Neu-Erfindung« steht jedoch nicht in der Tradition von, sagen wir, Ralph Waldo Emerson, und auch nicht in der Tradition des »guten Lebens«, sondern sie handelt ganz einfach von Selbstbezogenheit oder »Selbstaktualisierung«. Das hat zu Büchern geführt, die es vermeiden, die Leser mit unbequemen Wahrheiten zu konfrontieren, die sie lieber nicht hören wollen; auch hier handelt es sich um einen Trend, der wahrscheinlich unumkehrbar ist.

In dieser Hinsicht ist es erschreckend festzustellen, daß 1997 innerhalb weniger Monate Books & Co., einer der letzten großen, unabhängigen Buchläden in New York, schließen mußte; HarperCollins kündigte die Verträge von mehr als hundert seiner Autoren und verkaufte Basic Books, seine »intellektuelle« Abteilung und ein akademisches Prunkstück; und die *New York Times* berichtete in einem Artikel, daß sogenannte Autoren der »mittleren Liste«, d.h. Autoren, die keine Bestseller schreiben (was nach meiner Schätzung auf mehr als 99 Prozent der amerikanischen Autoren zutrifft), nunmehr immer öfter von den Verlagen zugunsten jener wenigen »Stars« abgelehnt würden, die einen Massenabsatz garantieren könnten (John Grisham, Stephen King usw.).

Die Übernahme geistigen Eigentums durch die Konzerne ist recht dramatisch geworden und hat dazu geführt, daß intelligente Bürger durch geistlose Konsumenten ersetzt werden und parallel dazu das Konzept eines öffentlichen Diskurses zunehmend verflacht. Während sich 1981 mehr als die Hälfte der 11 000 Zeitschriften in den Vereinigten Staaten in der Hand von 20 Konzernen befand, war diese Zahl, dem Journalisten und Medienexperten Ben Bagdikian zufolge, 1988 auf drei gesunken. Tatsächlich kontrollieren lediglich 23 Konzerne das Gros des Geschäfts bei amerikanischen Zeitungen, bei Film, Fernsehen, Büchern und Zeitschriften – Konzerne wie Bertelsmann, General Electric, Paramount, Hearst und Time Warner. Time Warner ist jetzt einer der größten Buchverleger der Welt, der größte Musikverlag und der Eigentümer von *Time, Life, People* und des *Book of the Month Club.* Zusammen mit TCI verfügt er über Kabelfernsehsysteme, die 47 Prozent der amerikanischen Kabelfernsehzuschauer bedienen, einschließlich HBO und CNN. Für solche Firmen, so formulierte es kürzlich ein Literaturagent, besteht kein Unterschied darin, ob sie Bücher oder Popcorn verkaufen. Wenn Firmenzusammenschlüsse und Monopole dafür sorgen, daß das Hauptziel nur noch eine Frage des Profits ist, dann ist der Zusammenbruch des intellektuellen Diskurses eine ausgemachte Sache. McWorlds Übernahme des geistigen Bereichs auf weltweiter Ebene läuft, wie Benjamin Barber sagt, auf eine Art von »ungewolltem Totalitarismus« hinaus.

Die Ergebnisse dieses Prozesses sehen wir überall. Die Campus-Buchläden sind großenteils Spielzeugläden geworden, die nur die Kurstitel, Kaffeetassen und ausgestopfte Tiere verkaufen. Die Dekane und College-Präsidenten ahmen den Stil von Konzernchefs nach und benutzen die Sprache des Firmenmanagements, jene merkwürdige Art von »Doublespeak«. (So sprach Carol Christ, Prorektorin der University of California in Berkeley, 1996 im Rundbrief der Association of Departments of English darüber, wie man »den Einfluß hinsichtlich der Fakultätspositionen maximieren könne, indem man Partnerschaften bilde«, die »Investition« in das Graduiertenstudium reduziere usw.) Ernsthafte Autoren können sich glücklich schätzen, wenn ihre Arbeiten veröffentlicht werden, da Amerikaner nun nur noch kurze Bücher voller Slogans lesen, die ihnen versprechen, ihr Leben über Nacht zu verbessern; und der massive Aufkauf der unabhängigen Verleger durch die großen Konzerne – zum Beispiel der Erwerb von Random House durch Bertelsmann im Jahre 1998 – beschleunigt diesen Trend. Daher überschwemmen Bantam und Doubleday, die ebenfalls zu Bertelsmann gehören, den Markt mit Büchern, wie man reich wird, ewig lebt, abnimmt, oder sie werfen die letzten New-Age-»Weisheiten« auf den Markt. Zum Zeitpunkt der Entstehung dieses Buches ist der größte Teil des Verlagsgeschäfts in den Händen von sechs Konzernen, von denen die meisten aus dem Ausland sind. All diese Veränderungen spiegeln eine Kultur wider, in der Konzernprofite und die damit verbundene Mentalität allmählich alles diktieren. Warum soll man eigentlich Robert Browning lesen (oder gar auswendig lernen), wenn alles nur einen *materiellen* Wert hat?

Der Aufschwung der neuen Mikrochiptechnologie, ein wichtiger Faktor in der neuen ökonomischen Ordnung, trägt ebenfalls stark zur Verdummung Amerikas und zum Warencharakter des Wissens bei. In den *Gutenberg Elegien* macht Sven Birkerts das Internet und die Einführung des Hypertexts für die Störung der »vertikalen Erfahrung« verantwortlich, wie sie durch das gedruckte Wort ermöglicht wird. Wenn ein Leser sich mit einem Buch beschäftigt, wird er in die Lage versetzt, in eine private Welt einzutauchen und schließlich zu entdecken, wer er ist. Es kommt zu einem Vorgang, bei dem man die eigenen Emotionen mit jenen des Protagonisten, zum Beispiel in einem Roman, vergleicht und so ein tieferes Verständnis seiner selbst entwickeln kann. Hypertext vermittelt dagegen eine »horizontale« Erfahrung, die darin besteht, verwandte (oder gerade auch nicht verwandte) Ideen durchzugehen und sozusagen kaleidoskopische Fenster zu öffnen. Das Medium wirkt Tiefe und Selbstreflexion entgegen, und der Net(to)effekt (das Wortspiel ist zufällig) besteht in einem diffusen Selbst, einer Identität, die letztlich durch eine Art sinnlosen Infotainments zusammengehalten wird. Hier gibt es keinen Kontext, und tatsächlich mangelt es der Generation X an jeglichem Sinn für Geschichte oder kulturelle Kontinuität. Wir leben zunehmend in einer »Ordnung der Schwerelosigkeit«, bei der jegliche Information gleich bedeutungsvoll ist. Der subjektive Raum verflüchtigt sich, um von mentalen Vergnügungsparks ersetzt zu werden, was den Abwärtstrend unserer Kultur von der Weisheit zum Schund unterstützt. »Sprache«, schreibt Birkerts, »ist die Ozonschicht der Seele, und wir bringen uns selbst in Gefahr, wenn wir sie durchlöchern.«[25]

Kommen wir schließlich zum Phänomen der Postmoderne und Dekonstruktion, einem philosophischen Standpunkt, der weite Teile des akademischen Lebens in Beschlag genommen zu haben scheint und so selbstverständlich geworden ist wie die Luft, die wir atmen: die Vorstellung, daß nichts absolut ist, daß ein Wert so gut ist wie der andere, daß es keinen Unterschied gibt zwischen Wissen und Meinung und jeder Text oder Komplex von Ideen lediglich das eigene politische Programm verhüllt. Dies paßt sehr gut zur neuen Welt der Mikrochiptechnologie, insofern es ein werteloses Universum unterstützt; es ist auch eine gute Methode, sich vor den realen sozialen und ökonomischen Problemen, die wir oben diskutiert haben, zu drücken. Die Postmoderne als mit dem Chic des Radikalen daherkommende Philosophie der Verzweiflung ist in Wahrheit das ideologische Gegenstück zum zivilisatorischen Zusammenbruch, der um uns herum stattfindet; oder sie entspricht, wie der Kulturkritiker Fredric Jameson geschrieben hat, der »kulturellen Logik des Spätkapitalismus«, nach der sich die gesamte Welt in ein Einkaufszentrum verwandelt hat. Eine gute Beschreibung dieses Phänomens liefert Robert Grudin in seinem Roman *Book*[26], in dem ein Universitätsprofessor namens Giorgio Mufeta (das italienische Wort *muffa* bedeutet »Mehltau«)

»... die eloquente Beschreibung einer amoralischen, asymmetrischen, menschlichen Welt liefert, die bar jeder ästhetischen Bedeutung ist und nur im Sinn der Machtstrukturen substantiell ist, die, ständig wechselnden elektrischen Feldern gleich, auf seiner Oberfläche tätig sind. Dieser wirbelnde Kosmos erlaubte keine solide Bedeutung oder Kenntnis.

Schönheit, Weisheit und Ordnung waren leere Rationalisierungen. Liebe, Sympathie und Vertrauen waren vulgäre Schlagworte. Das Prinzip der Konkurrenz dominierte absolut, und die besten Konkurrenten waren jene, die die zu dieser Zeit dominierenden Machtstrukturen zu verstehen und auszunutzen vermochten.

Die literarischen Implikationen dieser Weltanschauung waren recht einfach. Literatur hatte überhaupt keine implizite humane Bedeutung. Ihre Bedeutung bestand in dem, was sie der Interpretation der Menschen zufolge bedeuten sollte oder in der Bedeutung, zu der sie andere überzeugen konnten. Und dieser zynische Kanon galt nicht nur für die moderne Literatur, sondern auch für die sogenannten Klassiker: Platon, Dante, Shakespeare: Dies waren nicht mehr Œuvres, die man mit verständnisvoller Aufmerksamkeit zu studieren hatte. Vielmehr waren diese Texte wie leere Paläste, die reif waren für die Besetzung durch die militanten Streitkräfte der Interpretation.«[27]

Man muß sich nicht auf die Literatur beschränken, um Beispiele für diese neue Klasse von Professoren zu finden. Alvin Kernan, der lange an den Universitäten von Yale und Princeton Anglistik lehrte, beschreibt in seiner sehr ausgewogenen und sensiblen Autobiographie (*In Plato's Cave*) die »tektonische Verschiebung«, die im Verlauf seiner beruflichen Karriere im akademischen Bereich stattgefunden hat.[28] Seine eigene *raison d'être* war etwas, was heute in akademischen Kreisen als etwas altertümlich gilt: »Ich war einer von denen«, so schreibt er, »die glaubten, daß Wissen das befriedigendste Lebensziel ist; nicht Geld oder Macht oder Prestige, sondern das Verstehen der Menschen und der Welt, die sie bewohnen.« Vor Postmoderne und *political correctness* galten an der alten Universität die Ziele der Aufklärung; sie waren die Energiequellen. Das Geschäft des Intellektuellen war aufregend, weil die Fakultätsmitglieder an die Möglichkeit glaubten, ein vollständiges Modell der Gesellschaft und menschlichen Lebens konstruieren zu können, und weil sie glaubten, daß Freiheit in dieser Richtung zu erlangen war. All dies ist jetzt vorbei, sagt Kernan; die Postmoderne sorgte nicht nur für die Ablehnung der Wahrheit, sondern auch für die Ablehnung des Wahrheitsideals. Fakten gelten nun als »Fetisch«, alle Methodologie ist »problematisch« und manchmal werden sogar die höchsten Formen der Kultur niedergemacht. Wenn Feministinnen – zum Beispiel im Falle Susan McClarys – behaupten können, Beethovens Neunte Symphonie stecke voller »unterdrückte[r] Mordgier eines Vergewaltigers, der sich keine Entspannung zu schaffen vermag«, so liegt auf der Hand, wie offensichtlich krankhaft das Unternehmen der Dekonstruktion letzten Endes ist. Dies ist nicht nur intellektuelles, sondern auch moralisches Versagen.

Und doch ist es nicht die ganze Geschichte, wie Kernan zugibt. Die Hinterlassenschaft der Postmoderne wird komplex sein, denn in begrenztem Rahmen hatten die Dekonstruktivisten recht. Texte können *in der Tat* auf mehr als eine Art interpretiert werden; die Belange von Frauen und Minoritäten *waren* von kritischer Würdigung ausgeschlossen; künstlerische und intellektuelle Errungenschaften entstehen tatsächlich in politischen Kontexten; und vieles in unserer Lebenspraxis ist in Wahrheit ein soziales Konstrukt. Problematisch wird es, wenn diese Position ins Extrem getrieben wird, derart, daß man die Suche nach Wahrheit aufgibt oder sogar deren Existenz verneint, die Realität von Geschichte und intellektueller Tradition ablehnt und behauptet, daß alles ein »Text« ohne jede innere Bedeutung oder Referenz ist. Das ist im Prinzip Nihilismus; und während Kernans Lebenszeit wurde die Suche nach Wahrheit, soweit es das Lehrpersonal betraf, durch »Lehren und Veröffentlichen als Karrierestreben und politischen Aktivismus« ersetzt. »Wenn der Haß auf die Kultur selbst zur Kultur wird«, kommentiert der französische Philosoph Alain Finkielkraut, »dann verliert das ›Leben mit dem Denken‹

jede Bedeutung.«[29] Oder wie Alexis de Toqueville es einmal formuliert hat: »Wenn die Vergangenheit nicht mehr länger die Zukunft erleuchtet, wandelt der Geist im Dunkeln.«

Dies bringt uns zum Punkt d unserer Liste, der geistige Tod, der sich natürlich mit dem Zusammenbruch unserer mentalen Fähigkeiten überschneidet, der aber viel unfassender ist und die Phänomene des »weißen Rauschens« und der »Bostock-Nation« einschließt, auf die in der Einleitung hingewiesen wurde. Es ist jedoch schwierig, dies innerhalb der Kultur selbst zu erkennen. Marshall McLuhan stellte einmal fest: Könnte man einen Fisch fragen, was das wohl markanteste Charakteristikum seiner Umgebung sei, wäre »Wasser« wohl das Letzte, was er nennen würde. Wenn man immer darin schwimmt, bemerkt man es nicht; so funktioniert jede Kultur. Entscheidend ist natürlich die Natur des Wassers.

Im Fall der Vereinigten Staaten ist es das Konsumdenken der Konzerne, das dem Wasser entspricht. Es fungiert als eine Art »Haut«, die alles bedeckt, wie eine allumfassende Hülle – eine totale Umgebung sozusagen. (Man denke an Calvin Coolidges Diktum: »Das Geschäft Amerikas besteht darin, Geschäfte zu machen.«) Dies ist unser Ethos, das Wesen unserer Zivilisation. Diese mentale Vergiftung durchdringt jeden Teil unserer Landschaft, und wenn man einen Augenblick zurücktritt und hinsieht, so tritt es bis ins Detail klar hervor: die Tatsache, daß die meisten »Nachrichten« eigentlich Wirtschaftsnachrichten sind; der ständige Fluß von allerlei »kalten Anrufen«, um anzufragen, ob man die Telefonfirma für Ferngespräche wechseln, ein Chip in der Windschutzscheibe entfernt oder eine geringere Hypothekenrate haben möchte; die öffentliche Wahrnehmung des Präsidenten nicht als Staatsmann, sondern eigentlich als Aufsichtsratsvorsitzender; Einkaufen als Unterhaltung für 98 Prozent der Bevölkerung, die niemals auf den Gedanken kommt, daß dies ein Problem sein könnte. »In unserer Kultur gibt es kaum einen leeren Platz«, schreibt der Kulturkritiker James Twitchell, »der nicht bereits eine kommerzielle Botschaft vermittelt.«[30] Oder wie George Steiner dies einmal formuliert hat, wir leben in einer »systematischen Unterdrückung des Schweigens«.

Eine der Auswirkungen dieser kommerziellen Beherrschung unseres Lebens besteht darin, daß Kitsch oder »Hype« als Teil unseres kollektiven geistigen Todes allgegenwärtig sind. Paul Fussell definiert Kitsch in seinem Buch *BAD or the Dumbing of America* als »etwas Hohles, Umständliches, Witzloses, Untalentiertes, Leeres oder Langweiliges, wovon viele Amerikaner überzeugt werden können, daß es edel, anmutig, intelligent oder faszinierend sei«.[31] Er zitiert Lawrence Welk und George Bush als naheliegende Beispiele, aber das ist nur die Spitze des Eisbergs, denn in Wahrheit bestimmt Kitsch unsere gesamte Kultur. In den Vereinigten Staaten, schreibt Fussell, »wird nichts florieren, wenn es nicht durch Übertreibung aufgeblasen und mit einer feinen Hülle von Betrug überzogen ist«. Man sieht dies überall, weil man im allgemeinen kulturellen Lärm eine Idee jeweils aufpolieren, in einen »sound bite« oder eine brillante Formel verpacken muß, damit sie überhaupt wahrgenommen wird. (Dies trifft selbst für den Fall zu, daß man die »sound-bite-Kultur« selbst angreifen möchte.) Der Inhalt zählt eigentlich nicht wirklich, weil er immer der gleiche ist: Slogans funktionieren, »Hype« ist Leben. Kurz: Die virtuelle Realität ist nicht nur ein Cyberphänomen; vielmehr definiert sie das Medium, in dem wir uns bewegen, und vom Innern dieser Kultur selbst gibt es kein Entkommen. Der »Geist« des 21. Jahrhunderts wird für die meisten Menschen ein merkwürdiger Hybride aus Bill Gates und Walt Disney sein, wie sogenannte Cyberpunkautoren wie William Gibson *(Neuromancer)* oder Neal Stephenson *(Snow Crash)* bereits erkannt haben. Wir leben unter einem kollektiven

Adrenalinschub, in einer Welt endlosen kommerziellen Unsinns, wodurch nur eine tiefe, grundsätzliche Leere, eine Art geistiges Asthma, verdeckt wird.

Überall zeigt sich, daß das Massenkonsumdenken wie eine »Haut« alles überzieht, denn wir sind eine Nation geworden, die *nur noch* mittels Slogans denken kann. Wenn ein paar Bücher über »Überlebende eines Inzests« erscheinen, entdecken über Nacht Hunderttausende von Frauen, daß dies auch auf sie genau zutrifft (und für einige *ist* es tatsächlich so). Männer gehen zu »Männerworkshops« und weinen, weil man ihnen sagt, daß sie lernen müssen, sensibel zu sein. Joseph Campbell, dessen Verständnis der Mythologie von einem anthropologischen Standpunkt aus betrachtet erschreckend unzulänglich ist, erzählt den Fernsehzuschauern, sie sollten dem folgen, was sie »innerlich selig« macht, und dies wird dann zu ihrem Lebensthema, wobei sie sich seligerweise der Tatsache unbewußt bleiben, daß wirkliche Spiritualität weit öfter darin besteht, *gegen* den Strich vorzugehen. »Bewußtheits«-Gurus verkünden, daß wir uns inmitten eines »Paradigmenwechsels« befinden, und Millionen, die es niemals geschafft haben, das *gegenwärtige* Paradigma zu verstehen, bringen diesen Satz gebetsmühlenartig hervor. Jedes Jahr (oder manchmal jeden Monat) gibt es einen neuen Slogan, über den man in Entzücken gerät, den man ins Extrem treibt und dann kurzerhand zugunsten des *nächsten* neuen Slogans fallenläßt, der auftaucht. »Denken« bedeutet jetzt nichts anderes als den letzten mentalen Vergnügungspark zu durchstreifen.

Das unausweichliche Resultat all dessen ist die Unfähigkeit der amerikanischen Öffentlichkeit, zwischen Müll und Qualität zu unterscheiden; tatsächlich identifiziert man, wie Paul Fussell feststellt, Müll *als* Qualität. Daher zum Beispiel der Aufstieg einer riesigen New-Age-Industrie, die finanziell enorm erfolgreich ist und auf der Voraussetzung basiert, daß dein rationaler Verstand dein schlimmster Feind ist. Der unsinnige Inhalt dieses Zeugs, wie *Mutant Message Down Under* oder *The Celestine Prophecy,* ist phänomenal, und die Verkaufszahlen stehen in direktem Verhältnis dazu. Robert Flughum, ein früherer Highschool-Lehrer in Seattle, der seinen Lesern sagte, Geschichte sollte durch Mythos ersetzt werden, und alles, was sie im Leben wissen müßten, würden sie im Kindergarten lernen, war wenigstens völlig ehrlich, wenn er hinsichtlich der Ursache seines Erfolgs erklärte, seine Bücher seien erfolgreich, weil die Leser einfache Lösungen für komplexe Fragen suchten. Ein gleichwertiges Phänomen ist Deepak Chopra, der Bücher wie *Escaping the Prison of the Intellect* veröffentlicht. Sein Argument ist insofern stichhaltig, als wir so sehr in kognitiven Kategorien befangen sein können, daß wir die Realität verfehlen. So weit, so gut. Das Problem besteht darin, daß Chopra ein Publikum anspricht, das es zum größten Teil noch gar nicht geschafft hat, erst einmal *in* dieses »Gefängnis des Geistes« zu gelangen. Es ist eine Sache, die Grenzen der Aufklärungstradition zu erkennen, nachdem man sie einige Jahrzehnte studiert hat. Und eine andere, diese Tradition abzulehnen, bevor man sich überhaupt mit ihr befaßt hat. Vor einiger Zeit nahm Bruce Barcott, ein Schriftsteller und Reporter aus Seattle, an einem von Chopras Workshops teil, der wie üblich große Menschenmengen anzog, und machte sich drei Tage lang Notizen. Er beschrieb dann dieses Ereignis in einem Artikel und teilte darin mit, wie er, als er seine Notizen zu Hause durchsah, entdeckte, daß sie aus leeren Platitüden bestanden. Es ist vielleicht bezeichnend, daß der Reporter in einem Raum mit mehreren Hundert Menschen möglicherweise der einzige war, der dort nicht in einem Zustand hingerissener Bewunderung saß und die Platitüden als tiefe Weisheiten betrachtete. Noch beunruhigender ist meines Erachtens die Tatsache, daß Chopras New-Age-Philosophie in einer Übertragung durch PBS gewürdigt wurde, dem Sender für »Bildungs«programme (der anschließend Suze Orman und ihre Sendung »Wie man reich wird« feierte); oder daß man im Frühjahr 1997 Arnold Schwarzenegger zum Ehrendoktor der University of Wisconsin in Superior machte oder Oprah Winfrey bat, die akademische Eröffnungsrede an der Wellesley University zu halten.

Albernheiten des New Age sowie andere Mythen und historische Verfälschungen werden in der Tat von großen kommerziellen Verlagen veröffentlicht, da sie sich garantiert verkaufen, während Bücher, die solche Mythen entlarven oder auf sorgfältiger wissenschaftlicher Arbeit basieren, nur von Universitätsverlagen (wenn überhaupt) publiziert werden, die 0,77 Prozent des Gesamtvolumens der 1998 in den USA verkauften Bücher ausmachen. Dies läuft letztlich auf eine neue Form von Zensur hinaus, Benjamin Barbers »ungewollten Totalitarismus«. »Der anspruchsvolle Schriftsteller«, schreibt Sven Birkerts,

> »ist ein Anachronismus – er kann von Glück sagen, wenn er einen Verlag findet, und wenn er einen gefunden hat, kann er von noch mehr Glück sagen, wenn er Leser findet. Schwierige Bücher waren schon immer auf die Fähnlein der lesenden Unentwegten in der Bevölkerung angewiesen, und je mehr diese dahinschwinden, desto risikoscheuer zeigen sich die Verlage … Wenn die Literatur überlebt, dann allenfalls als Fluchtburg für Menschen, die sich standhaft weigern, sich der amerikanischen Massenkultur anzupassen.«[32]

Wie William Leach in *Land of Desire* zeigt, ist das New-Age-Phänomen und seine enge Verflechtung mit dem Konsumkapitalismus kaum ein Kind der 1970er.[33] Spirituelle Heilung und Neues Denken, wie sie damals genannt wurden, entstanden naturwüchsig als Teil der kommerziellen Entwicklungen der 1890er und danach, denn ihre sogenannte spirituelle Botschaft – man kann sein eigenes Schicksal völlig selbst bestimmen und das totale Glück finden – ist eigentlich eine ökonomische. Für die Protogruppen des New Age des frühen 20. Jahrhunderts existierten Armut und Ungerechtigkeit nur im Geist, und Wirtschaftsmagazine sollten schnell die Slogans des New Age aufgreifen. Ganze Wagenladungen von »Mach dir keine Sorgen«-Puppen wurden vermarktet; Wanderprediger unterschiedlicher Provenienz überschwemmten das Land; Geschäftsleute belegten Yogakurse. Theodore Dreiser beobachtete, wie nahtlos sich diese neue »religiöse« Perspektive an die neue Weltordnung von Geld und Gier anschloß. Das Gleiche trifft natürlich auf die Bewegungen des New Age der 1970er und danach zu.

All dies mag in der Tat eine merkwürdige Parallele zum Prozeß von Evolution und natürlicher Auslese aufweisen. Der Harvard-Biologe Stephen Jay Gould hat argumentiert, daß die Existenz unserer Gattung als ein Zweig des Evolutionsbaums gegen alle Wahrscheinlichkeit verstößt. Dieser Zweig hätte leicht umgangen werden oder absterben können, sagt er, und dieses Schicksal wurde tausende Male nur durch den reinsten Zufall vermieden. Bakterien und Küchenschaben, so vermutet er, werden noch hier sein, wenn wir schon lange verschwunden sind.

Wenn wir dies nun auf die kulturelle Evolution anwenden, so würde sich offensichtlich als Regel ergeben, daß nicht die Stärksten, sondern die Schlauesten überleben. Wie selten ist wirkliche Intelligenz in der Welt von Oprah & Chopra, in einer Welt, in der das Dumme und Aufreizende zu Standardwerten geworden sind. In einer Diskussion von Darwins Werk, die 1997 im *New Yorker* stattfand, fragt David Denby, ob solche Dinge wie Individualismus, Geschmack und Urteilsvermögen in der gegenwärtigen amerikanischen Umgebung überleben können, denn Schund passe sich ja an, und dies entspräche somit der Auslese der Kultur. »Berühmtheit«, schreibt er, »– selbst Clownereien und Schamlosigkeit – [sind] der neue Pfauenschwanz.«[34] Das ist Spenglers klassische Phase in reinster Ausprägung, das Zusammenfallen von natürlicher Auslese und Greshams Gesetz (schlechtes Geld verdrängt gutes aus dem Geldumlauf). PBS schämt sich schließlich kaum wegen der oberflächlichen Programmgestaltung; man denkt dort, das sei modern.

Ein weiterer Aspekt unseres gegenwärtigen geistigen Zusammenbruchs ist unsere zunehmende Unfähigkeit, mit einem Minimum an Höflichkeit oder gar Verständnis miteinander umzugehen. Es ist üblich geworden, auf irgendwelche Anfragen oder Bitten nicht zu antworten, wenn die Antwort nein ist. Immer häufiger wird derjenige, der sich um eine Stelle bewirbt und sie nicht bekommt, nicht benachrichtigt; man hört einfach nichts. Leute werden auch indirekt entlassen, ohne daß die Firmen den Grund mitteilen. Wir haben aufgehört, uns gegenseitig die Tür aufzuhalten, beantworten Botschaften nicht oder verschwinden aus dem Leben unserer Bekannten ohne Erklärung oder Bedauern; wir betrügen einander und weigern uns, es zu diskutieren. Grobheit ist heutzutage akzeptabel, denn ich bin ja der einzige, der meine solipsistische Welt bewohnt. (Die Kehrseite dieses Phänomens ist der Ersatz ziviler Höflichkeit durch die Höflichkeit der Konzerne: »Wir wünschen Ihnen einen schönen Tag«, »Wir danken Ihnen, daß Sie AT&T gewählt haben« usw.) Im Grunde handelt es sich hier um die Furcht vor jeglicher Art von Engagement, denn richtige Freundschaften verlangen Risiko und Verwundbarkeit, und immer mehr Amerikaner glauben, daß ihnen dazu die psychologische Stärke fehlt. Unterdrückte Wut und Ressentiment sind die Norm in einer Situation, in der Millionen in Isolation leben, ohne jede Form von Gemeinschaftlichkeit, und zufrieden damit sind, die Charaktere der Seifenopern als »Freunde« zu haben. In diesem Zusammenhang fand ich es sehr bezeichnend, daß sich ab 1996 akademische Konferenzen mit der »Erosion der Höflichkeit« zu beschäftigen begannen – etwas, was nur fünf Jahre zuvor undenkbar gewesen wäre. Und am äußerst dunklen Ende dieses Spektrums steht das Highschool-Massaker in Littleton in Colorado, als sich am 20. 4. 1999 (sinnigerweise dem Geburtstag Adolf Hitlers) zwei zutiefst entfremdete Teenager in schwarzen Lodenmänteln anschickten, ihre Klassenkameraden zu töten.

Ein weiterer bezeichnender Aspekt dieser zunehmenden geistigen Verödung im späten 20. Jahrhundert ist der Zusammenbruch des Freudschen Über-Ichs, jenes Teils des Geistes, der erwachsenes Verhalten sowie soziale Normen und Standards einzuhalten sucht. Natürlich kann das Über-Ich sehr hart und repressiv sein, und in vieler Hinsicht waren die Ereignisse der 1960er ein Versuch seitens des »Es«, des unbewußten und instinktiven Teils des Geistes, die Werte der Natürlichkeit und Spontaneität zu bekräftigen. Alles gut und schön – wir brauchten dies sicherlich. Aber trotz der Reagan-Jahre und der Reaktion auf die 1960er ist das, was von dieser Zeit der Rebellion bleibt, eine weitverbreitete Weigerung, erwachsen zu werden: Infantilismus als Ideologie. Wie Peter Sacks in *Generation X Goes to College* zeigt, gab es seitens der Studenten nur eine sehr geringe Neigung zu irgendeiner richtigen Arbeit; »Ohne Schweiß, kein Preis« gehörte nicht zu ihrem emotionalen Vokabular. Nur meine Gefühle zählen, mein (labiles) Selbstvertrauen, und ich erwarte, daß sich meine Lehrer auf meine Empfindlichkeit einstellen. Wirkliche Erziehung und Ausbildung – bei einem (intellektuellen oder sonstigen) Spezialisten in die Lehre zu gehen – gilt nun als elitär oder autoritär. Man sage um Himmels willen keinem Studenten, seine Arbeit sei schwach! Aber solange wir das Wort »elitär« als Schimpfwort und das Über-Ich als ausgesprochene Unterdrückungsinstanz betrachten, können wir unsere Zivilisation nicht bewahren; wir können nur zusehen, wie sie zerfällt.

Es war meines Erachtens dieser Wertekonflikt, der 1998 und 1999 dem Amtsenthebungsverfahren und anschließenden Prozeß gegen Präsident Clinton zugrundelag; und während meine Sympathien hier kaum den Republikanern gelten, kann ich doch deren Empörung über einen Mann verstehen, für den es im politischen Leben vor allen auf das ankam, womit er davonkommen konnte. Autoren wie Judy Mann *(Washington Post)* und Michael Oreskes *(New York Times)*, die kaum mit den selbstgerechten rechten Moralisten der Republikanischen Partei in einen Topf geworfen werden können, sahen nichtsdestoweniger eine Verbindung zwischen Clintons Persönlichkeitsstruktur und dem Niedergang der amerikanischen Republik. So schrieb Oreskes in seiner Besprechung des Bestsellers *Monica's Story*: »Für diejenigen, die argumentieren, daß die amerikanische Kultur in sich selbst zusammenfällt, ausgehöhlt durch Selbstsucht und Narzißmus, wird ›Monica's Story‹ ein einzigartiges Quellendokument sein.«[35] Und Judy Manns Liste der »Beweise unseres Verfalls« schloß die Beobachtungen ein, daß »unsere Schulen eine Schande sind«, »unsere Kultur ein Witz ist« und »unser oberster Politiker ein Lump [blackguard]«.[36]

Aber »Lump«, jenes alte Wort aus einer verantwortungsbewußteren Ära, trifft es nicht ganz; William Jefferson Clinton kann treffender als postmoderner Jugendlicher beschrieben werden. In einem klugen Vergleich zwischen Clinton und seinem demokratischen Kollegen, Senator Daniel Moynihan, beleuchtete der politische Analytiker Jeffrey Toobin den Unterschied zwischen moderner und postmoderner Sensibilität auf überzeugende Weise. Während uns zum Beispiel Clinton erzählte, wie schnell wir unsere Vorrangstellung in Mathematik und Naturwissenschaften wieder zurückerobern würden, lieferte Moynihan Daten, welche zeigten, daß dies eine Selbsttäuschung war, eine Einstellung des »wenn ich dies so wünsche, wird es so sein«. Das Gleiche gilt für Clintons Ansätze zu einer Reform des Gesundheitswesens, die mehr mit Public Relations als mit sorgfältiger politischer Planung zu tun hatten – nach Toobins Formulierung: eine »New-

Age-Heuchelei«. Der Hauptunterschied zwischen den beiden Männern besteht nach Toobin darin, daß für Clinton der Begriff des »Charakters« »durch eine Art von frei fließender Einfühlung [definiert ist], die dazu da ist, Gefühle zu bestätigen, (Gefühle, die eine konkrete Basis haben oder auch nicht)«, während in Moynihans Weltsicht »Charakter auf intellektueller Integrität beruht, auf der Beschreibung der Welt, wie sie ist, ohne Rücksicht auf die politischen Konsequenzen«.[37] Moynihan hat ganz offensichtlich ein Über-Ich. Für einen postmodernen Jugendlichen ist Leben dagegen nur eine Frage dessen, was populär ist. Ich fürchte, wir werden in den nächsten Jahrzehnten weniger Moynihans und mehr Clintons in öffentlichen Ämtern sehen, während die amerikanische Zivilisation weiter zerbröselt.

Das Zusammenfallen von adoleszenten Haltungen und den Wertvorstellungen der Konzerne läßt sich auch in unserer führenden Kunstform beobachten, dem Film. Da Filme zu einem System von Publizität und Kommerz geworden sind, sind sie jetzt weniger daran interessiert, schreibt David Denby, emotionale (geschweige denn intellektuelle) Themen zu erkunden. Immer häufiger sind Filme reine Spektakel, voller Gewalt, unpersönlich, »überschwemmt von frenetischen Bildern«. Der Kontext des Ganzen ist der eines großindustriellen Zynismus, der sich etwa darin zeigt, daß Werbeagenten vorfabrizierte Lobeshymnen an die Kritiker liefern. Das Massenpublikum sieht diese nach Hollywoodformeln gefertigten Produkte nicht in Einzelkinos, sagt Denby, »sondern in Einkaufszentren und Twelveplexes, neben Videospielen und Rollschuhbahnen, wo man die Haltung des schnellen Warenwechsels absorbiert, den das Leben im Einkaufszentrum jedem auferlegt«.[38] Ein solches Publikum hungert nicht nur nach Konsumenten»kultur« und körperlich empfundener Sensation und ist völlig uninteressiert an künstlerischer Qualität, sondern Filmkritiker haben immer weniger zu sagen, da sie »sich nicht mehr länger auf einen gemeinsamen Fundus von Werten beziehen können« – es sei denn, die reine Erregung wird als Wert betrachtet. So weist David Rieff zu Recht auf die »atemberaubende Schnelligkeit [hin], mit der die Vereinigten Staaten wenn nicht zu einem kulturfreien Gebiet, dann wenigstens zu einem Ort werden, an dem die Künste und Allgemeinbildung wenig gelten im Vergleich zum Kommerz, zur Unterhaltungsindustrie und Therapie«.[39]

Im allgemeinen verteidigt sich die Warenkultur gegenüber dieser Art von Kritik damit, daß sie sie als »elitär« brandmarkt, und führt als Argument an, daß die Kommerzialisierung der Kultur eine positive Sache ist, Teil eines Demokratisierungsprozesses, der »jeden teilnehmen läßt«. Was mich betrifft, so bedanke ich mich, wenn jemand mich elitär nennt. Es ist erstaunlich, wie schnell Amerikaner Intellektuelle, die keinerlei Macht haben, als »elitär« bezeichnen und dabei die wirklichen oligarchischen Eliten der Großindustrie außer acht lassen. (Ist es denkbar, daß in diesem Land ein Fernsehprogramm in der Art von »Cheers« statt Intelligenz Reichtum lächerlich machen würde?) Hier handelt es sich um Massenkultur, so lautet das Argument weiter, also brauche man sich nicht um wohlhabende Ostküstenweiße zu kümmern. Doch was genau ist das eigentlich, *wozu* »jedermann« zugelassen wird? In den 1830ern befürchtete Alexis de Toqueville, das amerikanische Experiment würde zu einer »egalitären Verabschiedung von herausragender Leistung« führen, und viel später wies Hannah Arendt darauf hin, daß Massenkultur keine Kultur, sondern Unterhaltung sei, und daß es ein fataler Fehler sei, zu glauben, eine Gesellschaft könne auf die diesem Weg ein kulturelles Niveau erreichen. Der Ausdruck »Verdummung« bezieht sich gerade darauf. Die sogenannte Demokratisierung sorgt nicht dafür, daß die weniger Begabten sich ein bißchen weiterentwickeln; vielmehr wird alles auf den kleinsten gemeinsamen Nenner reduziert und dies als eine Art politischer Triumph betrachtet. Wir müssen daran denken, so die Gesellschaftskritikerin Wendy Kaminer, daß »die Sorge um Lesefähigkeit und kritisches Denken nur demokratisch ist«. Wie Toqueville so wirkungsvoll sagte, besteht der entscheidende Aspekt darin, daß eine Gesellschaft nicht funktionieren kann, wenn nahezu jeder dumm ist und oder dazu gemacht wird. Anstatt die Qualität dafür zu kritisieren, daß sie Qualität ist, sollte unser Ziel das bereits von Lyotard zitierte sein: Elitentum für jedermann. Verdummung ist die Formel für eine untergehende Gesellschaft, nicht für eine vitale. Wir sollten uns somit nicht dafür schämen, elitär zu sein; die Frage ist nur, wer sind »wir«? Wer wird in dreißig Jahren übrig sein? Auf jedes intelligente Buch, das Sie vielleicht lesen, kommen Millionen anderer Leser, die sich mit Titeln wie *Aliens Are Among Us!* oder *Protect Yourself from Emotional Abuse* abgeben, und das ist alles, was sie lesen, wenn sie überhaupt lesen. Diese Situation führte David Remnick, den Herausgeber des *New Yorker* dazu, sich zu fragen, ob es in Zukunft noch Leser geben werde. »Nicht nur Leser von Sportseiten«, schrieb er,

»... und des Haufens von Selbsthilfe-Bestsellern und Bekenntnissen von Beratern, nein, sondern passionierte Leser, die einige Stunden Telefon und Fernsehen ignorieren, um sich mit einem Buch zu beschäftigen, dessen ›Schwierigkeit‹ darin besteht, das eigene Ich nicht zu beruhigen oder einer beschränkten Intelligenz nicht zu schmeicheln; der Leser, der ernsthaft glaubt, das Beste und Tiefste dessen, was wir sind, sei auf den Regalen zu finden, und daß das Lesen quer durch diese Regale das Selbst, also *Sie,* verändert.«[40]

Don DeLillo äußert eine ähnliche Einsicht, wenn er schreibt: »Wenn ernsthaftes Lesen zur Bedeutungslosigkeit degradiert ist, wird dies wahrscheinlich bedeuten, daß das, worüber wir sprechen, wenn wir das Wort ›Identität‹ benutzen, an sein Ende gekommen ist.«[41]

Worauf läuft all das hinaus? Wie ich in der Einleitung andeutete, ist der historische Prozeß, dessen Zeuge wir sind, ein verwickelter, denn wenn alles auf einen zivilisatorischen Zusammenbruch hinweist, dann handelt es sich um eine merkwürdig energievolle Art von Zusammenbruch. Geld und Vitalität und neue Unternehmen zirkulieren in der amerikanischen Kultur mit erstaunlicher Geschwindigkeit, und wenn eine kleine elitäre Gruppe darauf hinweisen möchte, daß es sich dabei zum größten Teil um Kitsch und »Hype« handelt, was ist das im Vergleich zu Wall Street, Madison Avenue und den Massen im Cineplex? Wie ich zuvor sagte, liegt das, was »Kollaps« bedeutet, in der Sicht des Betrachters, zumindest in einer Situation wie dieser. Man könnte mit anderen Worten argumentieren, daß der Zusammenbruch im Fall Roms wirklich wie ein Zusammenbruch aussah. In unserem eigenen Fall sieht er dagegen eher wie eine Art Erneuerung aus, und im Rahmen des übergreifenden Globalisierungsprozesses – John Gray von der London School of Economics spricht von einer »falschen Morgenröte« – kann das, was wir sehen, vielleicht genauer als ein Wandel in großem Maßstab beschrieben werden. Die Frage ist natürlich, Wandel in welcher Richtung? Eine oberflächliche Vitalität ist kaum das gleiche wie eine gesunde Kultur; eine falsche Morgenröte ist keine echte.

Die beste Analyse, die ich über die merkwürdige und problematische Natur des gegenwärtigen kulturellen Wandels gelesen habe, ist diejenige Robert Kaplans, der im Dezember 1997 im *Atlantic Monthly* einen Aufsatz unter dem Titel »Was Democracy Just a Moment?« veröffentlichte.[42] Kaplan weist darauf hin, daß sich nun eine Weltregierung entwickelt, eine der internationalen Konzerne und Märkte, und dies »ruhig und organisch [geschehe], in der Weise, wie fundamentale Entwicklungen in der Geschichte stattfinden«. Von den 100 größten Wirtschaften sind nach Kaplan 51 eher Konzerne als Länder, und die 500 größten Konzerne machen 70 Prozent des Welthandels aus. Dieses dichte »Kräftezentrum« ist, weltweit gesehen, der wirkliche Sitz der Macht. »Konzerne«, schreibt Kaplan, »sind wie feudale Domänen, die sich zu Nationalstaaten entwickelten; sie sind nichts anderes als die Vorhut einer neuen darwinistischen Organisation von Politik, [...] der Vorläufer wirklicher Globalisierung.« Die künftige soziale Landschaft läßt sich bereits in Städten wie St. Louis oder Atlanta besichtigen, die Konzernenklaven sind, die sich weltweitem Kommerz widmen. Sie scheinen eigentlich keine Städte zu sein, sondern Ansammlungen von »Hotels und Konzernbüros mit entsprechender Architektur, ›nostalgischen‹ Touristeninseln, abgetrennten Vorstädten und düsterem städtischem Brachland ...« Kaplan zitiert den Stadtplanungsexperten Dennis Judd, der behauptet, daß das »zukünftige Leben zunehmend wie das Leben in irgendeiner großindustriellen Umgebung aussehen wird«. Die Gemeinden werden laut Kaplan von der Geographie »befreit«, da ein bestimmtes Gebiet politisch bedeutungslos wird und die Demokratie wohl oder übel zerfällt. Wir sind, so fügt er hinzu, in einer Phase des historischen Übergangs, der ein Jahrhundert oder länger dauern wird, und wenn dieser Globalisierungsprozeß vorbei ist, wird auch die Zivilgesellschaft zu Ende sein. Wenn sich dieser Prozeß entfaltet, »werden die Massen indifferenter und die Eliten verantwortungsloser«, und die (weiter schrumpfende) Mittelklasse gibt ihr Geld für Lotterien, Gesundheitsklubs und Drogen gegen die Depression aus. Zuschauersportarten liefern Ablenkung für die Massen, während eine neue Form professionellen Kampfes, »Kampf bis zum Äußersten« ein Rekordpublikum anzieht, das Blut sehen will. »Die Stimmung im Kolosseum«, schreibt Kaplan, »paßt zum Zeitalter der Konzerne, das Unterhaltung anstelle von Werten bietet.« Wie im Fall Roms treiben wir einer Gesellschaft entgegen, die aus einer Elite mit wenig Loyalität gegenüber dem Staat und einer servilen Bevölkerung besteht, die mit dem Äquivalent für Brot und Spiele zufrieden ist. Ted Hughes, der verstorbene preisgekrönte Dichter aus England, zog einen ausdrücklichen Vergleich zwischen dem Rom des ersten nachchristlichen Jahrhunderts und unserer eigenen Zeit, als er in *Tales from Ovid* schrieb: »Bei all seiner augusteischen Stabilität war [das Römische Reich] voller Hysterie und Verzweiflung, auf der einen Seite schwelgte es im endlosen Verlangen und Leiden der Gladiatorenarena, und auf der anderen Seite war es auf der Suche nach spiritueller Transzendenz.«[43] In einer solchen Welt sind demokratische Wahlen bedeutungslos; die Politik wird statt dessen durch Machtstrukturen und das Verhalten der Gesellschaft bestimmt.

Der amerikanische Wandlungsprozeß ist somit Teil eines größeren, weltweiten Wandels des Weltsystems. Wenn das 20. Jahrhundert das »amerikanische Jahrhundert« war, wird das 21. das »amerikanisierte Jahrhundert« sein. Das ideologische Gegenstück zu dieser massiven sozioökonomischen Verschiebung ist die oben beschriebene »Haut«, die totale kommerzielle Umgebung, welche die gesamte geistige Welt einhüllt. Ein Bürger wird nicht eigentlich ein Bürger in dem Sinne sein, den das Wort immer gehabt hat, und was immer er auch sein mag, er wird nur allzu glücklich sein, wenn man ihm Unterhaltung (oder »Transzendenz«) anstelle von Werten anbietet.

Doch dieses System weist, wie Kaplan zeigt, eine beunruhigende Lücke hinsichtlich der letztlichen Auswirkungen auf. Wenn wir der Dritten Welt die Ziele der Konzerne aufzwingen, werden wir aus diesem Prozeß nicht schadlos hervorgehen. Aus einer Weltökonomie, die auf der Fähigkeit basiert, große Informationsmengen zu verarbeiten, werden neue Formen der sozialen Stratifizierung hervorgehen und mit ihnen eine bestimmte Form von Politik, »hybride« Regime der Dritten Welt, die sich demokratisch geben, im Prinzip aber oligarchisch oder autoritär sind, doch dies wird sich nun nicht auf die Dritte Welt beschränken. Tatsächlich wird dieser Aspekt unserer eigenen »klassischen« Phase am erschreckendsten sein, da wir zwar das Banner der Demokratie schwingen werden, aber im Prinzip wird unser System möglicherweise genau jenen vier Aspekten des Zerfalls entsprechen, die in diesem Kapitel skizziert sind. Mit anderen Worten: Es wird sich eventuell herausstellen, daß jene global-demokratische Konsumentenkultur durch scharfe soziale und ökonomische Ungleichheit, sinkende Mindesterträge und geistig-intellektuellen Zerfall *definiert* ist; und während diese Faktoren zuvor den kulturellen Verfall anzeigten, sind sie zum jetzigen Zeitpunkt die tragenden Stützen einer neuen, transnationalen Kultur der Konzerne, deren Leere gerade ihre Dynamik ausmacht. Politisch gesehen, könnte nach Kaplan »die Zukunft der Dritten Welt letztlich unsere eigene sein«.

Wie wird das aussehen? In *An Empire Wilderness* läßt uns Kaplan einen Blick darauf werfen, und zwar mit den Augen Cayce Boones, eines Navajo-Indianers, der für eine lokale Kabelfernsehgesellschaft in Tucson arbeitet. Boone erzählt ihm:

»Sehen Sie sich überall im Südwesten um; die meisten Unterkünfte, die Sie sehen, sind Wohnwagen. In den meisten dieser Wohnwagen sind unsaubere Leute, die nicht lesen können, die nicht miteinander sprechen, die wenige oder keine Verwandten oder Freunde haben, die eine unbezahlte Rechnung oder kleine Tragödie davon entfernt sind, auf der Straße zu landen; Leute, die kein Essen auf den Tisch stellen oder sich um ihre Kinder kümmern können. Das wenige Geld, das sie haben, benutzen sie, um Kabelfernsehen zu installieren. Ich kenne das. Jeden Tag gehe ich in die Wohnungen ... Wenn ich an die Zukunft der Vereinigten Staaten denke, dann denke ich an ein kleines Mädchen, das ich in einem dieser Wohnwagen sah, ein Mädchen, das – ich sage Ihnen das aus eigener Erfahrung –

nicht so untypisch ist. Es ist etwa drei Jahre alt. Seine Eltern laden es jeden Tag vor dem Fernseher ab, und das Programm ist auf einen Kanal mit Seifenopern und Spielshows eingestellt. Überall in der Wohnung gibt es Schmutz. Es gibt billige Magazine und Fernsehprogramme und Bierdosen. Es gibt nicht viele Möbel, keine Bücher. Es stinkt.«[44]

In einem Greyhoundbus auf der Fahrt durch New Mexico hat Kaplan eine Erfahrung gemacht, die ich auch gemacht habe: Niemand hat ein Buch bei sich oder auch nur ein billiges Magazin, und wenn man die Unterhaltungen belauscht, ist das, was gesagt wird, beinahe unverständlich. All dies weist auf unseren zukünftigen Dritte-Welt-Status hin, denn Demokratie war traditionellerweise von guter Lesefähigkeit, einer breiten Mittelklasse und einer durchlässigen Hierarchie abhängig. Aber all dies geht unter, und es entsteht »eine Wildnis von regionalen Staaten und Vorstadtoasen, die an einen globalen Markt angeschlossen sind«.

Man muß natürlich nicht die Wohnwagenparks in Arizona besuchen, um solche Anschläge auf die geistige Verfassung der Menschen wahrzunehmen. Ich habe so etwas mehrmals in der Woche in der Innenstadtschule gesehen, die ich in der Einleitung erwähnt habe. Viele der Studenten bewegen sich in einer Art Nebel, den man fast nicht beschreiben kann; man muß es selbst sehen, um zu verstehen, wovon ich rede. Es wäre leicht zu glauben, daß diese Jugendlichen faul oder dumm sind, aber das ist größtenteils nicht der Fall. Man hat ihnen vielmehr ihre Motivation geraubt und damit ihre Identität. Sie hinterließen bei mir einen tiefen Respekt vor der Energie, die sie sich hatten bewahren können, berücksichtigt man den Kontext einer unterdrückerischen Subkultur aus Armut, Drogen, Gewalt und Familienangehörigen im Gefängnis. Als ich eine Schülerin bat, das Wort *concurrent* zu definieren (wir arbeiteten gerade an Wortschatzübungen), sagte sie »wie in der Gefängnissprache«. Ein anderer Schüler schrieb eine (einseitige) Kurzgeschichte darüber, wie er als Koch in einem Restaurant arbeitete und seine Klassenkameraden im Ofen röstete. In einem anderen Fall konnte ich die einzige Energiequelle herausfinden, die ein sechzehnjähriges Mädchen hatte – wir übten gerade schriftliche Lebensberichte –, als sie bereit war, zu enthüllen, daß sie im Jahr zuvor im Gefängnis war, weil sie ein anderes Mädchen halb zu Tode geprügelt hatte. Der Grund? Das Mädchen hatte einige Monate zuvor ihre Kusine beleidigt.

Diese Schüler, die auf einem solchen Niveau von Überleben, Wut und emotionaler Unmittelbarkeit lebten, hatten keinerlei Interesse mehr daran, ernsthaft zu lernen; es war für sie abstrakt, bedeutete ihnen absolut nichts. Die Kehrseite dieser Wut war der Nebel, den ich erwähnt habe, eine Art Schläfrigkeit, Distanziertheit, die sie wie eine Aura mit sich herumzutragen schienen und die ich für Depression halte. Die Hausaufgaben wurden selten gemacht, da sie nie zuhörten, wenn der Lehrer sie aufgab. Sagte der Lehrer »Holt Eure Leseaufgaben heraus«, blätterten die Schüler einen großen, schlampigen Aktenordner durch, der im wesentlichen ein Haufen Abfall war, und fanden nichts. Sorgfalt, Aufmerksamkeit und Ehrgeiz waren ihnen fremd, da es für die Existenz solcher Begriffe keinen bedeutungsvollen sozialen Kontext gab, und folglich auch keine Motivation. Motivation hat etwas mit Energie zu tun, und dies ist letztlich etwas, was man einem anderen nicht vermitteln kann. Merkt ein Schüler, daß er keine Zukunft hat, hat er auch keine Energie, denn es gibt keinen Ort, auf den sich seine unmittelbaren Interessen erstrecken könnten. Das Resultat ist eine Umgebung, die sich am besten als verschwommen beschreiben läßt. Mindestens die Hälfte der Schüler, die zu mir zur Nachhilfe geschickt wurden, zog es vor, daß die Lampe auf meinem Schreibtisch aus- statt eingeschaltet war, und wollte lieber schlafen oder abschalten als lesen oder denken. Dies beschreibt natürlich nicht alle afrikanisch-amerikanischen Teenager, aber es ist dennoch die Wirklichkeit. »Die Mehrheit der Schwarzen«, so Shelby Steele in *The Content of Our Character,* »oder diejenigen, die noch nicht zur Mittelklasse gehören – sind weiter hinter den Weißen zurück als sie es vor den Erfolgen der Bürgerrechtsbewegung waren. [...] Die schwarze Unterklasse«, so fügt er hinzu, »expandiert weiter statt zu schrumpfen.«[45]

Über diese Dinge erfahren wir nichts in den beschönigenden Reden zur Lage der Nation, die sich statt dessen in Lobeshymnen über den Reichtum der Reichen ergehen; und wir müssen uns sehr im klaren darüber sein, wie es um das andere Ende des gesellschaftlichen Spektrums steht. In einem Artikel im *San Francisco Chronicle* vom 20. Oktober 1985 beschrieb David Lampert, der selbst Stanfords Graduate School of Business absolvierte, »den unbewußten Abbau demokratischer Werte« als »verstecktes Programm« seiner Universität. Der »Ethik«kurs der Schule, B 295, lehrt (oder lehrte damals), wie man jede externe Kraft ausschalten kann, die versucht, die Autonomie des Managers zu beschränken – Dinge wie verfassungsmäßig verbürgte Ansprüche, Eigentum, Bürgerrechte und so weiter. Der Kurs lehrt die zukünftige Elite von Geschäftsleuten, »wie man die Medien abblockt, sich selbst im Fernsehen präsentiert und die Konzerninteressen schützt, und wie man die Öffentlichkeit und das Parlament manipuliert ...« Referate von Studenten über Themen wie den Love Canal werden mit Kommentaren zurückgegeben wie »Warum haben Sie Hooker Chemical nicht geraten, die Journalisten anzuklagen, die die Geschichte ans Tageslicht brachten?«, während eine Prüfungsfrage in einem anderen Kurs den Zusatz enthält: »Gehen Sie davon aus, daß das von Ihnen geschriebene Memorandum verbrannt wird, bevor es die Anti-Trust-Abteilung des Justizministeriums erreicht.«

Was tun? Lenins Antwort auf diese Frage bestand darin, all diese Witzfiguren in maßgeschneiderten Anzügen, die unsere Gemeinden buchstäblich umbringen, zu töten. Indem sie Finanzkapital akkumulieren, zerstören sie kulturelles Kapital, menschliches Kapital – die wahren Schätze einer Nation. Das Problem besteht darin, daß es, da das Dilemma strukturell bedingt ist, viele andere solcher Unternehmer in Reserve gibt, die bereit sind, sie zu ersetzen. Nein, in dieser Situation ist etwas viel Weiterreichendes erforderlich.

Im Fall der Dämmerungsphase Roms gab es eine »Mönchsklasse« – eine Handvoll von Einzelpersonen, die erkannten, daß sie den Kulturverfall nicht umkehren konnten, aber daß sie ihr Bestes tun konnten, um die Schätze ihrer Zivilisation zu bewahren, die Methoden des Denkens und Lebens, die in einer anderen, gesünderen Ära wieder geschätzt werden würden. Und das Potential dafür existiert heute, denn die bloße Existenz von Schriftstellern, die ich in diesem Kapitel zitiert habe, zum Beispiel David Denby oder Lewis Lapham oder Don DeLillo, ist ein Anzeichen dafür, daß wirklicher Widerstand gegen die Neue Weltordnung möglich ist. Wir sollten uns auch klarmachen, was die Schätze unserer eigenen Zivilisation sind; wir brauchen nur die Faktoren des Zusammenbruchs umzukehren. Wenn zum Beispiel die soziale Ungleichheit auf dem Vormarsch ist, dann ist der Versuch, die Kluft zwischen Arm und Reich zu schließen, also die sozialistische Tradition, einer unserer größten Schätze. Wenn die Wertvorstellungen der Konzerne unsere Bürger zu geistlosen Konsumenten machen, dann ist die gesunde, »elitäre«, intellektuelle Tradition unserer Zivilisation – Geschichte, Philosophie, Literatur – ein anderer Schatz, um den wir kämpfen und den wir weitergeben müssen. Wenn die Massen im Cineplex bei *Titanic* und *Wayne's World* abschalten, dann gibt es die Welt eines Truffaut und Kurosawa, die möglicherweise eine neue Generation von Filmemachern und Kinogängern inspirieren wird. Auf eine Ignorantin von Dekanin, die über die Möglichkeiten des »Fernstudiums« in Ekstase gerät und nicht zwischen höherer Bildung und Vermarktung unterscheidet, kommen einige wenige Fakultätsmitglieder, die bereit sind, sich ihr zu widersetzen und ihr zu sagen, daß es keinen Ersatz gibt für direktes persönliches Engagement und sorgfältiges intellektuelles »in die Lehre gehen«. Die Lebensweise, die als monastische Option vorgeschlagen wird, wird möglicherweise nur ein winziger Prozentsatz der amerikanischen Bevölkerung anziehend finden, aber ich glaube, daß es ein wirkliches Potential für eine kulturelle Erneuerung gibt, für eine Morgendämmerung, die sie vorbereiten kann, und daß die Belohnungen für ein Leben, das der Qualität und nicht dem Kitsch gewidmet wird, enorm sind.

Mehr über all dies später. Ich möchte nun den Fall Roms und die Rolle betrachten, welche die Mönchsklasse bei der Transformation vom Untergang des Reichs zum Aufstieg eines neuen Europas gespielt hat.

ZWEITES KAPITEL

Die monastische Option

Lo! thy dread Empire, Chaos! is restore'd;
Light dies before thy uncreating word:
Thy hand, great Anarch! lets the curtain fall;
And Universal Darkness buries All.

Alexander Pope, »The Dunciad«

[Dein Schreckensreich sieh, Chaos, neugeborn!
Licht stirbt, kaum sprichst du dein Unschöpfungswort;
Du hebst, großer Anarch, die Hand – der Vorhang fällt,
Und unumschränktes Chaos deckt die Welt.][1]

Natürlich wäre es schwierig zu beweisen, daß die vier Faktoren, die im vorhergehenden Kapitel diskutiert wurden – gesellschaftliche Ungleichheit, zunehmende Zurückstufung des Sozialversicherungssystems, abnehmende intellektuelle Fähigkeiten und Tod des geistigen Lebens –, den Zusammenbruch der amerikanischen Zivilisation tatsächlich *verursachen*. Wir werden das erst im nachhinein feststellen – und selbst dann werden wir es nicht eigentlich wissen, genauso wie wir nicht genau wissen, was den Fall Roms verursacht hat. Die Historiker debattieren dieses Thema noch 1500 Jahre später. Die Ursache für den Fall Roms bleibt nach wie vor schwer zu erfassen, und es gab ohnehin nicht nur eine einzige. Der prominente britische Historiker J. B. Bury behauptet, daß der graduelle Zerfall Roms das Ergebnis einer Reihe von zufälligen Ereignissen war, und darüber scheint man sich weitgehend einig zu sein.[2] Somit ist es wahrscheinlich zutreffend, daß die vier genannten Faktoren integrale Bestandteile eines zivilisatorischen Zerfalls und Wandels sind; und dies traf sicherlich im Fall Roms zu.

Man betrachte zum Beispiel die Frage der gesellschaftlichen Ungleichheit. Im Falle Roms kam es, wie der Historiker Meyer Reinhold schreibt, zur »Verarmung der Massen dank eines ökonomischen Systems, das einer kleinen landbesitzenden Minderheit zu Reichtum verhalf«.[3] Seit der Zeit des Augustus (Regierungszeit 27 v. Chr. bis 14 n. Chr.) bestand die entscheidende ökonomische Entwicklung im Römischen Reich in der »stetigen Konzentration des Landes in der Hand von immer weniger Besitzern, während die kleinen unabhängigen selbständigen Bauern allmählich verschwanden«. Das ökonomische System war hinfällig; es konnte nur eine kleine Minderheit unterstützen, »deren Prosperität darauf beruhte, daß die Massen, die gerade genug zum Überleben hatten, intensiv ausgebeutet wurden«.

Interessant ist in diesem Zusammenhang, daß, während das Weströmische Reich unterging, der östliche Teil als byzantinische Zivilisation eine sehr lange Zeit weiterexistierte. Der Hauptunterschied war eine gerechtere Verteilung des Reichtums. Im Osten war ein viel größerer Teil des Bodens in der Hand bäuerlicher Besitzer als im Westen, und deshalb ging auch ein entsprechend größerer Anteil des landwirtschaftlichen Gesamtertrags an sie. Und im Westen, nicht im Osten, hatte die landbesitzende Aristokratie die Verwaltung im Würgegriff und benutzte ihre Macht und ihre Verbindungen, um Geld in die eigenen Taschen zu schleusen und so eine Klasse untätiger Reicher entstehen zu lassen. Die Theorie, derzufolge das Westreich aufgrund der Invasionen von Barbaren zerfiel, kann somit nicht sehr glaubwürdig sein, denn das Reich hatte seit dem dritten Jahrhundert extreme strukturelle Fehler. Michael Grant stellt (in *The Fall of the Roman Empire)* fest, daß die reichsten Adligen regelmäßig erheblich reicher wurden, bis die Situation im fünften Jahrhundert schließlich groteske Ausmaße annahm.[4] Die Steuern, die zum Unterhalt des Heeres erhoben wurden, waren massiv, und sie wurden weitgehend von den Armen getragen; aber die römischen Herrscher brachten es auch fertig, die Mittelklasse zu ruinieren, die bislang das Rückgrat des Reiches gewesen war. Es war diese Klasse, so Grant, die die Kultur der antiken Welt zusammengehalten hatte, und im vierten Jahrhundert war sie im Untergang begriffen. Im fünften Jahrhundert war sie verschwunden, und erst mit dem Aufstieg der italienischen Handelsfamilien im Hochmittelalter tauchte sie wieder auf.

Was die fallenden Erträge betrifft, so zeigt wiederum Joseph Tainter sehr schön, wie Roms anfangs funktionierende Politik geographischer und militärischer Expansion unhaltbar wurde.[5] Im dritten Jahrhundert ging nahezu jeder dritte Denar der Steuereinnahmen an das Militär und die Verwaltung, bis der Staat allmählich in den Bankrott trieb. Der Denar, der während der Herrschaft Neros (54 bis 68 n. Chr.) einen Silbergehalt von 92 Prozent hatte, hatte zu Beginn des dritten Jahrhunderts nur noch 43 Prozent. Im dritten Jahrhundert kam es zu einer noch stärkeren Vergrößerung des Heeres und der Verwaltungsbürokratie, worauf eine weitere Münzverschlechterung und eine enorme Inflation folgten. Das stehende Heer stieg von 300 000 Soldaten im Jahre 235 n. Chr. auf etwa 600 000 lediglich siebzig Jahre später. Investitionen in Komplexität machten sich nicht nur nicht bezahlt, sondern bluteten den Staat aus. Vor Anbruch des fünften Jahrhunderts bestand das Reich nur noch dem Namen nach.

In einem solch demoralisierten Kontext war der geistige und intellektuelle Zusammenbruch unvermeidlich, da das Wirtschaftsleben in den Städten praktisch zerstört war. Jahrhundertelang war es das Ziel gewesen, den Rest der Bevölkerung zu hellenisieren oder romanisieren, die Bildung und die Konzepte der griechisch-römischen Zivilisation weiterzugeben. Als sich aber die ökonomische Krise verschärfte, entstand in der Bevölkerung eine neue Mentalität, die auf Religion basierte und den Errungenschaften höherer Kultur feindlich gesonnen war. Obendrein waren, wie im gegenwärtigen Amerika, die neuen »intellektuellen« Bemühungen auf die Massen eingestellt, bis das geistige Leben auf den niedrigsten gemeinsamen Nenner herabgestuft war. Dies war, laut M. I. Rostovtzeff, dem großen Althistoriker, das hervorstechendste Merkmal in der Entwicklung der alten Welt während der Kaiserzeit: die Verdrängung höherer Lebensformen durch niedere. In Wahrheit ist Zivilisation ohne eine Rangordnung der Qualität unmöglich, und sobald sie zu einem Massenphänomen verflacht, sind ihre Tage gezählt. »Das Hauptphänomen, das für den Prozeß des Untergangs verantwortlich ist«, schrieb Rostovtzeff, »ist die graduelle Absorption der gebildeten Klassen durch die Massen und die nachfolgende Simplifizierung aller Funktionen des politischen, gesellschaftlichen und intellektuellen Lebens, was wir die Barbarisierung der alten Welt nennen.«

Die Religion spielte bei diesen Entwicklungen eine entscheidende Rolle. Spätestens im dritten Jahrhundert vertraten viele Christen die Ansicht, daß Bildung für das persönliche Seelenheil nicht wichtig sei und Unwissen einen positiven spirituellen Wert darstelle (sozusagen eine frühe Version von *Forrest Gump*). Im dritten Jahrhundert kam es ferner zu einer starken Ausbreitung des Mystizismus und des Glaubens an Wissen durch Offenbarung. In *A World Made by Men* argumentiert Charles Radding, daß die kognitive Fähigkeit, zwei unterschiedliche Gesichtspunkte oder Perspektiven miteinander zu vergleichen (wie sie zum Beispiel in den *Bekenntnissen* des Augustinus erkennbar ist), bis zum sechsten Jahrhundert verlorengegangen ist.[6] Bereits im vierten Jahrhundert sei das wenige, das von der griechischen und römischen Philosophie überlebt habe, mit Magie und Aberglauben vermischt worden (ganz so wie wir heutzutage die Glaubenslehren des *New Age* in der Philosophie-Abteilung vieler Buchläden finden). In Wahrheit wurde das Studium des Griechischen – und damit auch der Wissenschaft und Philosophie – völlig aufgegeben. Bis zum sechsten Jahrhundert war die herrschende Mentalität vom Aberglauben geprägt, da die Menschen nun nicht mehr die Fähigkeit besaßen, Abstraktionen logisch zu verarbeiten. Als Boethius seine Werke zur Philosophie veröffentlichte, nahmen die Zeitgenossen an, es handle sich um Wissenschaften des Okkulten, und er wurde beschuldigt, Astrologe und Magier zu sein. Carl Sagan diskutiert in *The Demon-Haunted World* den Verlust von anatomischen und chirurgischen Kenntnissen in dieser Zeit und den gleichzeitigen Anstieg von Gebet und Wunderheilungen (die heute in den Vereinigten Staaten enorm populär sind), einschließlich des Gebrauchs von Gesängen, Horoskopen und Amuletten.[7] Nur eine verzerrte Version der klassischen Kultur der Antike überlebte, und um 650 v. Chr. waren sich laut Pierre Riché (siehe unten) Wissenschaftler in Gallien »ihrer Rolle als letzte Verteidiger der klassischen Kultur, die sie von den Barbaren unterschied, bewußt«. In Spanien versuchte Isidor von Sevilla die korrekte lateinische Aussprache wiederherzustellen, aber er wurde vom Klerus wegen seiner Bemühungen verlacht. »Sieht man von einer massiven Zerstörung von Bibliotheken ab«, so Radding, »kann man sich kaum einen vollständigeren Zusammenbruch der klassischen Zivilisation vorstellen.«

Das Niveau der Lesefähigkeit war in der klassischen Welt sicherlich niemals hoch, doch stellt William Harris in *Ancient Literacy* zwischen 250 und 100 v. Chr. einen Anstieg der Lese- und Schreibfähigkeit unter römischen Bürgern und eine Verringerung in der gleichen Gruppe in der Zeit von 200 bis 400 n. Chr. fest. Die Mittelklasse hatte eine literarische Kultur aufrechterhalten, die in diesem Zeitraum erheblich geschwächt war. Wir verzeichnen einen Abstieg städtischer Eliten und weniger in Stein gemeißelte Inschriften. Der Abfall der Lese- und Schreibfähigkeit war besonders drastisch nach dem dritten Jahrhundert. Es standen zum Beispiel weniger Texte zur Verfügung, und es kam zu einem grundsätzlichen kulturellen Wandel, da das Bewußtsein für die Errungenschaften der Vergangenheit in der Geschichtsschreibung, in Philosophie und Literatur weitgehend verlorenging. Schon um 400 n. Chr. waren Ciceros Werke nur schwer zu finden, und gegen Ende des sechsten Jahrhunderts konnten die wenigen führenden Intellektuellen des lateinischen Westens, die es gab, wie zum Beispiel Gregor von Tours (Jahrgang 538 n. Chr.), kaum logisch zusammenhängende Sätze schreiben. Von Gregors Büchern wissen wir zum Beispiel, daß seine Rechtschreibung fehlerhaft, seine Syntax mangelhaft und seine Argumente simpel waren. Dies ist ein großer Unterschied zu den Schriften eines Boethius, und es dauerte nicht sehr lange, bis es dazu kam. Zwischen 600 und 1000 n. Chr. verstanden es die meisten Menschen nicht mehr, zu lesen oder zu denken, und sie hatten sogar vergessen, daß sie es vergessen hatten. Selbst unter den »führenden Köpfen« der europäischen Kultur, wie etwa Alkuin von York im achten Jahrhundert, war man unfähig, schreibt Radding, kritisch an Texte heranzugehen. »Wissenschaft« bestand in der Sammlung von Zitaten und Fakten, und die Art und Weise, wie diese Wissenschaftler in ihren eigenen Texten argumentierten, wies kaum Ähnlichkeiten mit den klassischen Texten auf, die sie bewunderten. Zu echten wissenschaftlichen Diskussionen und Verstehen, zu wirklich logischer Interaktion, kam es erst wieder im elften Jahrhundert, als zum Beispiel Berengar von Tours die Meinung vertrat, daß die eucharistische Hostie nicht wirklich zum Körper Christi werden könne. Tatsächlich unterschied sich die geistige Landschaft des zwölften Jahrhunderts so sehr von den vorausgegangenen sechs, daß sich nur aus einem solch kontrastierenden Vergleich ersehen läßt, wie dunkel das »dunkle« Mittelalter wirklich war.

Und so gingen in Westeuropa die sprichwörtlichen Lichter aus. Die Zustände im zeitgenössischen Amerika sind sicher nicht identisch, aber die Parallelen sind doch ein wenig beunruhigend. Obwohl unser eigener Zerfall, wie bereits gesagt, einzigartig sein wird, insofern er unter der Maske eines »dynamischen« Wandels geschieht, enthält er dennoch ähnliche Elemente. Die Faktoren wie »Hype«, Ignoranz, potentieller Bankrott und extreme gesellschaftliche Ungleichheit sind überwältigend, und sie machen eine Art geistigen Tod – Apathie und klassizistischen Formalismus – letztlich unvermeidlich. Die eigentliche Frage, die sich an diesem Punkt stellt, ist daher: Wie ist im Fall Roms nach sechs Jahrhunderten der Phönix wieder aus der Asche erstanden? Was hat nach Jahrhunderten der Stagnation die Kultur des lateinischen Westens wieder zu einer lebendigen Option gemacht? Und wenn das in jenem Fall zutrifft, warum nicht auch in unserem, und warum nicht weit schneller? Was werden wir tun müssen, um unsere Kultur während des kommenden dunklen Zeitalters zu bewahren, und wer wird es tun?

Bevor wir diese Fragen beantworten, mag es hilfreich sein zu sehen, welches die Quellen der kulturellen Bewahrung zwischen ca. 500 und 1100 n. Chr. waren und wie sie sich auf das kulturelle Wiedererwachen Westeuropas auswirkten, das gegen Ende des elften Jahrhunderts begann und sich dann bis zur italienischen Renaissance und zur Wissenschaftlichen Revolution sprunghaft weiterentwickelte.

Nach der traditionellen, zumindest teilweise zutreffenden Auffassung haben vor allem irische Klöster im sechsten und siebten Jahrhundert, als die Lichter ausgingen, damit begonnen, die Hauptschätze intellektueller Errungenschaften aus der römischen und, in geringerem Maße, der griechischen Zivilisation wegzuschaffen. Etwa um 700 n. Chr., so schreibt der britische Historiker Hugh Trevor-Roper, »war die europäische Bildung zu den Sümpfen Irlands geflohen«. Während Europa von den Goten, Arabern und Wikingern erobert wurde, haben wenige Gelehrte wie der heilige Beda (ca. 673 bis 735 n. Chr., lebte im Kloster Jarrow in Northumbrien) die Kenntnis der Klassiker bewahrt und die Samenkörner westlichen Lebens »durch den grimmigen Winter des dunklen Zeitalters« getragen. Allein im siebten Jahrhundert wurden in Gallien zweihundert Klöster gegründet.

Drei Jahrhunderte lang, schreibt der Historiker M. L. W. Laistner in *Thought and Letters in Western Europe,* »brachten [irische Klöster] eine Reihe bemerkenswerter Männer hervor, die einen tiefen Einfluß auf Denken und Wissenschaften in Westeuropa ausübten«.[8] Ihre missionarische Arbeit reichte bis nach Schottland und zum Kontinent, und ihre Schüler strömten in diese Gegenden. Klöster wie diejenigen, die der irische Mönch Columba in Derry und Iona gründete, wurden zu wichtigen Studienzentren, und im frühen siebten Jahrhundert gründete Aidan, ein Mönch in Iona, ein neues Kloster und kulturelles Zentrum in Lindisfarne (einer Insel vor der Küste von Northumberland). Das siebte und achte Jahrhundert war auch eine Zeit des Experimentierens mit der äußeren Gestaltung von Büchern und den technischen Prozessen der Buchherstellung, und durch die Migration englischer und irischer Gelehrter zum Kontinent verbreiteten sich diese Techniken, die dann einen weitreichenden Einfluß auf die Kultur hatten. Manuskripte und Bücher wurden dank der erfolgreichen *scriptoria* (Kopierräume) und später der kirchlichen Bibliotheken vervielfältigt, von denen viele eine Art von bibliothekarischer Fernleihe praktizierten.

Was fand nun in diesen Klöstern statt? Die *lectio divina* oder die Lesung heiliger Texte nahm bis zu vier Stunden des täglichen Lebens in Anspruch und funktionierte wie ein Programm, das den

»großen Büchern« gewidmet ist. Es vermittelte den Mönchen vermutlich eine literarische Kultur. Hinzu kam die Rolle der Klosterschule, des *scriptoriums* und der Bibliothek. In der Theorie zumindest lehrten die Schulen den alten Lehrplan des *trivium* (Grammatik, Rhetorik und Dialektik) und des *quadrivium* (Arithmetik, Geometrie, Musik und Astronomie), während das *scriptorium* als eine Art mittelalterlicher Verlag funktionierte, wo die Klassiker kopiert wurden und künstlerisch ausgeschmückte Manuskripte entstanden, Materialien, die dann die Bibliothek füllten. Diese bildeten die wichtigsten Büchersammlungen zwischen dem achten und zwölften Jahrhundert. Allmählich wurden die Klöster, wie David Knowles in *Christian Monasticism* schreibt, »Zentren des Lichts und des Lebens in einer einfachen, statischen, halb-barbarischen Welt, bewahrend und später verbreitend, was von der antiken Kultur und ihrem Geist übriggeblieben war«.[9] Oder wie der hervorragende Historiker Charles Homer Haskins über sie sagte: »Wie Inseln in einem Meer von Ignoranz und Barbarentum haben sie die Bildung in Westeuropa zu einer Zeit gerettet, da sich keine anderen Kräfte diesem Ziel widmeten.«[10]

Das Problem dieses Szenarios besteht allerdings darin, daß Geschichte niemals derart geradlinig verläuft und die Rolle der Klöster in dieser Hinsicht keine Ausnahme macht. Wenn das Mönchstum die antike Bildung bewahrte, so geschah dies doch oft, während man versuchte, sie über Bord zu werfen; und wie sogar Thomas Cahill (in *How the Irish Saved Civilization)* zugibt, haben die damit beschäftigten Mönche möglicherweise kein Verständnis für das gehabt, was sie transkribierten. Das ist eine wichtige Erkenntnis, denn diese merkwürdige Nicht-Linearität der Geschichte, ihre irritierend dialektische Qualität, sollte uns davor warnen, irgendwelche Empfehlungen hinsichtlich einer Renaissance beispielsweise für das 21. Jahrhundert auszusprechen. Es gibt keine Garantien, und die Dinge können sich anders entwickeln, als ursprünglich beabsichtigt. Betrachten wir nun vor diesem Hintergrund etwas genauer die Rolle, die das mittelalterliche Mönchstum bei der Bewahrung der Kultur des lateinischen Westens gespielt hat.

Eine der ausführlichsten Forschungen zu diesem Thema findet sich in dem recht umfangreichen Buch von Pierre Riché mit dem Titel *Education and Culture in the Barbarian West*, das sich mit der Periode vom Zusammenbruch des Römischen Reichs bis zur kurzen karolingischen Renaissance im achten Jahrhundert befaßt.[11] Drei Aspekte sind in Richés sorgfältiger Untersuchung hervorzuheben. Erstens gibt es keine klare Zäsur zwischen dem Ende des einen zivilisatorischen Modells und dem Beginn eines anderen. Es ist nicht so, daß Rom im Jahre 410 oder 476 einfach »zusammenbrach« und das mittelalterliche Europa plötzlich »entstand«. Hier liegt wiederum ein Prozeß des *Wandels* vor, das Fortdauern von Bruchstücken der alten Zivilisation parallel zum Entstehen von Elementen einer neuen. Um 750 n. Chr. war Europa eindeutig mittelalterlich, aber etwas vom verbliebenen Geist der Antike schwebte noch in der Luft. Zweitens handelt es sich um einen bruchstückhaften Prozeß, der ohne erkennbares Muster ablief. Die Fragmente standen normalerweise nicht miteinander in Zusammenhang, sie waren unabhängig, und es gab keine plausible Erklärung, warum sie existierten. Es kam zu brillanten Geistesblitzen – bei sehr seltenen wirklich unabhängigen Gelehrten wie zum Beispiel John Scotus Erigena (im neunten Jahrhundert) –, die aber keine Spuren hinterließen und auf genauso mysteriöse Weise verschwanden, wie sie aufgetaucht waren. Schließlich war das Mönchstum, das die Bildung der klassischen Antike bewahrte, tatsächlich *gegen* einen Großteil dieser Tradition eingestellt und bewahrte sie in einer religiösen Form, die zwar ihr Überleben sicherstellte, aber zu Lasten eines guten Teils des Inhalts. Folglich ist der Beitrag des Mönchstums zur Renaissance des zwölften

Jahrhunderts und darüber hinaus zwar vorhanden, aber dennoch nicht eindeutig.

Auf dieses Thema habe ich schon zum Teil angespielt, und zwar in meinen Hinweisen auf Charles Radding, der behauptet, daß um 600 n. Chr. selbst führende Intellektuelle nicht in der Lage waren, in dem Sinne zu denken, wie es die Menschen der Antike oder des zwölften Jahrhunderts vermochten. Es kam zu einer Art Mentalitätsbruch, so Radding, »konzeptuelle Intelligenz sei durch nachahmende ersetzt worden«.[12] So verstand Gregor I (der Große), einer der führenden Denker des sechsten Jahrhunderts, das Konzept der Intentionalität nicht. Für ihn wie für Isidor von Sevilla und praktisch alle Intellektuellen des Zeitalters (Mönche eingeschlossen) waren Ideen keine Methoden, die Welt zu betrachten oder ein Problem zu analysieren, sondern eine Art »Gegenstand«. Solche Leute verstanden laut Radding wahrscheinlich nicht die Implikationen der Texte, die sie kopierten. Textstellen wurden transkribiert, ohne daß man sich fragte, ob sie einen Sinn ergaben oder anderen Lehrsätzen widersprachen. Viele Benediktinermönche waren im Kindesalter in die Klöster eingetreten, wo sie von ihren Eltern abgeliefert worden waren. Die Gelehrsamkeit bestand in der Kompilation von Zitaten und Fakten, die nicht benutzt wurden, um ein Argument zu stützen, sondern eine Argumentation unnötig zu machen. Somit wies das »vernünftige Argumentieren« der Gelehrten der karolingischen Renaissance wenig Ähnlichkeit mit dem Diskutieren der klassischen Autoren auf, die sie verehrten. So machten etwa Mönche die Schriften des Boethius zugänglich, aber sie reagierten nie auf das, was er eigentlich sagte. Riché stimmt dem zu und versichert, daß es zwar eine karolingische Renaissance von 750 bis 850 gab, doch sei sie die Fortsetzung einer patristischen Tradition (nämlich derjenigen der Kirchenväter) und keine wahrhaft eigenständige Entwicklung gewesen.

Es hat somit den Anschein, daß die intellektuellen Disziplinen der Unterscheidung, der Definition und der Dialektik den Lesern des Mittelalters verlorengegangen waren. Es handelte sich, wie dies auch heutzutage der Fall sein mag, eher um eine Welt im Sinne C.G. Jungs als um kognitives Verstehen. Das Verständnis der Welt beruhte mit anderen Worten auf Mythos und Magie, und die dominierende Denkweise vollzog sich in Symbolen, Analogien und Bildern. David Knowles schätzt, daß vieles von dem, was die Mönche bewahrten, eher auf Eis gelegt als wirklich weitervermittelt wurde, und Haskins stellt fest, daß sich die Benediktiner auf Chorsingen und Bibelstudium konzentrierten. Haskins räumt ein, daß es zwar Bibliotheken und Klosterschulen gab, aber nur wenige wirkliche Studienzentren. Die sieben »freien Künste« wurden nur nebenbei betrieben. Kurz: Das intellektuelle Leben war eigentlich recht eintönig.

Richés Argumentation beruht jedenfalls nicht auf der Vorstellung eines Wandels der kognitiven Fähigkeiten, obwohl er der Arbeit von Charles Radding nicht wirklich widerspricht. Seine These lautet, daß Klöster seit dem vierten Jahrhundert keine Schulen für geistliches Studium, sondern vielmehr für asketische Übungen waren, und dies seien sie weitgehend geblieben. Christliche Gelehrsamkeit, das heißt theologisches Studium, wurde bis zum fünften Jahrhundert energisch betrieben, danach starb es aus. Boethius hatte keine Schüler und beklagte sich über die Unwissenheit seiner Zeitgenossen, während Mönche und Klerus die Philosophie als Quelle der Häresie betrachteten. Um 500 schloß das klösterliche Ideal die Vorstellung ein, daß Lernen mit christlicher Kultur nicht zu vereinbaren war. Die Klosterschule wollte mit der Tradition klassischer Bildung *brechen* und statt dessen die »Wissenschaft« asketischer Kontemplation lehren. Die *scriptoria* waren somit zwar Orte der Kulturpflege, aber das Kopieren der Manuskripte war eher eine manuelle als eine intellektuelle Übung: Kalligraphie statt Philosophie. Das große, etwa 410 auf Saint Honorat (einer Insel der Lerins Gruppe, im westlichen Mittelmeer) gegründete Kloster war ausdrücklich ein Zentrum der Askese und wurde zum Modell für viele andere. Der heilige Benedikt gründete zum Beispiel Monte Cassino mit der gleichen Absicht. Die Mönche sollten ihre Bindungen an die Welt der Antike auflösen, und die Äbte wiesen den Weg.

Das Ziel war mit anderen Worten die »Durchdringung mit dem Wort Gottes«, und selbst für gebildete Menschen war die Gewohnheit der privaten Lektüre sehr schwierig. Das Gros der Lektüre bestand jedenfalls aus Texten der Bibel und der Kirchenväter, aber auch hier bezweifelt Riché, daß die Mönche diese Texte tatsächlich verstanden. Die *lectio* der klassischen Grammatiker bestand ja schließlich in der *interpretatio,* ein »christliches Lernen« im Sinne Augustins. Die klösterliche *lectio* war etwas ganz anderes, sie war Teil einer asketischen »Heilung«. Das Ziel war die »Reinheit des Herzens«. Die Art und Weise, wie Gregor von Tours die sieben »freien Künste« definiert, weist laut Riché »nur wenig Ähnlichkeit mit der Realität« auf.

So wird das von Cassiodorus bei Vivarium in Kalabrien gegründete Kloster oft als großes intellektuelles Ereignis in der zweiten Hälfte des sechsten Jahrhunderts betrachtet, aber seine Orientierung war in erster Linie asketisch, und die humanistische Strömung, die Cassiodorus pflegte, überdauerte seinen Tod nicht. Als seine Bibliothek später zerstreut wurde, trug seine Literatur dennoch zur Erneuerung der Bildung im Westen bei. Das gleiche kann von Isidor von Sevilla gesagt werden, dessen Arbeit nur sehr wenige berührte, und auch erst viel später Früchte trug, da seine Manuskripte weit verstreut waren.

Die asketische Grundorientierung läßt sich überall feststellen. Lindisfarne mag ein wichtiges religiöses Zentrum gewesen sein, aber man hatte dort kein Interesse an klassischer Erziehung; auch die irischen Mönche wie Columba brachten keine intellektuelle Bildung nach Gallien. Vielmehr gaben er und Aidan (in Lindisfarne) die klassische Bildung auf und weckten statt dessen das Verlangen, sich in die Heilige Schrift zu versenken. Adomnáns *Life of St. Columba,* das fast hundert Jahre nach Columbas Tod geschrieben wurde, besteht fast ausschließlich aus Wundergeschichten, obwohl ihr Autor, der neunte Abt von Iona, einen Großteil seines Lebens der wissenschaftlichen und akademischen Arbeit gewidmet hatte. Soweit wir dies feststellen können, bestand ein großer Teil von Columbas Alltagsroutine im Lesen von Büchern und Kopieren von Manuskripten, aber sein Ziel war religiös und liturgisch. Selbst Beda fürchtete die Philosophie, weil sie zur Häresie führen könne, und betrachtet weltliche Literatur als schädlich. Die Klassiker erforschte er nicht als literarische Werke; vielmehr gab es für ihn wie für die anderen Mönche kein Wissen außerhalb des Glaubens. Der angelsächsische Klerus kannte, Riché zufolge, wenig oder gar kein Latein und war in Wahrheit genauso ungebildet wie die Laien.

Um 800 n. Chr. war somit die schriftlich fixierte Zivilisation verschwunden, und nur eine kleine Elite hatte Zugang zur intellektuellen Kultur. Die Karolinger, sagt Riché, glaubten, daß sie die Werke antiker Autoren wiederentdeckt hätten, aber sie lasen, wie bereits festgestellt, die *Erben* dieser Autoren. Und wie die letzteren – Autoren wie Cassiodorus und Isidor – waren sie nicht an Philosophie oder wirklicher Gelehrsamkeit interessiert, sondern daran, der Autorität der Kirchenväter zu folgen. Erst als sich später die Zahl der Schulen vervielfachte und die antiken Werke von den richtigen Manuskripten neu kopiert wurden, konnte echtes Lernen stattfinden.

Und dennoch diente diese verzerrte Form der Bewahrung der klassischen Bildung einem wichtigen Zweck. Manuskripte *wurden* kopiert, Bibliotheken *wurden* aufgebaut und die spätere Streuung dieses Materials ermöglichte die darauf folgende Erneuerung der Gelehrsamkeit. Die Versenkung in die Heilige Schrift bildete eine Art Grundlage für spätere intellektuelle Studien. Als die »kognitive Revolution« (Raddings »Mentalitätswandel«), die im späten elften Jahrhundert begann (und selbst ein Teil der religiösen Erneuerung war), schließlich Fuß faßte, war das antike Material zumindest verfügbar, so daß man es nun mit anderen Augen betrachten konnte. An diesem Punkt fiel die Wiederentdeckung der Texte mit der Wiederentdeckung echter intellektueller Praxis zusammen.

Die Texte mußten somit vorliegen, damit die Renaissance des zwölften Jahrhunderts geschehen konnte, und die Mönche des Mittelalters brachten es fertig, sie zu bewahren, obwohl sie sie nicht sehr gut verstanden und trotz der Tatsache, daß ihre eigenen Zielsetzungen eher asketisch als intellektuell waren. Als im Jahre 1115 der Benediktinerabt Guibert von Nogent eine Autobiographie vorlegte, war er in der Lage, in Augustinus einen verwandten Gelehrten und Denker zu erkennen. Aber dies ist nur die eine Hälfte der Geschichte der kulturellen Erneuerung. Worin bestand eigentlich genau der kognitive Wandel im zwölften Jahrhundert und was waren die Faktoren, die ihn ermöglichten?

Auch nach siebzig Jahren ist es der Altmeister in der Erforschung des zwölften Jahrhunderts, der Historiker Charles Homer Haskins, der in seinem Werk *Renaissance of the Twelfth Century* das Problem wirklich definiert.[13] Haskins betonte die Rolle der klassischen Tradition beim intellektuellen Wiedererwachen Europas, doch er schrieb den Einflüssen, die von außerhalb des lateinischen Westens kamen, die größte Rolle zu: Übersetzern aus dem Griechischen und Arabischen zum Beispiel. Nach seiner Ansicht wurde die Renaissance des zwölften Jahrhunderts durch eine Art Vermischung der lateinisch-christlichen Zivilisation mit anderen kulturellen Traditionen ausgelöst. Siebzig Jahre später hat sich das Bild etwas gewandelt; die meisten Wissenschaftler dieses Zeitabschnitts sehen im Interesse für andere Kulturen eher ein *Resultat* der Renaissance des zwölften Jahrhunderts als deren Ursache. Denn Texte – sei es aus der klassischen Antike oder aus dem arabischen Spanien – können nicht allein etwas auslösen. Beide Arten von Texten hatten – intern wie extern – früher existiert, ohne einen solchen Einfluß auszuüben. Warum war man im zwölften Jahrhundert plötzlich für sie empfänglich? Texte sind eine notwendige Bedingung für eine kulturelle Erneuerung, aber keine hinreichende; was Haskins in seiner Untersuchung übersah, war die Rolle gewisser religiöser Veränderungen, die eine neue Haltung gegenüber dem Lernen ermöglichten. Haskins Einschätzung betraf mit anderen Worten die »weltliche Renaissance«. Wie ich in *Coming to Our Senses* behaupte, lieferte im zwölften Jahrhundert der Sinn für religiöse Erneuerung die Voraussetzung für einen neuen Typ von Bewußtsein, und dies entsprach dem zunehmenden Sinn für Individualismus, ein inneres Leben und das Bewußtsein eines Selbst.[14]

Folgen wir den Bemerkungen von Charles Radding über das Fehlen von Intentionalität im Mönchstum des frühen Mittelalters, so läßt sich beobachten, daß die Kirche, wenn es um Sünden ging, kein Interesse daran hatte, das Gewissen des Sünders zu erforschen. Reue bestand einfach in verhaltensmäßiger Entschädigung oder dem, was als *satisfactio* bekannt ist, und der Sünder konnte sogar eine dritte Partei bitten, sie zu leisten, wenn er oder sie dies wünschte. Was allein zählte, war, daß die Reue geleistet wurde. Es gab kein Interesse an dem, was später (im zwölften Jahrhundert) *contritio,* innere Reue, genannt wurde, derzufolge der Sünder seine Seele erforschen und sein Fehlverhalten einsehen sollte. Der Geist des frühen Mittelalters, die Kirche eingeschlossen, dachte nicht in diesen Kategorien. In gleicher Weise gibt es auch keine Hinweise auf direkte spirituelle Erfahrung, wie sie von Autoren wie Tertullian oder Augustinus bezeugt und beschrieben sind. Glauben war einfach eine Angelegenheit des rituellen und religiösen Dogmas. Auch im Fall der Rechtsprechung wurde die *Intention* des Kriminellen praktisch nicht diskutiert, sondern nur die kriminelle Handlung.

Etwa ab 1050 begann sich all dies zu ändern. Das Gesetz zum Beispiel begann, die Beziehung zwischen Intentionalität und Ethik zu betonen, und zum ersten Mal in vielen Jahrhunderten kam es plötzlich zu Häresie. Häretiker begannen die Wirksamkeit des Rituals zu leugnen, indem sie argumentierten, daß Dinge wie die Taufe einen inneren Glauben erforderten, um wirksam zu sein. »Kanäle ohne Wasser«, nannten sie die Orthodoxie. Klösterliche Gemeinden wurden sich allmählich der Vorstellung von Innerlichkeit oder einer intensiven persönlichen Verpflichtung bewußt. Romantische Liebe, die zuvor sehr selten gewesen war, wurde nun zu einer Art »Bewegung« im südlichen Frankreich; und Spiegel, die während des »dunklen« Mittelalters weitgehend verschwunden waren, wurden wieder populär. Um 1200 wurde für Totschlag in bösartiger Absicht – »Murder one«, wie es amerikanische Rechtsanwälte heute nennen – eine besondere Bestrafung vorgesehen.

Dieses wachsende Interesse an einer Innenschau fand somit auf institutioneller wie individueller Ebene statt. Schuld wurde eine beherrschendes Thema, und der Priester übernahm die Rolle eines Bekennenden oder geistlichen Beraters. Der heilige Franziskus schrieb, ein Mönch solle seine Dienste freiwillig anbieten, und nicht, wie Benedikt im sechsten Jahrhundert gefordert hatten, aus mechanischem Reflex. Individuelle Porträts, die in der Antike populär gewesen waren und dann lange nicht existierten, tauchten im zwölften Jahrhundert wieder auf. Sogar ein Phänomen wie die Kreuzzüge wäre nicht möglich gewesen ohne die »neue« Erfahrung einer inneren Bewußtheit und eines persönlichen religiösen Engagements. Entscheidend ist, daß es nicht zu einem Interesse an einem wirklich intellektuellen Leben – einschließlich der Wertschätzung der Klassiker sowie der Übersetzungen aus dem Griechischen und dem Arabischen – gekommen wäre, wäre nicht wieder ein Selbst aufgetaucht, das an diesen Dingen interessiert war, und im Zentrum dieses Prozesses scheint ein geistiger oder psychologischer Wandel zu stehen.

Woran lag das alles? Ehrlich gesagt, weiß dies niemand. Wir können nur auf eine Reihe von gesellschaftlichen und ökonomischen Veränderungen hinweisen, die parallel verliefen und die sowohl Ursache wie Wirkung gewesen sein mögen: die Wiederbelebung städtischer Zentren, die Wiedergeburt einer Mittelklasse, die seit dem fünften Jahrhundert untergegangen war, die Existenz neuer Formen des Patronats und neue intellektuelle Zentren. Wir wissen auch nicht, warum es zu diesen Veränderungen kam. Aber im frühen zwölften Jahrhundert gab es, nach Auskunft des Historikers R.W. Southern, plötzlich eine große Anzahl von Individuen, die an neuen Fähigkeiten und Kenntnissen aus Gründen persönlicher Weiterentwicklung und individueller Bildung interessiert war.[15] Diese Fähigkeiten wurden nun zum Beispiel für hohe Positionen in der kirchlichen Hierarchie und der Verwaltung benötigt, und Studenten suchten energisch nach kompetenten Lehrern wie nach neuen Texten und Techniken des Verstehens. Sie brauchten diese, um Rechtswissenschaft, Medizin und Naturwissenschaften zu studieren und wollten lernen, wie man argumentiert und analysiert. Ähnlich schreibt auch John Baldwin, daß im zwölften Jahrhundert eine Revolution im Erziehungswesen stattfand, da städtische Schulen den Vorrang der Klosterschulen in Frage stellten und sich schließlich (nach 1200) zu Universitäten entwickelten.[16] Andere Historiker haben auf das immer mehr Raum einnehmende *laissez-faire* hingewiesen, das rasche Wachstum von Handwerk, Handel und Wirtschaft. Von 1100 an kommt es zu einer Expansion des Privateigentums in Familienbesitz und parallel dazu zu einem Bedarf an professionellen Laien wie weltlichen Schreibern, Notaren und Rechtsanwälten. Dadurch wurde eine Wiederbelebung der lateinischen Studien erforderlich, da Dinge wie Verträge, Gerichtsurteile und Akten auf lateinisch geschrieben wurden. In ihrem Aufsatz »Classicism and Style in Latin Literature« argumentiert Janet Martin, daß sich die Vitalität des zwölften Jahrhunderts in der Qualität und dem Reichtum der lateinischen Literatur zeigt.[17] Handbücher über Stil und Komposition begannen um 1070 zu erscheinen, und es gab eine bewußte Anpassung an den Stil von Seneca, Sallust, Cicero und Quintilian, dies alles auf einem sehr hohen Niveau. Auch die lateinische Poesie erlebte in dieser Zeit eine Blüte, und zugleich entwickelte man ein empfindliches Gespür für grammatikalische Richtigkeit und das Spektrum von Wirkungen, wie sie im Vers möglich sind.

Wäre dies ein New-Age-Buch oder ein Hollywood-Film, wäre meine Aufgabe erheblich einfacher. Ich könnte einfach sagen: Sehen Sie, Rom fiel, aber dann taten all diese Mönche (in der Filmversion angeführt von Arnold Schwarzenegger) alles, um die Kultur zu retten, und dies führte später zu einer Renaissance; also müssen wir heute eine neue Mönchsklasse bilden, um das gleiche zu tun, und Amerika wird gerettet. Möglicherweise ist daran ein Körnchen Wahrheit, aber die Fallstudie in diesem Kapitel macht klar, daß die Geschichte solch einfachen Ursache-Wirkung-Mustern nicht folgt. Tiefer reicht da die Einsicht, die Karl Marx formuliert hat: »Die Menschen machen ihre eigene Geschichte«, schrieb er, »aber sie machen sie nicht aus freien Stücken …« Sie haben alle individuelle Ziele, sagt er, aber das Ergebnis ist letztlich etwas, was keine bestimmte Person erwartet oder geplant hat.

Die Lehren, die man aus der Geschichte Roms und des mittelalterlichen Europas ziehen kann, sind nicht eindeutig, und wenn sich das Phänomen der monastischen Option tatsächlich im 21. Jahrhundert wiederholt, können wir sicher sein, daß es nicht auf die gleiche Weise geschehen wird – und das ist gut so. Da die mittelalterlichen Mönche schließlich asketische Ziele verfolgten und Texte bewahrten, die sie häufig nicht verstanden, wäre dies ja ein merkwürdiges Modell für eine monastische Klasse unter heutigen Bedingungen. Man könnte sogar argumentieren, daß der Prozeß der Bewahrung der klassischen Bildung, der sozusagen zufällig geschah, nur dazu diente, das Heraufkommen der Renaissance des zwölften Jahrhunderts zu *verlangsamen.* Ich glaube auch nicht, daß eine Institutionalisierung heutzutage das beste Vehikel für eine kulturelle Übertragung wäre, denn schließlich sprechen wir über individuelle Denkgewohnheiten, die nicht über »Strukturen« reguliert werden können und sollen. Soll dies funktionieren, muß es spontan und natürlich sein, muß es in der Luft liegen. Wenn ich also sage, daß ich hinsichtlich der zeitgenössischen »Mönchs«optionen optimistisch bin, so ist das nichts anderes als eine rationale Prognose meinerseits, vielleicht ist es auch nur Wunschdenken. Die Geschichte bleibt eine merkwürdige und nicht vorhersagbare Angelegenheit. Aber so viel weiß ich: Wenn wir *keinen* Versuch unternehmen, das Beste unserer Kultur zu bewahren, können wir sicher sein, daß die Möglichkeit einer kulturellen Erneuerung mehr oder weniger ausgeschlossen ist. Trotz aller Drehungen und Wendungen, zu denen es im Mittelalter kam, war die Verfügbarkeit des griechisch-römischen Erbes, in welcher Form auch immer, eine notwendige, wenn auch keine hinreichende Bedingung für die folgende kulturelle Wiederbelebung.

Was eine zukünftige Erneuerung betrifft, so wird viel vom Engagement des einzelnen abhängen, etwas, was in letzter Zeit sehr in Verruf geraten ist. Wir hören heute so viel trendiges, langweiliges Gerede darüber, wie schlecht der Individualismus sei und daß wir im Sinne der »Gruppe« zu denken hätten. Das Problem besteht darin, daß eine Gruppe gewöhnlich Konformität, nicht echte Gemeinschaft bietet. Der Trend in den USA besteht heutzutage in einem Eintauchen des Selbst in den Massengeist, ein Trend, der von der Konzernkultur und der neuen Technologie mächtig unterstützt wird. Parallel dazu erleben wir, wie im frühen Mittelalter, die Auflösung der Innerlichkeit und den Verlust oder die Abwertung individueller Urteilsfähigkeit und Leistung. All dies sind wichtige Faktoren bei dem Zerfallsprozeß der amerikanischen Kultur, die, entgegen der gängigen Meinung, keine individualistische, sondern eine Herdenkultur ist. Der Politikwissenschaftler Kenneth Minogue schreibt, daß der modische Angriff auf den Individualismus auf den Plan hinausläuft, »die innovative Lebenskraft der modernen Welt abzuschnüren«.[18] Ein wichtiger Aspekt der neuen monastischen Option ist somit die Ablehnung dieses Vorhabens bzw. der Gruppe und der Versuche einer Institutionalisierung. Der heutige »Mönch« widmet sich einem *erneuerten* Sinn des Selbst und vermeidet Gruppendenken, einschließlich des Gruppendenkens im Kampf gegen Konzern- oder Konsumkultur. Der monastischen Option wäre nicht gedient, wenn die neue Mönchs»klasse« eine Klasse irgendeiner Art ist. Wie das auf Seite 24 angeführte Zitat E. M. Forsters zeigt, besteht die Stärke ihres Beitrags gerade darin, *nicht* institutionalisiert zu sein. Mitgliedskarten und -abzeichen (ob reale oder metaphorische), eine Avantgardesprache und die entsprechende Parteilinie, Organisation und sogar Sichtbarkeit – sind genau das Gegenteil dessen, wofür die Mönchsoption steht. Es ist nicht nötig, unsere eigenen Institute oder Komitees zu bilden; dies wäre das Todesurteil. Richard Ellis zeigt in *Dark Side of the Left,* wie die Bewegungen der politischen Avantgarde, einschließlich der Umweltschutzbewegung und der Frauenbewegung, utopisch, manichäisch und schließlich tyrannisch wurden; aber er räumt ein, daß dies auch eine Tendenz von rechten Gruppen sei. Das Entscheidende ist, daß es sich um die Tendenzen einer *Gruppe* handelt. Je individueller eine Aktivität ist und je weniger sie der Öffentlichkeit ausgesetzt ist, desto wirksamer wird sie langfristig sein. Nicht, daß Gleichgesinnte nicht Kontakte zueinander finden sollten, aber diese Verbindungen sollten informell bleiben. Wie Kenneth Minogue zu Recht schrieb, besitzen westliche Individualisten eine Fähigkeit zu gemeinsamer Aktion, welche diejenige einer gemeinschaftlich organisierten Zivilisation übersteigt.

Schließlich verfügen wir, wie bereits erwähnt, über einen wesentlichen Vorteil gegenüber der mittelalterlichen Version der monastischen Option, einen Vorteil, der meines Erachtens den Prozeß der kulturellen Erneuerung erheblich beschleunigen sollte: Wir *wissen*, was wir bewahren wollen, und warum. Anders als die Mönche im frühen Mittelalter lesen wir keine Texte, die wir nicht verstehen können, oder plädieren für Denk- und Lebensweisen, die dem intendierten Ergebnis entgegengesetzt sind. Dies bedeutet zwar nicht, daß unsere Aktionen eine direkte Wirkung haben werden, oder überhaupt eine Wirkung, soweit wir wissen, doch es verleiht unserer Aktivität eine Zweckbestimmtheit, die nur nützlich sein kann. Ich werde darüber im vierten Kapitel mehr sagen. An dieser Stelle möchte ich ein kurzes Zwischenspiel einschalten und ein paar Worte über die monastische Option in der Literatur sagen. Ein paar Autoren, vornehmlich im Genre der Science Fiction, haben, wenn auch nicht sehr umfassend, das Muster erkannt, auf das ich mich beziehe und dessen Implikationen ich für uns heute ableiten möchte. Ein kurzes »Intermezzo« zu diesem Thema ist deshalb wohl nicht unangebracht.

INTERMEZZO

Das Zeugnis der Literatur

[…] unsere Ängste vor einem neuen »finsteren Zeitalter«,
darin die Kultur in der uns vertrauten Form untergehn mag
oder beschränkt sein auf winzige Inseln altmodischer Bewahrung.
George Steiner, »In Blaubarts Burg«[1]

Die potentiellen Erfolgsaussichten der monastischen Option in postmoderner Zeit sind das Thema in Walter Millers brillantem futuristischem Roman *Lobgesang auf Leibowitz,* der zu einem Klassiker des Science Fiction Genres geworden ist.[2] Die Geschichte beginnt im 26. Jahrhundert mit Bruder Francis, einem Mönch in dem Orden des heiligen (bald kanonisierten) Leibowitz, der eine Pfingstnachtmesse in der Wüste von Utah hält. Während er einige Ruinen durchstöbert, stößt Francis auf einen unterirdischen Bunker, der aus der Mitte des 20. Jahrhunderts stammt, »der Dämmerungsphase des Zeitalters der Aufklärung«. Dort findet er einen rostigen Metallkasten mit einigen Papieren, die erstaunlicherweise Leibowitz selbst gehörten. Francis ist auf die Relikte des Heiligen gestoßen.

Der historische Hintergrund ist ein Atomkrieg, der in der zweiten Hälfte des 20. Jahrhunderts stattgefunden hat. Der Schrecken dieses Ereignisses hat dazu geführt, daß sich die verbliebene Bevölkerung gegen die wenigen Wissenschaftler und Gelehrten erhoben hat, die noch existieren. Die Meute, die sich der »Simpelhaufen« nennt, tötete schließlich jedermann, der überhaupt noch lesen und schreiben konnte. Isaac Edward Leibowitz war anscheinend eine Art Techniker oder vielleicht Elektroingenieur gewesen und floh (der Legende nach) in ein Zisterzienserkloster, um Schutz zu suchen. Dort wurde er Priester und gründete später eine neue Gemeinschaft, die sich dem Schutz der Kultur vor dem Simpelhaufen und ihrer Bewahrung für künftige Generationen widmete. Die Mönche dieses Ordens waren entweder »Buchschmuggler«, die Bücher in die südwestliche Wüste schmuggelten und dort vergruben, oder »Auswendiglerner«, die ganze Bände Geschichte, Literatur und Naturwissenschaft auswendig lernten. Allerdings wurden von dem enormen Wissensreservoir, das im 20. Jahrhundert existierte, nur einige wenige Tonnen Bücher gerettet, und Leibowitz selbst wurde von der Meute ermordet, als er auf einer Buchschmuggelmission war. In den nächsten sechs Jahrhunderten kopierten jedenfalls Mönche die Denkwürdigkeiten oder Memorabilien für eine Zeit, da die Menschheit wieder das Licht der Dunkelheit vorziehen würde.

Das Problem dieser ganzen schriftlichen Aktivität war jedoch, daß die Kopierer, wie zuvor im Fall des europäischen Mittelalters, nicht genau wußten, was sie eigentlich kopierten. Die Papiere, die zum Beispiel von Bruder Francis entdeckt werden, enthalten eine Einkaufsliste, die er hingekritzelt hatte (um sich daran zu erinnern, daß er Pastrami, Bagels und Sauerkraut kaufen sollte), zusammen mit einem Schaltplan für das »transistorisierte Kontrollsystem für Einzelteil sechs B.«. Francis verbringt fünfzehn Jahre damit, eine künstlerisch ausgeschmückte Kopie des Schaltplans auf Fell herzustellen und sie mit reichen Verzierungen und goldenen Einlagen zu versehen. Auch Algebra-Texte des 20. Jahrhunderts wurden auf ähnliche Weise kopiert und mit Olivenblättern sowie mit »glückseligen Cherubim, die die Logarithmentafeln umgaben« verziert. »Ohne Ihre Arbeit«, sagt der Papst später zu Bruder Francis, »wäre die Welt wohl in totale Amnesie verfallen.«

Daß Transistordiagramme und Listen für den Delikatessenladen zu heiligen Texten werden, ist natürlich ausgesprochen satirisch, aber so übertrieben ist das nicht. Miller nimmt damit nicht nur Charles Radding vorweg, sondern auch jene Gelehrten, die behaupten, daß die klassische Kultur unbewußt bewahrt wurde. Dieses Wissen, schreibt Miller, war bar jeden Inhalts, und doch

»[…] besaß solch ein Wissen eine Zeichenstruktur, die in sich geschlossen bestand; auf jeden Fall konnte das Wechselspiel der Zeichen beobachtet werden. Die Art und Weise zu beobachten, nach der Wissen zu einem System verbunden wird, bedeutet wenigstens, das mindeste an Wissen über Wissen zu erfahren, bis eines Tages – eines Tages oder eines Jahrhunderts – der Stifter der Einheit erscheinen würde und die Gegenstände wieder in Einklang gebracht werden würden. Da spielte Zeit keine Rolle. Die Denkwürdigkeiten waren vorhanden, und es war ihnen pflichtschuldigst aufgetragen, sie zu bewahren. Sie würden sie bewahren, selbst wenn die Welt länger als zehn weitere Jahrhunderte oder sogar zehntausend Jahre von der Finsternis umfangen sein sollte […]«[3]

Wie sich herausstellt, dauert die Wartezeit (vom 20. Jahrhundert an) etwa 1200 Jahre. Die Handlung springt ins 32. Jahrhundert; eine neue Renaissance steht bevor. Der gegenwärtige Abt des Ordens von Leibowitz, Dom Paulo, denkt darüber in einem Abschnitt nach, der für die dialektische Natur der monastischen Option von entscheidender Bedeutung ist:

»Zwölf Jahrhunderte lang hatte man in den Klöstern eine winzige Flamme des Geistes mühsam am Leben erhalten. Erst jetzt war ihr Bewußtsein bereit, erweckt zu werden. Vor langer Zeit, im letzten Zeitalter der Vernunft, hatten gewisse stolzgeschwellte Köpfe behauptet, daß wahrhaftes Wissen unzerstörbar sei, daß die Idee unvergänglich, die Wahrheit unsterblich sei. Das stimmte indessen nur in des Wortes tiefster Bedeutung, dachte der

Abt, und war dem Anschein nach ganz und gar nicht wahr. Wohl enthielt die Welt wirklichen Sinn, den außerhalb aller Moral stehenden *Logos* oder Weltentwurf des Schöpfers: Doch solche Sinnbezogenheit war nur Gott erkennbar, nicht den Menschen, ehe sie nicht einer unvollständigen Verkörperung, einer dunklen Spiegelung dieses Seins in Geist, Sprache und Kultur einer bestimmten menschlichen Gesellschaft gewahr wurden. Die Gesellschaft würde diesem Sinngefüge Bedeutungen beilegen und es dadurch im Bereich ihrer Kultur im menschlichen Sinn wirksam werden lassen. Denn der Mensch nannte Kultur sein eigen, wie er eine Seele sein eigen nannte, doch waren seine Kulturen nicht unsterblich; sie konnten mit einer Rasse oder einem Zeitalter vergehen. Die menschlichen Spiegelungen des Sinngefüges und die Abbilder der Wahrheit waren uns dann entzogen; Wahrheit und Sinn lebten dann eingezogen im realen Logos der Natur und im unaussprechlichen Gottes. Die Wahrheit mochte ans Kreuz geschlagen werden. Doch bald vielleicht schon eine Wiederauferstehung.«[4]

Miller fährt fort:

»Die Memorabilien waren voller alter Wörter, alter Lehrsätze, alter Betrachtungen des Sinnzusammenhangs, losgelöst von den Menschen, die vor langer Zeit gestorben waren, die wie ihre andersgeartete Gesellschaft von der Vergessenheit verschlungen worden waren. Nur wenig davon war überhaupt noch zu begreifen. Bestimmte Blätter schienen so sinnlos, wie dem Schamanen eines Nomadenstammes das Brevier vorgekommen wäre. Anderen war noch eine gewisse dekorative Schönheit eigen oder eine Regelmäßigkeit, die auf einen Zweck hindeutete, so, wie ein Rosenkranz Nomaden an eine Halskette erinnert hätte. Die allerersten Brüder des Ordens des Leibowitz hatten gewissermaßen versucht, dem Gesicht der bekreuzigten Kultur ein Schweißtuch der Veronika aufzudrücken. Mit dem Abbild des Antlitzes antiker Größe gezeichnet, hatte es sich gelöst, doch war das Bild nur schwach aufgeprägt, unvollständig und kaum zu verstehen. Die Mönche hatten das Bild bewahrt. Es war immer noch vorhanden, um von der Welt genau untersucht zu werden. Es kam auf die Welt an, ob sie versuchen wollte, es zu deuten. Nur für sich genommen konnten die Denkwürdigkeiten indessen kein Wiederaufblühen alter Wissenschaft oder hochentwickelter Zivilisation zustande bringen, denn Kulturen wurden von Geschlechtern der Menschen gezeugt, nicht von modrigen Wälzern. Nichtsdestoweniger konnten die Bücher von Nutzen sein, wie Dom Paulo erhoffte. Die Bücher konnten in bestimmte Richtungen weisen und einer neu entstehenden Wissenschaft Hinweise geben. So etwas war schon einmal geschehen […]«[5]

Die Erforschung der Leibowitzschen Dokumente durch einen der neuen Wissenschaftler – eine Art Leonardo-Figur – führt zu einer Wertschätzung dessen, was die Wissenschaft und Kultur des 20. Jahrhunderts ausgemacht hat. Viele seiner Entdeckungen sind, wie er erkennt, eigentlich *Wieder*entdeckungen. Wie zum ersten Mal nach 1200 Jahren Geister auftauchten, die solches Material zu schätzen wußten, macht Miller genausowenig klar wie Charles Homer Haskins et al.; aber die neue Generation nimmt von den Memorabilien so viel auf wie möglich und entwickelt sich dann weiter. Im letzten Abschnitt des Buches, der im 38. Jahrhundert spielt, sehen wir das Ergebnis: eine neue technologisch-weltliche Zivilisation.

Unglücklicherweise tritt jedoch das alte Muster wieder auf. Die Brillanz dieser wiedererrichteten Zivilisation führt ihren eigenen Abstieg herbei. Wieder kommt es zu einem Atomkrieg, und einige Mitglieder des Ordens von Leibowitz flüchten in einem Raumschiff zu Sternkolonien, wobei sie die Memorabilien mitnehmen. Das Raumschiff wird ihr Kloster, der Weltraum ihre neue Wüste oder Wildnis. Schließlich senden sie Botschafter zu anderen Weltraumkolonien, wo Mönche in Kopierzentren erneut das kopierte Material nicht verstehen, aber es für den nächsten Zyklus der Aufklärung bewahren. Für Miller wiederholt sich der historische Prozeß zwangsläufig, es gibt keine Alternative zu diesem endlosen Zyklus von Aufstieg und geistiger Zerstörung:

»Hör mal, sind wir denn hilflos? Sind wir verdammt, es wieder und wieder und wieder zu tun? Haben wir keine andere Wahl, als Phönix zu spielen in einer endlosen Kette von Aufstiegen und Stürzen? Assyrien, Babylon, Ägypten, Griechenland, Karthago, Rom, das Reich Karls des Großen und der Türken. Zu Staub zermahlen und mit Salz gepflügt. Spanien, Frankreich, Britannien, Amerika – zu Vergessen verbrannt in Jahrhunderten. Und wieder und wieder und wieder.

Sind wir dazu verdammt, Herr, ans Pendel unserer eigenen wahnsinnigen Uhrkonstruktion gekettet, unfähig, es aufzuhalten?« [6]

Der totale Atomkrieg ist hier natürlich nur ein literarisches Mittel; er ist nicht die Voraussetzung für den zeitgenössischen kulturellen Verfall, und man könnte in der Tat argumentieren, daß die großindustrielle Konsumkultur einem atomaren Angriff auf den menschlichen Geist gleichkommt. Das Thema reicht somit tiefer als das literarische Mittel, und, wie ich glaube, tiefer als Tainters Theorie der fallenden Mindesterträge oder Spenglers Vorstellung eines Seelentods. Miller postuliert eine dialektische Beziehung zwischen Wissen und Glauben, die fast an das Konzept der Erbsünde erinnert: Steigerung des weltlichen Wissens, Meisterschaft und Kontrolle führen letztlich zu Überheblichkeit, Sinnverlust und Selbstzerstörung, worauf ein dunkles Zeitalter des Glaubens hereinbricht, das paradoxerweise in sich jene Keime weltlicher Intelligenz trägt, die eine Mönchsklasse später, absichtlich oder unabsichtlich, kultivieren wird.

Ein zweites Beispiel für die monastische Option in der Literatur ist Ray Bradburys Roman *Fahrenheit 451.* [7] Ich habe bereits früher auf die Filmversion dieses Romans hingewiesen, aber es wird hilfreich sein, etwas über den Text selbst zu sagen, der in seiner ersten Fassung im Jahre 1950 erschien und außerordentlich vorausschauend ist. Wenn wir die Frage der Zensur von Büchern außer acht lassen – sie wird, wie sich zeigt, durch McWorld überflüssig, da die meisten Menschen nicht mehr lesen –, sind die meisten Charakteristika dieser futuristischen Gesellschaft praktisch eingetroffen oder allenfalls höchstens zwanzig Jahre entfernt.

Wie bereits erwähnt, hat die Gesellschaft, die in *Fahrenheit 451* beschrieben ist, Bücher verbannt und versenkt sich statt dessen in Videounterhaltung, eine Art von »elektronischem Zen«, bei dem die Geschichte vergessen worden ist und nur der gegenwärtige Augenblick zählt. Die Hauptfigur, Guy Montag, ist »Feuerwehrmann« – das heißt, sein Job besteht darin, Renegaten ausfindig zu machen, die konfiszierte Bücher besitzen; erstere werden verhaftet, die Bücher verbrannt. Er hat dies zehn Jahre lang getan und lebt ein banales, aber ungestörtes Leben, als er mit Clarisse zu reden beginnt, einem sechzehnjährigen Mädchen, das nebenan wohnt. Es ist als »antisozial« gebrandmarkt worden, aber, wie Clarisse sagt: »Es kommt ganz darauf an, was man mit sozial meint, nicht wahr?« Die Highschool-Klassen, erzählt sie Montag, haben keinerlei realen Inhalt, und das Ganze ist ohnehin gefährlich. »Sie töten sich gegenseitig«, sagt sie, »sechs meiner Freunde sind allein im letzten Jahr erschossen worden.« Wenn sich Clarisse in Untergrundbahnen oder an Sodabrunnen aufhält und den Gesprächen zuhört, entdeckt sie, daß die Menschen nicht wirklich über etwas reden. »Sie nennen meist eine ganze Reihe von Autos oder Kleidern oder Schwimmbädern, aber niemand sagt etwas anderes als der andere.« Ihr Onkel, sagt sie, hat ihr erzählt, daß die Schüler zur Zeit seines Großvaters Pflichten hatten, niemand in den Schulen ermordet wurde und die Menschen über Dinge von Wert sprachen. Sie habe jedenfalls, sagt sie, keine richtigen Freunde und gelte als »anomal«; aber was mache das schon aus, da es sowieso niemanden gebe, mit dem man befreundet sein könne?

Montag beginnt, zum Teil aufgrund seines Kontakts mit Clarisse, die Bücher zu lesen, die er konfisziert, wohl wissend, daß er es, um mit Walter Miller zu sprechen, mit Simpelhaufen zu tun hat. Er wird krank und kann nicht zur Arbeit gehen. Schließlich kommt sein Boß Beatty vorbei, der eigenartigerweise etwas von Kulturgeschichte versteht, und versucht Montag zu erklären, wie ihr Beruf zustande kam. »Es verhält sich wohl so«, erzählt er Montag,

»[…] daß die Sache erst richtig ins Rollen geriet, als die Fotografie aufkam. Dann der Film zu Beginn des 20. Jahrhunderts. Der Rundfunk. Das Fernsehen. Als die Dinge einen Zug ins Massenhafte bekamen, … wurde alles viel einfacher … Film und Rundfunk, Zeitschriften und Bücher mußten sich nach dem niedrigsten gemeinsamen Nenner richten …«[8]

Alles war für den schnellen Verkauf bestimmt, alles mußte schlagartig enden, bis schließlich »Aus dem Kindergarten ins College und zurück zum Kindergarten« das kulturelle Muster wurde. Das Leben verwandelte sich in Slogans, »Sound Bites«; das Ziel bestand darin, den Geist »unter den aufpumpenden Händen der Verleger, Ausbeuter [und] Medienleute herumzuwirbeln …«. Er fährt fort:

»Weniger Schule, der Lernzwang gelockert, keine Philosophie mehr, keine Geschichte, keine Sprachen. Der muttersprachliche Unterricht vernachlässigt, schließlich fast ganz aufgehoben … Wozu etwas lernen, wenn es genügt, auf den Knopf zu drücken, Schalter zu betätigen, Schrauben anzuziehen?«[9]

Zeitschriften sind »zu einer angenehmen Mischung von Vanille Tapioca« geworden, und Bücher verwandelten sich in »Spülwasser«. Zensur war folglich nicht mehr nötig, weil sowieso praktisch niemand mehr Bücher kaufte. Technologie und Massenausbeutung hatten die Oberhand gewonnen. »Intellektuell« wurde ein Schimpfwort. Die Zensur und das Verbrennen von Büchern wurden schließlich im nachhinein eingeführt, sozusagen als Sahne auf dem Kuchen, um sicherzustellen, daß der Verflachungsprozeß vollkommen war, damit niemand mehr anders als sonst irgend jemand war und alle endlich »glücklich« sein konnten.

Später spricht Montag über seine Befürchtungen gegenüber Faber, einem Anglistikprofessor, der vor vierzig Jahren entlassen wurde, als das letzte humanistische College gezwungen war, mangels Studenten und finanzieller Unterstützung seine Pforten zu schließen. (Merkwürdigerweise kam man wohl in Fabers College nicht auf die Idee, den Lehrplan auf Tapioca und Spülwasser umzustellen.) Faber erklärt ihm, daß sie zwar im Untergrund Denk- und Leseklassen bilden könnten, dies aber »nur an der Oberfläche wirke«. Der Krebs sei zu weit fortgeschritten für solche Kleinunternehmen: »Unsere Zivilisation zerschleudert sich selbst in Stücke. Tritt zurück, um nicht in den Sog zu geraten.« Faber bestätigt ebenfalls Beattys Analyse und fügt hinzu, daß der Job eines Feuerwehrmanns in Wahrheit überflüssig ist und eine Art Zirkus darstellt, denn »die Öffentlichkeit hat aus freien Stücken mit dem Lesen aufgehört«. »Ich erinnere mich daran, wie Zeitungen wie riesige Motten starben«, sagt er, »niemand wollte sie wiederhaben. Niemand hat sie vermißt.«

Montag flieht schließlich an den Stadtrand, wo er Leute findet, die sich in den Wäldern verstecken, die Klassiker auswendig lernen und sie dann ihren Kindern beibringen. Dies ist natürlich das Kernstück der monastischen Option, und Bradbury faßt sie folgendermaßen zusammen:

»Und eines schönen Tages, wenn der Krieg überstanden ist, dann können die Bücher wieder geschrieben werden. Die Leute werden einberufen werden, einer nach dem anderen, um herzusagen, was sie sich einverleibt haben, und dann geht es wieder in Druck, bis zur nächsten Kulturdämmerung, wo wir vielleicht mit der ganzen vertrackten Sache nochmals von vorne anfangen müssen. Das ist ja gerade das Wunderbare am Menschen, er läßt sich nie in dem Maße entmutigen und verbiestern, daß er jemals aufhörte, wieder von vorne anzufangen, weil er genau weiß, es lohnt sich.«[10]

Für Bradbury ist der Prozeß somit auch zyklisch; Zivilisationen steigen auf und verfallen, und eine Klasse von »Mönchen« ist stets notwendig, um die Schätze der sterbenden Zivilisation zu bewahren und sie wie Samenkörner dazu zu benutzen, eine neue zu erzeugen. Im Verlauf dieses Prozesses schaffen sie auch ein echtes Leben für sich selbst; der persönliche Nutzen solcher Aktivität ist so wichtig wie ihr mögliches historisches Ergebnis.

Mein letztes Beispiel konzentriert sich mehr auf die Frage der Macht, insoweit sie diese Zyklen berührt, als auf die kulturelle Bewahrung als solche, obwohl es um letztere sicher auch geht, und zwar wieder in der Form eines vergrabenen Wissens. In *This Perfect Day* (1970) beschreibt Ira Levin eine zukünftige Gesellschaft in dreihundert Jahren, in der, vergleichbar Huxleys *Brave New World,* die Sozialtechnologie bis zu ihrem logischen Endpunkt getrieben wird. In dieser Gesellschaft gibt es keine Probleme, da es in einem grundlegenden Sinn keine Menschen mehr gibt. Bis dahin hat es genügend genetische Veränderungen und psychiatrische Umprogrammierungen (durch Drogen) gegeben, um die Masse der Menschen in genügsame Roboter zu verwandeln. Eine winzige technologische Elite hat es von ihrem Kontrollzentrum, das als UNI bekannt ist, verstanden, ein stabiles, »perfektes« Leben für alle zu schaffen, eine Utopie, die auch (von unserem Standpunkt aus) ein Alptraum ist. Wie in *Fahrenheit 451* finden wir eine Massengesellschaft vor, die jegliche wirkliche Andersartigkeit und jeden Individualismus verloren hat. In gewissem Sinn handelt es sich um eine große Irrenanstalt, wo jeder verpflichtet ist, eine tägliche Dosis von Beruhigungsmitteln zu nehmen und ein Armband mit einem Ausweis zu tragen, das jede Bewegung überwacht. So ist dafür gesorgt, daß jedes kreative oder unabhängige Denken massiv unterdrückt und die politische Macht in der Hand von UNIS technologischer Elite bleibt. Alles sieht letztlich wie ein Vergnügungspark der Konzernkultur aus, und es liegt auf der Hand, daß Levin 1970 erkannte, daß unsere Gesellschaft sich in diese Richtung entwickelte (heute, dreißig Jahre später, ist diese Vorhersage wohl weniger schockierend). Der Held des Romans, Chip, verliert aus vielerlei komplizierten Gründen seine Illusionen hinsichtlich der UNI-Welt und lernt, wie man die Kontrolleure austauschen und die tägliche Drogeneinnahme reduzieren kann. Als er einen klaren Kopf bekommt, trifft er einige wenige Individuen, die auf die Möglichkeit von Freiheit und Entgiftung gekommen sind und ebenfalls begonnen haben, ein Doppelleben zu führen. Sie brechen in das »Prä-UNI-Museum« ein, das tatsächlich die verlorene Welt der Aufklärungstradition dokumentiert, in der Kreativität, Kunst und individuelle Wahl an der Tagesordnung waren. Chip und seine Freunde gehen die alten Texte des Museums durch und stellen ein Bild zusammen, wie das Leben vor UNI gewesen sein muß. Nach einer Reihe von komplizierten Verwicklungen und Wendungen kommt Chip zu dem Ergebnis, daß die einzige Antwort auf die durch UNI ausgeübte kulturelle Hypnose und politische Kontrolle darin besteht, UNI direkt anzugreifen und zu zerstören. Im Stile Ian Flemings nimmt er den erforderlichen kosmischen Kampf auf und kommt dabei direkt in Kontakt mit den Verkörperungen des Bösen, den Herrschern von UNI, einem Mann namens Wei (der über zweihundert Jahre alt ist) und seiner exklusiven Gruppe von Schülern.

Es stellt sich heraus, daß es schon seit langer Zeit einen Zyklus von Rebellion und Kooptierung gibt. Das heißt, die herrschende Klasse nimmt an, daß jeder, der klug genug ist, durch die fein gesponnenen Netze der Überwachung zu schlüpfen, die Wahrheit über die Vergangenheit herauszufinden und das Kontrollzentrum anzugreifen, äußerst intelligent sein muß, d. h. eigentlich einer von ihnen. Daher bietet Wei Chip Macht an, ein Eintrittsticket zum Klub. »Es macht *Spaß,* sie zu haben«, sagt er Chip, »zu kontrollieren, der einzige zu sein. Das ist die absolute Wahrheit.« Ein Teil Chips war einer solchen Verlockung immer zugänglich gewesen, aber sein Angriff galt letztlich nicht der UNI, sondern der Macht selbst. Selbst wenn die »Aufgeklärten« UNI leiteten, so wäre es, wie er einsieht, immer noch UNI. Hätte seine Strategie darin bestanden, selbst an die Stelle der UNI-Führung zu treten, wäre er letztlich, wie er erkennt, zu einem Wei geworden. Doch wozu? Schließlich *gibt* es keine Ersatzstrategie. Die Geschichte endet deshalb merkwürdig – zumindest vom Standpunkt der Zivilisation aus gesehen.

Dennoch wird eine verlorene Welt des Wissens gerettet, und zwar, wie ich in der Einleitung sagte, die Welt der Aufklärungstradition. Levin versucht hier mittels des Mönch-Rebellen-Dramas zu betonen, daß ein Leben in »harmonischer Konvergenz« überhaupt kein Leben ist; daß unsere wirklichen Lebensquellen aus einer Tradition kommen, die vielleicht am besten durch Voltaire repräsentiert wird – die Tradition gesunder Skepsis, individueller Kreativität und freier Wahl. Dies – und nicht ein im Umkreis der Macht organisiertes Leben – ist *wirkliche* Intelligenz, weshalb der Autor Chip die Gelegenheit verstreichen läßt, ein neuer Wei zu werden. »Die Wahrheit kennen«, schreibt Levin, »wäre eine andere Art von Glück, eine befriedigendere Art, glaube ich, selbst dann, wenn sie eine traurige sein sollte.« Voltaire hätte es nicht besser sagen können, glaube ich. Der entscheidende Punkt ist hier, daß nur diese Art von Ehrlichkeit den Kreislauf der »Ersatzstrategie« brechen kann, aber wie in *This Perfect Day* ist unklar, welche Folgerungen sich daraus für uns ergeben. Ich werde auf das Problem der Macht am Schluß dieses Buches zurückkommen.

Es ist auch unklar, ob Zivilisationen oder, allgemeiner gesprochen, Weltsysteme notwendig einer Logik von Ausdehnung und Niedergang gehorchen, oder ob überhaupt eine zyklische Bewegung aus Ausdehnung und Schrumpfung existieren muß. Miller war, wie wir gesehen haben, von dieser Frage besessen, die etwa wie folgt formuliert werden könnte: Besitzen Gesellschaften eine Art Mechanismus, demzufolge sie im Prozeß der Ausdehnung eine große Wahrheit entdecken und sie dann bis zu dem Punkt treiben, da sie sich verdoppelt und dann auf die Gesellschaft in Form einer Lüge zurückschlägt? Wenn dies der Fall ist, könnte uns dieser Mechanismus viel über die Dynamik von Zusammenbruch und Wiederaufbau im 21. Jahrhundert verraten.

DRITTES KAPITEL

Die Dialektik der Aufklärung

Dies war alles, was an Zustimmung erforderlich war, um eine Handvoll harmloser Bohnen in eine Bohnenstange zu verwandeln, die mit der Zeit für das Terrarium der Welt zu groß wurde. Die Gesellschaft mit beschränkter Haftung: das letzte noble Experiment, das seinen Nutznießern ein unbekanntes Ergebnis hinterließ: Sein Erfolg ging weit über alle rationalen Erwartungen hinaus, bis es im Endeffekt das einzige verbleibende Unternehmen der Menschheit wurde.
Richard Powers, »Gain«[1]

Unter den gegebenen Verhältnissen werden die Glücksgüter selbst zu Elementen des Unglücks. […] der Fortschritt schlägt in den Rückschritt um.
Max Horkheimer und Theodor W. Adorno,
»Dialektik der Aufklärung«[2]

Viel spricht für die Zivilisation, wie sie war, bevor die Aufklärung Höhenangst bekam …
Ronald Wright, »A Scientific Romance«[3]

Die Frage, weshalb die westliche Zivilisation immer wieder von Schwankungen beherrscht wird, war ein besonderer Forschungsschwerpunkt des herausragenden Soziologen Pitirim Sorokin, der seine Ergebnisse in einem vierbändigen Werk von 1937 bis 1941 veröffentlichte. Wie die Bücher Millers und Bradburys ist auch

Social and Cultural Dynamics auf unheimliche Weise vorausschauend, vor allem, wenn man bedenkt, daß es in den späten 1930ern geschrieben wurde. Sorokin behauptet, daß die Zivilisation im allgemeinen unter zwei fundamentale Kategorien fällt, die er »ideelich« (»ideational«) und »sinnlich« (»sensate«) nennt. Ideeliche Kulturen, so behauptet er, sind von Natur aus geistig oder asketisch, und sie konzentrieren sich primär auf die Verwandlung des inneren Lebens, wogegen sinnliche Kulturen wie die unsere materialistisch sind und auf der Modifizierung der äußeren Welt beruhen. Die ersten sind theologisch, die letzteren rational oder wissenschaftlich. Sorokin macht auch eine Zwischenposition zwischen diesen beiden aus, die er »idealistisch« nennt, und die eine harmonische Synthese von Glauben, Vernunft und Empirismus impliziert. Diese Konstellation ist seiner Ansicht nach selten und herrschte im Westen nur während des fünften und vierten Jahrhunderts v. Chr. in Griechenland und in Westeuropa von rund 1200 bis 1350 n. Chr. vor.

Die klassische »ideeliche« Periode fand nach Sorokin zwischen 500 und 1100 statt, als der Glauben innerhalb eines christlichen Rahmens dominierte. »Wenn zu irgendeiner Zeit in der Geschichte der westlichen Mentalität die Philosophen und die Menschen insgesamt glaubten, sie seien im Besitz der Wahrheit«, schreibt er, »war es in diesen Jahrhunderten. Es gab keinen Skeptizismus, kein Infragestellen, keinen Zweifel, keine Relativierung, keine Vorbehalte.« Die Wahrheit war monolithisch und theozentrisch. Es gibt sehr wenige wissenschaftliche Entdeckungen zwischen dem siebten und dem elften Jahrhundert, da die herrschende Mentalität zur übersinnlichen Welt tendierte und die Wahrheit in symbolische Sprache eingekleidet wurde. Als der Empirismus schließlich im späten elften Jahrhundert wieder auftauchte, folgte eine Periode organischer Einheit. Wie in der früheren griechischen Periode wurde das Wissen nicht auf eine Sicht eingeengt oder auf eine Quelle reduziert. Thomas von Aquin, sagt Sorokin, war der Höhepunkt dieser späten mittelalterlichen Periode, indem er eine Mischung aus sinnenhaftem, intellektuellem und metaphysischem Wissen schuf. Aber dieses prekäre Gleichgewicht konnte nicht andauern. Der Empirismus gewann zu viel Boden, und mit der Renaissance und ihrer Nachfolge traten wir in eine Periode ein, die sich als das Gegenteil des vorhergehenden monolithischen Theozentrismus herausstellte. Im frühen 20. Jahrhundert begann diese Kultur Zeichen der Ermüdung und Selbstzerstörung zu zeigen, und Sorokin vermutet, daß eine neue »ideeliche« Phase im Entstehen begriffen ist.

Dieses Pendeln zwischen religiösem und wissenschaftlichem Extrem stellt nach Ansicht Sorokins ein »dialektisches Schicksal« dar. Die angeblich ausgewogenen Perioden einer harmonischen Integration, die rar und flüchtig sind, finden nur dann statt, wenn sich ein Zeitalter des Glaubens auflöst, wie dies im Fall der Renaissance des zwölften Jahrhunderts geschah. Sie finden nicht statt, wenn ein sinnliches Zeitalter zusammenbricht, wenn lediglich eine Rückkehr zum Glauben vorliegt. Das Muster, sagt er, läßt darauf schließen, daß nun ein neues Zeitalter des Glaubens beginnt, das dominieren und sich ins Extrem steigern wird, dann aber zu seinem Ende kommen und wiederum einem sinnlichen Zeitalter Platz machen wird.

Dies unterscheidet sich nicht sehr von der Sicht Walter Millers, abgesehen davon, daß Miller nicht erklären konnte, warum es zu einem solchen Phänomen kam. Für Sorokin ist jedoch der Mechanismus dieses dialektischen Schicksals ein innerer. Dies verhalte sich so, glaubt er, weil jede dieser Positionen nur einen Teil der Wahrheit enthält und in ihren extremen Formen – wozu sie zwangsläufig führen – mehr Unwahrheit als Wahrheit implizieren. Dies erkläre, warum das Pendel hin und her schwinge. Kulturen, die von einseitigen Geisteshaltungen beherrscht wurden, fielen ihrer eigenen Begrenztheit zum Opfer. Die Unwahrheit rufe eine starke Reaktion hervor, die dann schließlich eine entgegengesetzte starke Reaktion evoziere usw. Philosophisch hat diese Analyse viel mit der Dialektik von Aristoteles oder Hegel gemein, derzufolge jede Realität die Keime ihrer eigenen Negation enthält. Daher produziert sie langfristig ihre Antithese. Auf diese Weise wiederholt sich Geschichte, allerdings nie in identischer Form. Statt dessen erleben wir eine unaufhörliche Variation sich wiederholender Themen.

Sorokins Analyse ist insofern unheimlich, als seine Voraussagen für das 21. Jahrhundert bereits einzutreffen beginnen. Sorokin sagt voraus, daß die Grenzen zwischen Wahrheit und Unwahrheit verschwimmen und das Gewissen (Über-Ich) zugunsten von Gruppeninteressen verschwinden wird. Zwang und Betrug werden die Norm, sagt er; die Familie werde zerfallen, wirkliche Kreativität abnehmen. Als Ersatz für letztere werden wir eine Fülle mittelmäßiger Pseudodenker bekommen, und unser Glaubenssystem wird zu einer merkwürdigen, zuammenhanglosen Mischung von Bruchstücken aus Wissenschaft, Philosophie und Magie. Vor allem – und Sorokin sieht hier das Aufkommen von Kitsch voraus – werde »ein quantitativer Kolossalismus an die Stelle qualitativer Verfeinerung treten«. Statt der Klassiker werden wir Bestseller, statt Genie Technik haben. Ernsthaftes Denken werde durch Information verdrängt. Die Sicherheit verschwinde, und die Katastrophe setze ein. Kultur werde zunehmend abgewertet, ihres Inhalts beraubt, bis endlich eine Reaktion oder Katharsis stattfinde, nach der aus den Trümmern der alten sinnlichen Kultur eine neue »ideeliche« Kultur entstehe.

Obwohl heuristisch wertvoll, weist Sorokins Skizze eine Reihe fragwürdiger Züge auf. Erstens betrachtet er den Wandel zur »ideelichen« Kultur als positiv, trotz der Tatsache, daß ihre letzte Verkörperung die des dunklen europäischen Mittelalters war und trotz seines Eingeständnisses, daß dies ein unerbittlich dogmatisches Zeitalter war. Zweitens ist Sorokins Bewertung der »Wende«, des Punktes, an dem die sinnliche Kultur sozusagen »abfällt«, rein subjektiv und in jedem Fall mit 1350 zu früh angesetzt. Sicherlich ging mit dem Aufstieg der wissenschaftlichen Zivilisation viel verloren; aber nur diejenigen, die – wie zum Beispiel Michel Foucault – eine tiefe antimodernistische Haltung hegen, können die Renaissance und die wissenschaftliche Revolution einen »Niedergang« nennen. Die Periode von 1350 bis 1850 war sicherlich Europas fruchtbarste und kreativste Zeit. Aber Sorokin hat offensichtlich Recht, was die dialektische Dynamik betrifft, die hier wirkt. Was als befreiende Kraft beginnt, ist, wenn die Zeit reif ist, genau das, was erstickend ist. Wir müssen also dieses Konzept eines dialektischen Schicksals auf plausiblere Weise angehen.

Die Frage, was »schiefgegangen« ist, hat eine Reihe großer Denker und Technologiekritiker des 20. Jahrhunderts wie etwa Martin Heidegger und Jacques Ellull angezogen, aber die ausführlichste Behandlung erfuhr sie in der Arbeit des Frankfurter Instituts für Sozialforschung – namentlich der von Max Horkheimer und Theodor W. Adorno und der ihres amerikanischen Repräsentanten Herbert Marcuse. In der *Dialektik der Aufklärung* arbeiten Horkheimer und Adorno dieses Problem recht klar heraus, indem sie die These vertreten, daß sich das Denken der Aufklärung allmählich ins Wissenschaftsgläubige und Positivistische gewandelt habe. Dieser Sichtweise entsprechend wurde alles objektiviert; nur das, was meßbar und empirisch war, galt als wirklich. Der logische Endpunkt dieser Tendenz ist eine rein technokratische Weltanschauung, die Vision einer total verwalteten Welt. Die Frische und Stärke des Aufklärungsdenkens hatte ursprünglich in seinem kritischen Element gelegen; aber als dieses Denken zum Werkzeug der bestehenden gesellschaftlichen und politischen

Ordnung wurde, begann es die positiven Werte, die es verteidigen sollte, in »etwas Negatives und Destruktives« zu verwandeln. Wenn auch politische Freiheit untrennbar mit dem Aufklärungsdenken verbunden ist, enthielt dieses Konzept dennoch die Keime seiner Umkehrung. Denn die Moderne führte schließlich zu einer kommerziellen Gesellschaft, die sich zu einer Metaphysik eigener Art entwickelte. »Der Konsument«, so schlossen Horkheimer und Adorno, »wird zur Ideologie der Vergnügungsindustrie, deren Institutionen er nicht entrinnen kann.«[4] Und in der Tat ist der Utilitarismus die wirkliche und durchgängige (wenn auch unsichtbare) Philosophie der amerikanischen Gesellschaft, in der sehr wenig einen Wert an und für sich hat.

Als Charakterisierung des 20. und vielleicht ebensosehr des 19. Jahrhunderts haben die Ansichten der Frankfurter Schule viel für sich. Das Problem besteht darin, daß sie ihre Analyse auf die wissenschaftliche Revolution ausdehnte und dabei gelegentlich sogar auf den Rationalismus der alten Griechen zurückging. So kennzeichnet Herbert Marcuse in *Der eindimensionale Mensch* das Denken des 17. Jahrhunderts als inhärent »zweckrational«, als inhärent antithetisch zu anderen Werten als denen, die in Wissenschaft und Technologie eingebettet sind, wobei sie, wie er sagt, in der Maske der Neutralität daherkommen. Wissenschaft hat nach Marcuse ausschließlich mit der abstrakten und rationalen Manipulation der Umwelt zu tun; unter der Maske des angeblich Wertfreien reduziert sie alles auf den instrumentellen Wert.

Natürlich ist etwas Wahres daran, daß die Keime des modernen Dilemmas in einer Methodologie verborgen sind, die vierhundert Jahre alt ist. Aber Keime sind keine Bäume, und in diesem Sinn liegt hier, wenn ich die Metaphern vermengen darf, die Tendenz vor, das Kind mit dem Bad auszuschütten. Denn diese Analyse ignoriert den Kontext, in dem Denker wie William Harvey oder Galileo operierten. Gegen Ende des 16. Jahrhunderts waren der kirchliche Aristotelismus und die mittelalterliche Wissenschaft, wie ein Wissenschaftler dies formuliert hat, wenig mehr als »versteinerte Faselei«. Die Medizin wurde immer noch vom Denken Galens (zweites Jahrhundert n. Chr.) beherrscht, und auch der Geozentrismus nahm sich zunehmend fragwürdig aus. Der gesamte Argumentationszusammenhang mittels Syllogismus und deduktiver Ableitung war hoffnungslos unproduktiv, und deshalb mutete die Entdeckung nicht nur neuer Fakten, sondern einer umfassenden neuen Methodologie so an, als atme man nach Jahrhunderten eines Lebens unter Wasser plötzlich wieder reinen Sauerstoff ein. Dies war unendlich befreiend und zerstörte schließlich die Vorstellungen von göttlichem Recht und organischer Hierarchie. In der Tat wären die Französische und die Amerikanische Revolution ohne die neue wissenschaftliche Weltsicht, deren logische Erben Voltaire und Jefferson waren, unmöglich gewesen.

Dies ist nicht der Ort, um die Geschichte der wissenschaftlichen Revolution Revue passieren zu lassen; dies haben selbstverständlich viele Historiker bereits getan, und zwar in erschöpfender Weise. Aber ich möchte einige wenige Zitate aus einer besonderen Quelle zitieren, aus dem *Novum Organum* (1620) Francis Bacons, um dem Leser eine gewisse Vorstellung davon zu vermitteln, wie sehr diese Revolution des Denkens wie »frische Luft« wirkte, ein Gefühl, sich von einer tödlich wirkenden Vergangenheit loszureißen und endlich wieder frei atmen zu können. Bacon schrieb:

Wiederum liegt ein großer und mächtiger Grund vor, weshalb die Wissenschaften (bis jetzt) nur wenig fortgeschritten sind; es ist dieser. Es ist nicht möglich, einen richtigen Kurs zu steuern, wenn das Ziel selbst nicht richtig angegeben ist. Nun ist das wahre und gesetzmäßige Ziel der Wissenschaften nichts anderes als dies: das menschliche Leben mit neuen Entdeckungen und Kräften auszustatten. [Aphorismus 81]

Denn zu Recht nennt man die Wahrheit die Tochter der Zeit, nicht der Autorität. [Aphorismus 84]

Inzwischen aber beruht, wie bereits gesagt, alle Hoffnung nur auf der Erneuerung der Wissenschaften, sie nämlich in strenger Ordnung von der Erfahrung her aufzubauen und neu zu begründen. Daß dies bereits geschehen oder auch nur geplant sei, hat meiner Meinung nach bisher noch niemand glaubhaft machen können. [Aphorismus 97]

Mein Zweck besteht darin zu versuchen, ob ich nicht die Fundamente sicherer legen und die Grenzen menschlicher Macht und Größe weiter stecken kann. [Aphorismus 116]

Denn ich baue im menschlichen Verständnis ein wahres Modell der Welt, so wie sie in Wirklichkeit ist, nicht wie sie des Menschen eigene Vernunft gern hätte; eine Angelegenheit, die nicht ohne eine sehr sorgfältige Zerlegung und Anatomie der Welt geschehen kann. [Aphorismus 124]

Und schließlich, dieses zündende Manifest aus dem *Parasceve:*

Bei der [Natur-]geschichte, die ich fordere und skizziere, ist besonders darauf zu achten, daß sie weit gespannt ist und den Dimensionen des Universums entspricht. Denn die Welt darf nicht verengt werden, bis sie in das Verstehen paßt (wie dies bislang geschehen ist), sondern das Verstehen muß erweitert und geöffnet werden, so daß es das Bild der Welt in sich aufnehmen kann.

Etwas Großartiges liegt in diesen Verlautbarungen, die auf dem Schwung des Humanismus aufbauen konnten, wie er sich in den Notizbüchern Leonardo da Vincis oder den Schriften Pico della Mirandolas *(Rede auf die Würde des Menschen)* zeigt. Wir können es schaffen, sagt Bacon; wir können uns von den Fesseln des Aristotelismus und des Mittelalters befreien und zu uns selbst kommen. »Denn neue Entdeckungen müssen aus dem Licht der Natur gesucht«, sagt er den Lesern, »nicht aus dem Dunkel der Antike geholt werden.« Und mit dieser Versicherung kam der Triumph der rational-empirischen Methode, derzufolge Wahrheit auf Evidenz, Experiment und Analyse beruht. Man muß *beweisen*, was man behauptet, anstatt an die Religion oder eine Autorität zu appellieren, und dies wurde zum Kernstück der Aufklärung (»Wage zu denken!« rief Immanuel Kant aus) und der Moderne im allgemeinen. Darauf beruhen die parlamentarische Demokratie, das westliche Rechtssystem und unser Verständnis der biologischen Evolution und der physischen Welt. Geben wir dies auf, sind wir in der Tat am Ende.

Was ist also schiefgegangen? Das Problem liegt nicht in der wissenschaftlichen Methode an sich, ohne die keine gesunde Demokratie funktionieren kann, sondern in seiner Integration und Entwicklung innerhalb des Kontexts einer expandierenden industriellen, technologischen und nunmehr kapitalistisch-kommerziellen Kultur. Hat die Wissenschaft diese Kultur ermöglicht? Natürlich; sie war die notwendige, doch kaum hinreichende Bedingung. Ist sie *gleichbedeutend* mit jener Kultur? Keineswegs.

Der Fall liegt etwa folgendermaßen: Während des gesamten 18. und des größten Teils des 19. Jahrhunderts leistete die Technologie mehr für die Wissenschaft als die Wissenschaft für die Technologie. Es war mit anderen Worten die industrielle Revolution, welche die wissenschaftliche Revolution wirklich bekannt machte und – zuerst in England – die Wissenschaft in das Leben der Nation integrierte. Darüber gibt es eine umfangreiche Literatur, aber das berühmteste Beispiel ist vielleicht die Formulierung der Gesetze der Thermodynamik. Um 1840 war die Dampfmaschine die Grundlage der neuen industriellen Wirtschaft in Großbritannien. Energie wurde eine vermarktbare Größe, und es war nötig, ein meßbares mechanisches Äquivalent dieser Energie zu finden: Wie viel Arbeit kann man pro Einheit verbrannten Brennstoffs erhalten? Ingenieure wie James Prescott Joule begannen zu messen, inwieweit Maschinen in der Lage waren, Gewichte zu heben, und dies brachte Joule (zusammen mit einigen anderen, wie etwa Sadi Carnot in Frankreich) dazu, das erste Gesetz der Thermodynamik zu formulieren, was als Energieerhaltungssatz bekannt ist. Kurz: Es war die Praxis, die der Theorie half, und nicht umgekehrt.

Im allgemeinen waren die technologischen Innovationen in dieser Zeit der beginnenden Industrialisierung die Produkte ungebildeter »Bastler«. John Kay, ein Weber und Mechaniker, erfand das Weberschiffchen 1733; James Hargreaves, ein Weber und Zimmermann, die »Spinning Jenny« gegen 1765; Richard Arkwright, ein Friseur, war für die Wasserspinnmaschine verantwortlich, die 1770 patentiert wurde; und die »Mule«maschine, eine Kombination von »Jenny« und Wasserspinnmaschine, war das Ergebnis der Bemühungen des Mechanikers Samuel Crompton. Edmund Cartwright, der Mann, der 1785 für den mechanischen Webstuhl verantwortlich war, studierte Literatur in Oxford, hatte aber keine naturwissenschaftliche Ausbildung und stellte einen Zimmermann und einen Schmied an, die ihm bei der Arbeit helfen sollten. Das berühmte »Puddel«verfahren, bei dem Roheisen in eine bearbeitbare Form gebracht wird, entdeckten – unabhängig voneinander – Peter Onions, ein Vorarbeiter in einer Eisenhütte, und Henry Cort, ein Flottenlieferant. Keiner dieser Männer hatte Kenntnisse in Chemie, wobei es ohnehin unwahrscheinlich ist, daß ihnen die Chemie des 18. Jahrhunderts hätte überhaupt helfen können. Sie gaben Rohstoffbrocken, die reich an Eisenoxyden waren, in einen Ofen, um durch Bildung von Kohlendioxyden die Kohle aus dem Roheisen herauszuholen; aber dies war ein rein zufälliges Experiment. Sauerstoff war nur wenige Jahre zuvor entdeckt worden, und man war sich kaum darüber im klaren, daß Kohlendioxyd freigesetzt wurde. Die Namen von Priestley und Lavoisier waren ihnen unbekannt, und erst ein Jahrhundert später konnte die Chemie – *post factum – erklären,* wie das »Puddeln« funktionierte. In all diesen Fällen trug die Wissenschaft nichts zur Technologie und Industrialisierung in den frühen Phasen der Industriellen Revolution bei. Die Düngemittelchemie wurde zum Beispiel erst in den 1840ern von Justus von Liebig entwickelt.

Es gibt allerdings eine gewisse Ausnahme, und sie ist bemerkenswert, weil sie in der Tat eine Ausnahme ist: James Watts Erfindung eines separaten Kondensators. Um in den Bergwerken Kohle, Kupfer und Zinn zu fördern, wurde etwas benötigt, was die Pumpen antrieb, um die Stollen trockenzulegen. Die erste atmosphärische Dampfmaschine, die Wärme in Arbeit verwandeln konnte, wurde von einem Schmied namens Thomas Newcomen im frühen 18. Jahrhundert erfunden. Sie war jedoch höchst ineffizient, da der Hauptzylinder, der ein Vakuum bildete und so die Pumpe antrieb, abwechselnd erhitzt und gekühlt werden mußte, wobei dementsprechend viel Brennstoff verschwendet wurde. Watts Beitrag bestand darin, einen separaten Zylinder für die Kondensierung zu entwerfen, so daß der Hauptzylinder die ganze Zeit heiß gehalten werden konnte. Doch war dies kein reines Experiment. Watt, der wissenschaftliche Instrumente fertigte, zeichnete Druck-Volumen-Diagramme, um abzuschätzen, wieviel Dampf eine bestimmte Wassermenge kondensieren konnte. Er entdeckte, daß die Umwandlung von Dampf zu Wasser bei 100 Grad Celsius eine unerwartet große Hitzemenge ergab, und mit diesen Ergebnissen ging er zu dem Chemiker Joseph Black an der Universität Glasgow. Black berichtete von dem als latente Hitze bekannten Phänomen, zu dem es beim Wechsel von physikalischen Zuständen kommt (Eis zu Wasser, Wasser zu Dampf oder umgekehrt). Dies erklärte jedoch nur Watts Entdeckung, es machte sie nicht möglich. Es war die Entdeckung selbst, die Watt darauf brachte, daß er einen separaten Zylinder für die Kondensierung bauen mußte, um Brennstoff zu sparen. Watt selbst stritt bei dieser Erfindung jede Abhängigkeit von Black ab.

Dennoch verschwimmen die Grenzen in diesem Fall, denn Watt war kein ungebildeter Mechaniker, und seine Entdeckung hinsichtlich des Verhaltens von Wärme war ebenso eine theoretische wie eine praktisch-angewandte. Ferner hing die Entwicklung der Dampfkraft von den im 18. und 19. Jahrhundert gängigen Konzepten des atmosphärischen Drucks ab, was in wissenschaftlichen Zirkeln ein heißes Thema war. Zudem scheint Watts Arbeit von der Anwendung der wissenschaftlichen Methode abhängig gewesen zu sein, wenn auch nicht von wissenschaftlicher Theorie *per se*; seine Arbeit weist einen quantitativen, theoretisch-experimentellen Aspekt auf, wie er im 17. Jahrhundert für die Herangehensweisen bei der Untersuchung der Natur zentral war.

So weit jedenfalls das historische Bild; im 20. Jahrhundert ist die Abhängigkeit der Technologie und Industrie von der Grundlagenwissenschaft eine Selbstverständlichkeit. Niemand kann sich zum Beispiel die Erfindung des Transistors ohne die Anwendung der Maxwellschen Gleichungen (elektromagnetische Theorie) vorstellen. Während des 20. Jahrhunderts schlossen sich Wissenschaft, Technologie und Industrie effektiv zu einer Art einheitlichem Unternehmen zusammen, und wissenschaftliche Forschung ist das Kernstück der Forschung und Entwicklung in den Konzernen, dem Manufakturbereich und der wirtschaftlichen Expansion. Selbst ein flüchtiger Blick auf die »Fortune-500«-Firmen kann dies bestätigen. Gummi, Stahl, Fernsehen, Autoherstellung, die Softwareindustrie und Informationstechnologie – die Liste wird immer länger. Der »Triumph« des Kapitalismus war kaum das Ergebnis der Galileischen Versuche, Objekte vom Turin von Pisa fallen zu lassen (ein Experiment, das übrigens in Wahrheit niemals durchgeführt wurde), aber andererseits ist es ziemlich offensichtlich, daß, sobald die westlichen Nationen einmal an die Durchführung von Bacons Programm der »sorgfältigen Zerlegung und Anatomie der Welt« gingen, dies letztlich zur Ausdehnung kommerzieller und technologischer Aktivität bis in den letzten Winkel der Erde führen würde.

Horkheimer und Adorno unterscheiden dementsprechend zwischen »guter« und »schlechter« Aufklärung. Erstere ist das Zeitalter der Vernunft, die Welt von Hume und Voltaire, die uns unsere Vorstellungen von kritischer Analyse lieferten. Letztere ist die moderne Besessenheit mit Quantifizierung, Kontrolle und der Herrschaft über die natürliche Welt. Die Macht der Menschen über die Natur hat zugenommen – wir nennen dies »Fortschritt« –, aber ebenso unsere Entfremdung von unserer Umgebung und von einer Welt der Bedeutungen und Werte. Diese Entfremdung hat uns wiederum veranlaßt, mehr Macht zu suchen, was zu weiterer Entfremdung führte usw. Der »Fortschritt« erwies sich schließlich als ständige Frustration, weshalb der deutsche Soziologe Max Weber von der »Entzauberung der Welt« und dem »eisernen Käfig« der industriellen Gesellschaft sprach. All dem, so sagen die Autoren der Frankfurter Schule, liegt eine unbewußte neurotische Phantasie zugrunde, der Traum von der absoluten, alles beherrschenden Macht. In unserer heutigen Zeit bedeutet dies, daß die Dosen von Coca-Cola, mitsamt Satellitenfernsehen und Nike-Sportschuhen, bis zu den entlegensten Dörfern Afrikas vordringen müssen. Das ist die alles überziehende »Haut«, auf die ich früher hingewiesen habe, das Phänomen, daß es keinen Quadratzentimeter des amerikanischen (oder amerikanisierten) Lebens gibt, der nicht mit kommerzieller Werbung bombardiert wird.

Doch Bacon und Galilei lebten offensichtlich nicht in einer Welt endloser Medienoffensiven und totaler kommerzieller Sättigung, und könnten sie zurückkehren, um sie zu sehen, würden sie vielleicht folgern, daß sie in einem Irrenhaus gelandet wären. Von Bacons Attacke gegen die tödliche Wirkung der mittelalterlichen Scholastik verläuft keine direkte Linie bis zur frenetischen, ja verrückten amerikanischen Aufregung beispielsweise über die »Enthüllung« von Windows 95 vor einigen Jahren; und der Wissenschaft kann diese Entwicklung, wie gesagt, nicht angelastet werden. Sie hat eigentlich nichts mit der Ideengeschichte zu tun.

Wir müssen somit den Aufstieg der kommerziellen Kultur der Konzerne betrachten, welche die Wissenschaft zwar ermöglicht, aber sicherlich nicht verursacht hat. Meiner Meinung nach ist William Leachs *Land of Desire: Merchants, Power, and the Rise of a New American Culture* die beste Untersuchung zu diesem Thema, zumindest insoweit sie die Vereinigten Staaten betrifft.[5] Zusammen mit James Benigers *The Control Revolution: Technological and Economic Origins of the Information Society* liefert Leach ein ausgezeichnetes Bild der Verbindungen zwischen angewandter Wissenschaft und industriellem Kapitalismus und zeigt, wie die Werte und die Ideologie der Vermarktung und des Konsumdenkens es fertiggebracht haben, Amerika im 20. Jahrhundert in den Griff zu bekommen.[6] Die globale Hegemonie der Konzerne ist der fortgeschrittenste Punkt in diesem Prozeß, das, was wir McWorld genannt haben. Dies und die vielberedete Datenautobahn sind die logischen Resultate des 21. Jahrhunderts.

Vor 1880 war die Wirtschaft der Vereinigten Staaten laut Leach agrarisch strukturiert, die meisten Amerikaner arbeiteten auf dem Land. Die meisten Märkte waren regional, die meisten Firmen befanden sich in privatem Besitz. 1870 betrug die Durchschnittszahl der Arbeiter pro Fabrik weniger als zehn. Im allgemeinen war die Kultur agrarisch, republikanisch und religiös geprägt.

All dies änderte sich praktisch über Nacht. Zwischen 1890 und 1930 wurden die Vereinigten Staaten durch eine im Prinzip fremde Kultur verändert, bis diese neue Kultur zur beherrschenden wurde. Geradezu blitzartig griffen neue Konzerne und Banken in das tägliche Leben ein, gleichzeitig entstanden Warenhäuser, Ladenketten und Versandhäuser (eine Entwicklung, die im Bereich der Literatur in Steven Millhausers Roman *Martin Dressler* brillant eingefangen ist). Diese Entwicklung beruhte keineswegs auf einem Einverständnis. In Gang gesetzt wurde sie durch kommerzielle Gruppen in Zusammenarbeit mit anderen Eliten, die darauf aus waren, ständig wachsende Profite anzuhäufen, bis diese Weltsicht jede andere Vorstellung eines »guten Lebens« verdrängte. Das Ergebnis war eine Gesellschaft, die vor allem mit Konsum beschäftigt war, eine »Kultur des Begehrens, welches das gute Leben mit Konsumgütern verwechselte«.

Leach räumt ein, daß sich diese Entwicklung auf die Aufklärung und deren Ideal, nach Wissen und »dem Neuen« zu streben, zurückführen läßt; aber der Kapitalismus koppelte sich seiner Ansicht nach an diese Tradition an und übernahm sie dann. Das »Neue« bestand nun darin, daß es mehr Waren gab. Die rapide Industrialisierung, die nach 1885 stattfand, vollzog sich mit der Geschwindigkeit eines Wirbelsturms, wobei sich die ästhetischen und moralischen Empfindlichkeiten in der Hauptsache auf den Geld- und Warenaustausch bezogen. Warenhäuser, Hotels und Vergnügungsparks begannen die Landschaft zu besetzen, und bis zum Ersten Weltkrieg sah man im Kaufen den Weg zum Glück. Geld wurde das Maß für alles, einschließlich Freundschaft und Religion.

Zu dieser Bewegung gehörte auch die »Demokratisierung des Begehrens«, die Vorstellung, alle hätten ein gleiches Anrecht auf die Welt von Luxus und Komfort und dies sei letztlich das Ziel des Lebens. Eine kommerzielle Ästhetik entstand, um diese Sicht zu verstärken, und nach 1880 zeigte sich dies in Schaufenstern, Modeschauen, Leuchtschriftwerbung sowie Anzeigen und Reklametafeln. Farbe, Glas und Licht wurden eingesetzt, um die neue Botschaft zu feiern. Das Ziel bestand jetzt darin, Märkte und Umsatzvolumen zu erweitern; Städte wie New York wurden »riesige Zentralen des Finanzgeschäfts«. »Kein Land«, schreibt Leach,

> »entwickelte eine derartige kommerzielle Ästhetik, eine solche Maklerklasse, einen solchen institutionellen Kreislauf oder eine derartige Bandbreite geistiger Anpassung wie die Vereinigten Staaten. Die Vereinigten Staaten waren das erste Land der Welt mit einer Wirtschaft der Massenproduktion, und sie waren das erste Land, das die Institutionen der Massenkultur schuf und gleichzeitig jene Anregungen zum Massenkonsum bereithielt, die zu dieser Zeit aufkamen, um Massenartikel zu vermarkten und zu verkaufen.«[7]

Zusammen mit den kommerziellen Firmen und den Warenhäusern in Familienbesitz wie Wanamaker, Field und Straus »trugen diese Institutionen dazu bei, die mächtigste Konsumkultur der Welt in Gang zu setzen und weiterzuführen«.

Angewandte Wissenschaft und Technologie machten all dies möglich, als die Herstellung industrieller Güter revolutioniert wurde. Die Produktion von Glasartikeln und Lampen stieg zum Beispiel von 84000 Tonnen 1890 auf mehr als 250000 Tonnen im Jahre 1914. In diesem Zeitraum tauchten neue Instrumente und pausenlos arbeitende Maschinen auf, und gleichzeitig wurden neue Energiequellen ausgebeutet: Kohle, Dampf, Gas und Elektrizität. Der Ausstoß beschleunigte das Niveau der Massenproduktion; die großen Eisenbahnlinien waren um 1895 fertiggestellt, und Telefon und Telegraphie verstärkten die schnelle Bewegung von Gütern und Geld. Riesenfirmen entstanden: Du Pont (als Hersteller von Sprengstoff), U.S. Steel, Standard Oil. Die 500-Watt-Wolframfadenlampe machte große Warenhäuser – wie zum Beispiel Marshall Field und Macy's – möglich, wobei Millionen von Quadratmetern als Verkaufsraum verfügbar gemacht wurden. Die Leuchtschriftwerbung boomte nach 1900, und um 1915 verbrauchten die Vereinigten Staaten 50 Prozent der weltweit hergestellten Glasscheiben. Auf einer Reise durch Amerika schrieb James Rorty Mitte der 1930er Jahre, daß trotz der wirtschaftlichen Depression »das spezialisierte, hoch kapitalisierte, stark spekulative und technologisch fortgeschrittene System einer Traummanufaktur« das Land beherrsche.[8]

Dies ist eine Welt, in der »das Gute« aus Gütern besteht und »Wert« das Gleiche wie Vermarktbarkeit bedeutet – also die Welt, wie wir sie heute als selbstverständlich betrachten. Leach zufolge ist es die gängige Meinung heute, ein solches System sei befreiend und befriedige die »wirklichen« Bedürfnisse aller Menschen.

Folgt man James Beniger, so sind diese Entwicklungen nicht nur das Ergebnis angewandter Wissenschaft, sondern auch das der wissenschaftlichen *Methode*, der »Rationalisierung«, wie Max Weber sie genannt hat. Nach der Definition Julien Freunds (in *The Sociology of Max Weber)* ist die Rationalisierung »die Organisation des Lebens mittels der Aufteilung und Koordination von Aktivitäten auf der Grundlage einer exakten Untersuchung der menschlichen Beziehungen untereinander, mit ihrem Werkzeug und ihrer Umgebung, um so eine größere Effizienz und Produktivität zu erreichen«.[9] Die Nutzung der Dampfkraft beschleunigte laut Beniger den Produktionsprozeß und den daraus resultierenden Warenfluß bis zu dem Punkt, da diese die technologischen Möglichkeiten, sie zu kontrollieren, zu überfordern drohten. So war zum Beispiel 1890 der wöchentliche Ausstoß eines einzigen Hochofens von 70 Tonnen auf mehr als 1000 gestiegen. Es entstand also ein

Druck, Gesellschaft und Wirtschaft im Sinne objektiver Kriterien zu regulieren, um diese Tendenzen in den Griff zu bekommen. So wurden die Vereinigten Staaten 1890 in vier Standardzeitzonen aufgeteilt; man begann, die Maschinen durch Feedbackgeräte zu kontrollieren; und 1890 wurden Lochkarten benutzt, um die Volkszählungsdaten zu erfassen. Frederick Winslow Taylor veröffentlichte 1911 seine *Principles of Scientific Management*, und Henry Ford hob 1913 das moderne Fließband aus der Taufe. In den 1930ern begann man mit der Erfassung des nationalen Einkommens, und die Ökonometrie, die Input-Output-Analyse, das lineare Programmieren und die statistische Entscheidungstheorie wurden eingeführt.

Auch die bürokratische Kontrolle des Massenkonsums entstand in dieser Zeit. Eine Technologie der Markenartikel, der Verbraucherverpackung und der Massenwerbung wird entwickelt, Techniken, die es den Herstellern ermöglichten, den riesigen Großhandel und die neuen Kleinhändler von Massenartikeln zu kontrollieren. Die Werbung wurde zum wissenschaftlichen Management der öffentlichen Meinung. Tiefdruckteile tauchten 1914 in Zeitungen auf, Neonleuchtschriften für die Werbung 1923 und schließlich Kopierforschung, Markttests und natürlich Radiosendungen. Die Entwicklung von Marktfeedbacktechniken (Informationsfluß zurück zum Anbieter) kann auf 1900 datiert werden. 1931 schrieb der Philosoph John Dewey in seinem einflußreichen Werk *Philosophy and Civilization:* »Die große wissenschaftliche Revolution steht noch aus. [...] Sie wird einsetzen, wenn man systematisch wissenschaftliche Methoden zur Kontrolle menschlicher Beziehungen und zur Lenkung der gesellschaftlichen Auswirkungen unseres ungeheuren technologischen Apparats benutzt ...«[10]

In der Zwischenzeit ist diese Voraussage eingetroffen. Der wissenschaftlich-industrielle Informationsapparat ist nach dem

Zweiten Weltkrieg noch dramatischer gewachsen. Das Geld, das jetzt jedes Jahr für Farbe, Glas und Licht aus kommerziellen Gründen ausgegeben wird, geht nach Leach in die Milliarden, und Fernsehsatelliten strahlen die kommerziellen Wünsche in jedes Dorf der Welt. Mittlerweile werden mehr als eine Milliarde Quadratmeter – man stelle sich das vor! – für Einkaufszentren genutzt, und der durchschnittliche Amerikaner wird per Telefon, Post und Massenmedien bearbeitet, zu kaufen, zu kaufen, zu kaufen. Der Wirbelsturm der Geschäftskultur ist über alles im Sinne einer Verbraucherideologie hinweggefegt, wobei nur noch die Werte des Marktes gelten. Ein »dummer, gigantischer Betrug«, sagte der Schriftsteller Edmund Wilson im Jahre 1929, und viele sind der Meinung, daß es seitdem nur noch schlimmer geworden ist.

Bevor ich nun jedoch wie der Unabomber zu klingen beginne, müssen wir uns fragen: »Ist dies Wissenschaft oder Szientismus?« Als James Clerk Maxwell 1868 die erste theoretische Analyse der Kontrollmechanismen (»On Governors«) veröffentlichte, handelte es sich sicherlich noch um Wissenschaft. Wenn »Regler« in Form von Feedbackmechanismen, die Massendaten verarbeiten, unsere gesamte Gesellschaft durchdringen, haben wir es mit Horkheimers und Adornos »schlechter« Aufklärung zu tun. Das Problem besteht jedoch darin – und Horkheimer und Adorno räumen dies ein –, daß das »Gute« und das »Schlechte« überhaupt nicht voneinander zu trennen sind; historisch betrachtet, kamen sie in einem Paket zusammen. In Wahrheit gibt es, wie gesagt, so etwas wie eine dialektische Beziehung zwischen beiden. So schreibt Julien Freund, daß die »zunehmende Rationalisierung und Intellektualisierung die Dialektik der inneren und äußeren Welt zur Dialektik einer wirklichen Leere und einer imaginären Fülle verändern«[11] – das (leere) Land der Wünsche, das William Leach so ausführlich beschreibt. Der dialektische Faktor besteht darin, daß wir ohne rationales Wissen nicht leben können; aber historisch gesehen schlug die Rationalität in Rationalisierung um. Der Kapitalismus überwältigte sozusagen die Wissenschaft, und es kam im 19. Jahrhundert zur Neugründung der Wissenschaft in seinem Sinne. Obendrein brachte die industrielle Revolution ein Bevölkerungswachstum mit sich, das dann zu steigender Industrialisierung, Verstädterung usw. führte, und dies alles, so läßt sich natürlich argumentieren, machte Massenproduktion und Distribution und das gleichzeitige Bedürfnis nach Regulierung und Kontrolle erforderlich. Selbst wenn genug Zeit zur Verfügung gestanden hätte, wäre es zweifelhaft gewesen, ob wir die »gute« Aufklärung ohne die »schlechte« hätten haben können; das Problem der antiwissenschaftlichen Kritiker der modernen Gesellschaft besteht darin, daß sie normalerweise dazu tendieren, irrational/romantisch zu sein, und in der Ablehnung des Szientismus befangen sind – was meines Erachtens gerechtfertigt ist, was aber auch, vielleicht unvermeidlich, eine Ablehnung empirischer Methodologie einschließt.

Wir stehen hier vor einer furchtbaren Wahl, und aus diesem Grund sah Max Weber ein Oszillieren der westlichen Gesellschaft zwischen Rationalisierung und Charisma. In Wahrheit ist dies freilich nicht wirklich eine Wahl, die wir treffen *können*; wer würde, davon abgesehen, auch dieses »wir« sein, das wählen würde? *Alle* Zivilisationen sind wie kombinierte Angebote, und die Problematik, in der wir stecken, entwickelt sich, während Wissenschaft und Szientismus, Konsumdenken und natürliche Neugier, »Hype« und die Reduzierung von Werten auf diejenigen eines Warenfetischismus ineinander übergehen. Die wirkliche Frage ist: Wohin treibt dieses System? In welche Richtung entwickelt es sich im 21. Jahrhundert, da sich diese Dialektik entfaltet?

»Weltsysteme«, schreibt die Historikerin Janet Abu-Lughod, »scheitern nicht, sie ›strukturieren sich neu‹.«[12] Vor allem dann, wenn die Dynamik der Integration, die spezifische Konfiguration eines gegebenen Weltsystems zerfällt und etwas geschieht, was komplizierter als ein einfacher Verfall ist: »Die alten Teile leben weiter und werden die Materialien, aus denen sich die Umstrukturierung entwickelt.« Aber, so würde ich hinzufügen, sie leben nicht in ganz der gleichen Weise weiter oder dienen auch nicht ganz derselben Aufgabe. Dieser Zugang zum Problem des gesamtgesellschaftlichen Wandels ist subtiler als der simple von »Aufstieg und Fall«, wie Robert Kaplan in seinem Artikel über Demokratie argumentiert. Aber die dialektische Überraschung ist: Wenn sich die Demokratie schrittweise zu etwas anderem wandelt, dann werden Europa und die Vereinigten Staaten das gleiche Schicksal wie frühere Zivilisationen erleiden. Das heißt, Rom glaubte, daß es der letzte Ausdruck der griechischen Kultur und des republikanischen Ideals war, während wir uns für die letzte Ausprägung der Demokratie halten und glauben, daß wir der ganzen Menschheit Freiheit und ein besseres Leben bringen. Kaplan beendet seinen Artikel mit dem kryptischen Hinweis, daß »wir dazu verurteilt sind, uns in etwas zu verwandeln, was vielleicht ganz anders ist als das, was wir uns vorstellen«. Aufgrund seiner früheren Analyse ist es allerdings nicht schwer zu ergänzen, was er gemeint hat. So wie Rom mit der Verkörperung des griechischen Ideals begann, so völlig anders – das heißt, wie das Gegenteil – sah es in der Periode des Zusammenbruchs aus. Was als Substanz begann, überlebte lediglich als ein Schatten, während die veränderte Substanz letztlich dem Schatten widersprach. Was uns betrifft, so Kaplan, werden wir die Demokratie an hybride Regime »verkaufen«, die aus ökonomischen Gründen demokratische Formen annehmen werden, während die politische Realität ganz anders ist; und während wir dies tun, werden auch wir ein hybrides Regime – wir sind bereits dabei. Für eine Bevölkerung, die abschaltet und wie betäubt ist, wird »Demokratie« nichts anderes sein als das Recht einzukaufen, zwischen Wendy's and Burger

King zu wählen oder CNN zu sehen und zu glauben, diese Art von gemanagtem Infotainment sei tatsächlich ein Nachrichtenprogramm. Wie bereits gesagt, die Hegemonie der Konzerne, der Triumph der globalen Demokratie bzw. des auf dem amerikanischen Modell basierenden Konsumdenkens *ist* bereits der Kollaps der amerikanischen Zivilisation. Eine Wandlung in großem Maßstab findet bereits statt, aber der Triumph läßt sich dabei nicht vom Zerfall unterscheiden.

Diesen Prozeß könnten wir anhand vieler Beispiele demonstrieren; wie bereits bemerkt, ist das Gebiet der Hochschulausbildung eines der auffälligsten. Die Universitäten behalten eine Aura des Elitentums (im positiven Sinn); sie gelten auch als Orte, an denen das fortgeschrittenste Denken im Land stattfindet, wo Männer und Frauen die Freiheit haben, Natur- und Geisteswissenschaften zu betreiben und so die höchsten Elemente der Kultur in sich aufzunehmen. Lateinische Motti verzieren die Giebel in vielen dieser Schulen und künden großspurig von »Licht« und »Wahrheit«. Die Realität sieht jedoch ganz anders aus, da Tausende dieser Institutionen im Namen der »Demokratie« entweder ausdrücklich oder *de facto* eine offene Zulassung praktizieren. Die Demokratisierung des Begehrens bedeutet, daß praktisch jeder aufs College gehen kann, mit dem Ziel, einen Job zu bekommen; und in einer Welt der Erziehung, die nun von Werten der Wirtschaft bestimmt ist, glauben Studenten – mit Billigung der Universitätsverwaltung –, daß sie Konsumenten sind, die ein Produkt kaufen. Versucht ein Fakultätsmitglied in diesem Umfeld, die Tradition der Geisteswissenschaften als erhebende und verwandelnde Erfahrung durchzusetzen, und appelliert es an die Fähigkeit, über komplexe Themen verstärkt nachzudenken, wird es negative Kursbewertungen erhalten und schon bald vom Dekan den Vorschlag zu hören bekommen, sich am besten woanders einen Job zu suchen. Gegen eine rein utilitaristische Dimension der

Erziehung Stellung zu beziehen, gilt als querulantisch und wird schnell mit dem Etikett »elitär« (wie schrecklich!) belegt; aber die Wahrheit ist, daß es ohne eine solche Gegenposition keine wahre geistige Erziehung geben kann. »Denken, Lesen und Kunst verlangen einen kulturellen Raum«, schreibt Russell Jacoby in *Dogmatic Wisdom,* »eine Zone, die frei ist von der Angst des Geldmachens und des Praktischen. Ohne eine gewisse Ruhe oder einen Freiraum verkümmert die liberale Erziehung.«[13]

Leider, so bemerkt Bill Readings in *The University in Ruins,* verschwindet diese Stimme schnell, und sein Argument ist, daß dies zu Lasten der Globalisierung geht, die das ursprüngliche Aufklärungsprojekt unterminiert. Die »gute« Aufklärung verstand Lehren im Sinne kultureller Kontinuität und der Entwicklung kritischen Denkens; in diesem Kontext war das Fakultätsmitglied der entscheidende Faktor. Die »schlechte«, globalisierte Aufklärung sieht die Erziehung als Ausdruck der technisch-bürokratischen Vorstellung von »hervorragender Qualität« oder »umfassendem Qualitätsmanagement«; der entscheidende Faktor ist der Verwaltungsbürokrat. Die Universität mag mit anderen Worten wie eine Institution zur Beförderung höherer Kultur *aussehen,* aber ihr Inhalt und ihre Organisation sind kapitalistisch, und das Resultat ist eine erheblich reduzierte Erziehung. (»Eine andere schlechte Auswirkung der Wirtschaft«, schrieb Adam Smith in *Wealth of Nations,* »ist, daß sich der Geist der Menschen zusammenzieht und unfähig gemacht wird, sich zu erheben. Bildung wird verabscheut oder zumindest vernachlässigt ...«)

Ich hatte die Gelegenheit, diese Tendenzen von ihrer schlimmsten Seite kennenzulernen, als ich vor einigen Jahren unerwartet von einer modischen »Fernstudiuminstitution« angestellt wurde. Oberflächlich betrachtet – das heißt, wenn man den Studienführern folgte – wirkte »Alt U«, wie ich es nennen werde, ganz seriös, und das hatte mich ursprünglich angezogen. Wie ich jedoch bald entdeckte, war die tatsächliche Erziehungspraxis eine völlig andere Angelegenheit. Wie Präsident Clinton hatte Alt U keine wirkliche Identität; es war eine Art Konzernprodukt, das sich mit populärer Rhetorik und entsprechendem Inhalt als das zu identifizieren suchte, was gerade als akademische Avantgarde galt. Ein großer Prozentsatz der Studenten bestand aus Angestellten größerer Firmen, die ihre Karriere dadurch fördern wollten, daß sie ihrem Namen einen Doktorgrad hinzufügten, und da die Institution zu hundert Prozent von den Studiengebühren finanziert wurde, hatten diese Studenten im Prinzip das Sagen. Alt U konnte somit unmöglich akademische Standards durchsetzen (einmal angenommen, man hätte dies beabsichtigt), denn dies hätte die finanzielle Basis bedroht. Daher herrschte eine Ideologie vor, derzufolge *jede* akademische Autorität einen »Machtmißbrauch« darstellte und der Lehrer, der ein ernsthaftes Konzept akademischer Verantwortlichkeit vertrat, wurde von den Studenten rasch zugunsten eines Kollegen – und es gab deren viele – verabschiedet, der sehr geringe intellektuelle Anforderungen stellte. Da die »Mentoren« Studenten werben mußten, um zu überleben, erschien es ihnen angebracht, nicht sehr viel von ihnen zu verlangen. Soweit ich herausfinden konnte, wurden die meisten Bewerber akzeptiert, und die Auswahlinterviews waren reines Theater. Von den beiden Studenten, die ich ablehnte (und dies bedeutete, daß sie *wirklich* schwach waren), wurde einer dennoch zugelassen und der andere zweimal neu interviewt. Die Noten pro abgeschlossener Studieneinheit waren im Prinzip »Ja« oder »Noch nicht«, so daß der Student, der dabeiblieb, ganz gleich wie mangelhaft seine Leistungen waren, schließlich seinen Doktorgrad bekam.

Was die Mitglieder des Lehrkörpers betraf, so war nicht klar, wie sie angestellt worden waren, sieht man davon ab, daß sie alle zu der Gruppe zu passen schienen. Leistung war bestenfalls von sekundärer Bedeutung, und eine ganze Reihe von ihnen war erstaunlich unqualifiziert: Sie waren nicht nur auf atemberaubende Weise unwissend, sondern in ihren Ansichten aggressiv antiintellektuell und verachteten jede individuelle Äußerung, die den Gruppengeist verletzte. So wurde ich verlacht, weil ich das Wort »oberflächlich« benutzte, und dafür kritisiert, daß ich George Steiner las. Als ich einmal auf einer Fakultätssitzung Francis Bacon zitierte, schienen meine Kollegen keine Ahnung zu haben, über wen ich sprach. Diese Wochenendseminare, wie sie genannt wurden, enthielten sehr viel Kritik an traditionellen Institutionen und erinnerten an kulturelle Rituale zur Stärkung der Gruppenbindung. Der Dekan nahm mich bei einer Gelegenheit beiseite und sagte mir, daß ich weit erfolgreicher sein könne, wenn ich anfinge, die Institution auf diesen Seminaren öffentlich zu loben – ein Vorschlag, der an die chinesische Kulturrevolution erinnert. Wenn ich die Arbeiten der Studenten las, war ich erstaunt, wie schwach die meisten von ihnen waren, wie wenig Anstrengung von diesen Doktoranden verlangt wurde und wie leicht ihre Arbeiten eine ausreichende Note erhielten. Bei einer Doktorprüfung, an der ich teilnahm, war das Forschungskonzept äußerst fehlerhaft, aber die Einstellung lautete: »Sprechen wir nicht darüber.« Bei einer anderen Gelegenheit war die Dissertation nicht viel mehr als eine Zusammenfassung der Arbeit eines berühmten Wissenschaftlers, aber wiederum war der Hinweis auf den Mangel an Originalität (ich hatte immer gedacht, Originalität sei für eine Dissertation entscheidend) nicht akzeptabel.

Viele der Dissertationsthemen bei Alt U waren völlig selbstbezogen: So war zum Beispiel das Thema, das eine alleinstehende, 45jährige Mutter untersuchte, die Schwierigkeiten und Leiden alleinstehender Mütter in den Mittvierzigern! Die unausgesprochene Regel war, die Studenten niemals »Studenten« zu nennen: vielmehr waren sie »Mitlernende«, und in einem gewissen Sinn traf dies zu, denn Alt U war der klassische Fall des Blinden, der die Blinden führt.

Alt U sah sich gern als »rebellische« Organisation, die für eine radikale Ablehnung der herrschenden Kultur stand; aber wenn jene Kultur diejenige des großindustriellen Kommerzialismus ist, dann war diese Institution in Wahrheit ihr Repräsentant. Ihr Radikalismus nahm sich sozusagen nie einen wirklichen Feind vor, sondern ging auf Nummer sicher: radikaler Feminismus, Dekonstruktion, Postmoderne, Systemtheorie (die peinlicherweise nie klar definiert wurde) und radikaler Relativismus. Dies war Richard Ellis' »dunkle Seite der Linken«, und sie war bei Alt U äußerst totalitär. Alles war im Fluß in einer Welt gleicher Werte, abgesehen von den verschiedenen, gerade erwähnten Dogmen, welche die Wahrheit darstellten. Einige der Fakultätsmitglieder waren geradezu unheimlich, besaßen kein wirkliches Zentrum und plädierten für den »Gruppenprozeß« als eine Art Erlösung. Als wahre Postmodernisten waren sie Menschen, deren Leben aus »Texten« bestand, die permanent »neu erfunden« wurden, um die innere Leere zu verdecken. Wie man sich vorstellen kann, wurde jeder, der mit ihnen oder ihrem (nicht-)philosophischen Gesichtspunkt nicht übereinstimmte, gefürchtet, geächtet und schließlich verabscheut.

Multikulturalität – eine andere sichere, politisch korrekte Position – wurde bis ins Pathologische angebetet, und ich war einmal Zeuge bei einer Art Ritual im Stil der Moskauer Schauprozesse, bei dem verschiedene Fakultätsmitglieder öffentlich ihre rassistischen »Sünden« bekannten; einige weinten sogar. (»Die Schlimmsten«, schrieb Yeats, »sind diejenigen voll leidenschaftlicher Intensität.«) Studenten und Fakultätsmitglieder skizzierten schließlich eine Studieneinheit »Diversität«, die jeder belegen sollte, aber nur eine einzige Sichtweise war darin vertreten. Alt U verabschiedete sie enthusiastisch, und als ich wegging, wurden Pläne entwickelt, wonach jedes Fakultätsmitglied seine multikulturelle Kompetenz demonstrieren mußte – eine Art umgekehrter McCarthyismus. Ich erinnere mich daran, wie der Dekan bei einer Gelegenheit sagte, es sei ein Nachteil, wenn Männer sich anständig verhielten, denn dies lenke von dem wirklichen ideologischen Kampf ab, den die Frauenbewegung zu führen habe.

Ich verließ Alt U mit einem Gefühl der Erleichterung und habe es niemals bedauert. Doch eine Sache verfolgt mich immer noch, und dies nicht, weil sich hier eine kleine Institution als Bildungsstätte aufspielte, obwohl es sicher eher belustigend war. In ihrer endlosen Litanei der Selbstanpreisung brüstete sich die Fakultät von Alt U damit, die Erziehung der Zukunft zu repräsentieren, und ich fürchte, sie könnten recht haben. Denn möglichweise unterscheidet sich Alt U nur *graduell* vom typischen College oder der typischen Universität, wie sie sich in den Vereinigten Staaten entwickeln; in der Substanz ist es letztlich wohl nicht sehr verschieden. Ich denke, daß Sie, der Leser oder die Leserin, als Student oder Akademikerin, in meiner Beschreibung von Alt U Elemente Ihrer eigenen Institution erkennen werden. Wie Alvin Kernans Karriere klar beweist, fallen selbst Universitäten wie Yale und Princeton der Noteninflation, dem Konsumdenken, der Postmoderne, der politischen Korrektheit usw. anheim. Die Philosophin Susan Haack findet dementsprechend in ihrem *Manifesto of a Passionate Moderate* an amerikanischen Universitäten heutzutage »einen großen revolutionären Chor von Stimmen, die verkünden, wertfreie Untersuchungen seien unmöglich, alles angebliche ›Wissen‹ sei Ausdruck von Macht und die Konzepte von Evidenz, Objektivität, Wahrheit seien ideologischer Unsinn«. Was die Multikulturalität betrifft, so hätten Versuche, mehr Frauen und schwarze Amerikaner in das höhere Bildungssystem zu integrieren – Versuche, die offensichtlich lobenswert sind – »der Vorstellung Vorschub geleistet, Wahrheit, Evidenz und Vernunft seien Mittel der Unterdrückung: eine Vorstellung, die ebenso tragisch wie bizarr ist«. Sie zitiert Beispiele eines amoklaufenden Feminismus (so beschrieb ein »Wissenschaftler« beispielsweise Newtons *Principia* als Vergewaltigungshandbuch), akademische Argumente, denen zufolge gute Forschung und politische Relevanz identisch sind und sein sollten, oder Versicherungen, daß Wahrheit und Objektivität Mythen seien – also, die Denkweise, die Alt U voll unterstützte. All dies deckt sich, wie gesagt, völlig mit der neuen postmodernen kapitalistischen Ordnung. Hinzu kommen noch die computerisierten Fernhochschulen, die herabgestuften akademischen Standards und der Kotau der Universitätsverwaltungen vor den Kräften des Marktes (also den Bedürfnissen der Käufer), und man findet eine Situation vor, die sich von der bei Alt U nicht so sehr unterscheidet, wenn sie auch wohl ein bißchen weniger kulthaft und hysterisch ist. Es ist möglich, daß Alt U in der Tat das Erziehungssystem der Zukunft darstellt, was letztlich wohl bedeuten würde, daß die Erziehung keine Zukunft hat.

Ein anderes Gebiet, auf dem sich Alt U brüstete, besonders fortschrittlich zu sein, war seine Betonung des Fernstudiums. Dieser Trend ist, fürchte ich, wie ein Krebs, der sich im Universitätssystem ausbreitet und die extreme Kommerzialisierung der höheren Bildung darstellt. Zum Zeitpunkt der Niederschrift dieses Buches gibt es einige gegenläufige Tendenzen, und der Historiker David Noble hat einige wichtige Fehlschläge dokumentiert: So hat das California State University System, dank des Widerstandes von Studenten und Fakultät, ein Konzernangebot (von Microsoft, MCI, Hughes Aircraft und Fujitsu) abgelehnt, die CSU-Campusse miteinander zu verbinden, während die Konzerne gleichzeitig ein Anrecht darauf haben sollten, im nächsten Jahrzehnt High-tech-Produkte im Wert von nahezu vier Milliarden Dollar an die Studenten zu verkaufen. Ein anderes Beispiel ist der erfolgreiche Streik der Fakultätsmitglieder an der Universität von York in Kanada angesichts des Versuchs der Verwaltung, das on-line-Studium kommerziell auszubeuten. Aber die Pläne für CSU werden nun unter einer anderen Konzernpartnerschaft überarbeitet, und UCLA hat ein Home Education Network gegründet, ein Profitunternehmen, das von einem früheren Kanzler der Universität geleitet wird. Vermutlich werden die Rückschläge nur vorübergehend sein, da die Kontrahenten zu mächtig sind, um auf unbestimmte Zeit auf Distanz gehalten werden zu können: Apple, IBM, Dell, die Kabelfirmen, Microsoft, Disney, Viacom usw. Wie bei Alt U werden wir eine Erziehung bekommen, die verwässert ist und zu einer Ware gemacht wird – eine »würdelose, scheinhafte Cybererziehung«, wie David Noble sie nennt, bei der der Inhalt von Leuten aus dem Mediengeschäft gestaltet wird. So hat der große »Visionär« und Gouverneur von Utah, Mike Leavitt, verkündet, daß »in Zukunft eine Institution der höheren Erziehung ein bißchen so wie eine lokale Fernsehstation werden wird«, während ein gleichermaßen herausragender Visionär, der Dekan Mavon Loflin von der University of Colorado in Denver, der 1998 nichtprofessionelle »lehrende Mitarbeiter« für Online-Kurse einstellen wollte, erklärte: »Ich bin bereit, die gesamte Infrastruktur der höheren Erziehung zu überholen.«

Das Eindringen von Marktwerten in jeden Bereich unseres Lebens ist natürlich kaum auf die Erziehung beschränkt. Die Medien sind ein anderer Schlüsselbereich. Traditionellerweise haben wir sie als Bastion einer freien Gesellschaft betrachtet. Man denke an Benjamin Franklin und Thomas Paine, an Emile Zolas Aufruf »*J'accuse*« in der Dreyfus-Affäre oder vielleicht zuletzt an Woodward und Bernstein im Jahre 1974. Was sind Presse und Medien heutzutage anderes als Institutionen, die darauf eingerichtet sind, einen endlosen Strom kleinlicher, nutzloser Information als eine

Form von Nachrichtenunterhaltung (»Nuzak«) zu erzeugen? Man denke an die Hysterie, die im Januar 1998 ausbrach, als dem damaligen Präsidenten Clinton vorgeworfen wurde, eine Art sexueller Beziehung mit Monica Lewinsky, einer Praktikantin im Weißen Haus, zu haben. Nicht nur ging das Verhältnis von »Hype« zu faktischem Inhalt fast ins Unendliche, sondern das Fernsehen begann – sich selbst parodierend – damit, Programme zu senden, die sich mit der eigenen höchst frenetischen Berichterstattung beschäftigten. Wie im Fall der konzerngesteuerten Universität zeigt sich eine enorme Menge an Energie in all dem; die mediale Verpackung des gesamten Ereignisses vermittelte den Zuschauern das Gefühl, daß sich wirklich aufregende Dinge abspielten. Tatsächlich fand jedoch sehr wenig statt, denn der faktische Gehalt der Nachrichten war beinahe nicht-existent; die Berichterstattung beschäftigte sich mit Beschuldigungen und den Interpretationen, die ihnen folgten. Wie einige Beobachter feststellten, handelte es sich wirklich um eine Fortsetzung des Prozesses gegen O. J. Simpson, nur mit anderen Akteuren. Wir haben also ein Erziehungssystem, das sich nicht wirklich mit Erziehung beschäftigt, und eine Presse, bei der es nicht wirklich um das Berichten der Nachrichten geht.

Wenn wir uns ansehen, wohin wir seit der Renaissance gelangt sind, so stellen wir fest, daß sich weltliches und wissenschaftliches Wissen so weit ausgebreitet haben, daß die techno-kommerzielle Welt des 20. Jahrhunderts möglich wurde, von endlosen »kalten Anrufen«, die man wegen unzähliger überflüssiger Produkte und Dienstleistungen erhält, bis zur Ausbeutung von Frauen und Kindern in Indonesien durch die Firma Nike. Die Aufklärung wandelte sich in ihr Gegenteil, sie hinterließ uns James Benigers »Revolution der Kontrolle«, William Leachs »Land des Begehrens« und Benjamin Barbers »McWorld«, die dann alle eine Gegenreaktion auslösten: New Age, Dekonstruktion, Gaia, den

Unabomber, sentimentale Ökologie, religiösen Fundamentalismus, Deepak Chopraismus, »Erziehung« à la Alt U usw. Wenn man es weit genug treibt, wird Yang zu Yin, und Brillanz verwandelt sich in Unsinn.

»Massiver Kitsch«, die Förderung kommerzieller Energie zu Lasten eines echten Inhalts, wirklicher Substanz, wird für die meisten Amerikaner in der einen oder anderen Form die Realität im 21. Jahrhundert sein, und sie wird durch den Globalisierungsprozeß vorangetrieben. Die meisten derjenigen, die behaupten, Gegner der Welt des großindustriellen wissenschaftlich-technischen Konsumdenkens zu sein, werden selbst zu Warenartikeln, indem sie die Runde der Talkshows machen und dabei »Seele« oder die »grüne Erde« oder »totale Gesundheit« als neueste kommerzielle Mode verkaufen. Ihre Ideen werden zu Slogans auf T-Shirts; sie werden die modischen Speerspitzen der neuesten Form von »Befreiung«, die bald zugunsten des nächsten Modeartikels vergessen werden, der am Horizont auftaucht. John Updike fängt den größeren Rahmen des Ganzen ein, wenn er in *Bech in Bedrängnis*, einer Sammlung von Geschichten aus dem Jahr 1998, seinen Protagonisten sagen läßt:

»Gierige Autoren, gierige Agenten, hirnlose Buchhandelsketten mit Vivaldi-Berieselung und Espressobars, Verlage in Besitz metallverarbeitender Konzerne, die von gletscherkalten Erbsenzählern in Genf gemanagt werden. Und inzwischen wandelt sich die Sprache, wandeln sich die menschlichen Sprachen zum Süßholzgeraspel von Microsoft und Honda, zu den Verschwörungen großer Unternehmen, die aus der Welt am liebsten einen Spielsalon für Verbraucher mit dem Verstand von Kindern machten.«[14]

Zweifelt der Leser auch nur einen Moment daran, daß diese Beschreibung zutrifft? Disney, nun mit McDonald in einer Partnerschaft mit gegenseitigen Lizenzen verbunden, organisiert seine eigene Spielversion mit amerikanischen Werten, indem es unseren Kindern Spielzeug, Puppen, Malbücher und Bilder gibt, die in ihre Gehirne eingebrannt werden. Unsere Kinder sind nicht weniger süchtig nach diesem Zeug als nach dem zusätzlichen Nikotin in Zigaretten und den Anzeigen, die sie erst einmal dazu gebracht haben zu rauchen. Unser gesamtes Bewußtsein, unser intellektuell-geistiges Leben ist »gestarbucked«, in einem vorfabrizierten Designer-Look kondensiert, der an einen brillanten, furchtbaren Film, *The Invasion of the Body Snatchers,* erinnert. Wir werden zu einer Nation von »Herdentieren«, denn es gibt sehr wenig, was dem amerikanischen Wirtschaftsprozeß widerstehen könnte, und wenn etwas in den Mittelpunkt des öffentlichen Interesses gerät, dann hat es fast *per definitionem* nichts von jenem undurchsichtigen Reichtum, von der Unzugänglichkeit, die Dinge von wirklicher Qualität nun einmal unvermeidlich haben. »Das Geschäft«, so schrieb der amerikanische Essayist John Jay Chapman 1898 *(Practical Agitation),* »hat in uns das eigentliche Wissen über alle anderen natürlichen Mächte außerhalb des Geschäftlichen zerstört.«

Rosemarie Hill, eine britische Töpferin und Kunstkritikerin, schreibt in einem Text, der sich mit dem Handwerk befaßt: »In der industriellen Gesellschaft bedeutet das Herstellen von Gegenständen mit der Hand, langsames und unökonomisches Arbeiten ›gegen den Strich‹, eine unbewußte Kritik jener Gesellschaft.«[15] Dies ist eine gute Beschreibung der Prinzipien, die in der monastischen Option angelegt sind, aber diese muß in einem weiter gefaßten kulturellen Sinn gesehen werden als im Handwerk. Das Handwerkliche sollte in allen Bereichen des Lebens gelten, und da der Hauptwert die Arbeit selbst ist – dem Zweck des amerikanischen konzerngesteuerten Konsumdenkens genau entgegengesetzt –, müssen sich diejenigen, die sich der monastischen Option widmen, vom Licht der Öffentlichkeit fernhalten, ihre Arbeit im stillen tun und die Aufmerksamkeit der Medien bewußt meiden. Wenn breitere kulturelle Kreise davon erfahren, so könnte die taoistische Faustregel lauten, daß etwas nicht stimmt. Damit sind wir nun in der Lage, die Frage zu stellen: Wer ist diese neue monastische Klasse, und welche Aktivitäten könnte sie sinnvollerweise verfolgen?

VIERTES KAPITEL

Die monastische Option im 21. Jahrhundert

Es gibt die ganze Zeit Menschen auf der Welt, die Bescheid wissen. [...] Aber sie verhalten sich still. Sie bewegen sich einfach nur lautlos umher und retten die Leute, die wissen, daß sie in der Falle sitzen. Und für die, die es geschafft haben, rauszukommen, ist es dann wie das Emportauchen aus Chloroform. Sie erkennen, daß sie ihr ganzes Leben geschlafen und geträumt haben. Und dann ist es an ihnen, die Regeln und das Timing zu lernen. Und aus ihnen werden diejenigen, die still inmitten der Welt leben, wie es menschliche Wesen tun könnten, wenn es auf einem Planeten nur ein paar menschliche Wesen gäbe, der von Affen bewohnt wäre, die Affen jedoch die Möglichkeit besäßen, wie menschliche Wesen denken zu lernen. Doch in den beschädigten Hirnen der armen, traurigen Affen steckt ein halb vergrabenes Wissen. Sie denken manchmal, wenn sie nur wüßten, wie, wenn sie sich nur richtig erinnern könnten, dann könnten sie heraus aus der Falle, dann könnten sie aufhören, Zombies zu sein.

Doris Lessing, »Anweisung für einen Abstieg zur Hölle«[1]

Bei der Niederschrift des vorliegenden Buches habe ich u. a. das Ziel verfolgt, eine Art Orientierungsbuch für all jene vorzulegen, die zunehmend das Gefühl haben, nicht mehr in diese Gesellschaft zu passen, und die obendrein glauben, daß sich die Kultur ändern muß, damit sie überleben kann. Ich hatte mit anderen Worten die Absicht, denjenigen, die sich in den Ereignissen des neuen Jahrhunderts orientieren und einen Sinn innerhalb einer zerfallenden Kultur finden möchten, eine Art Übersicht zu liefern. Mein Argument war, daß wir strukturellen Mächten ausgeliefert sind, die den Kulminationspunkt eines bestimmten historischen Prozesses darstellen, weshalb ein größerer Wandel wahrscheinlich nicht schnell oder dramatisch erfolgen wird; aber im individuellen Bereich könnten Wandlungen des Lebensstils und der Werte möglicherweise als eine Art Bresche fungieren, was als Gegengewicht gegen die Welt von Schund, Unwissenheit, gesellschaftlicher Ungleichheit und Massenkonsum dienen würde, wie sie jetzt die amerikanische Szene bestimmen. Zumindest könnten diese »neuen Mönche« oder einheimischen Fremden, wie man sie nennen könnte, eine Art Dokumentation authentischer Lebensweisen liefern, die aufbewahrt und weitergegeben werden könnte, um später, in besseren Zeiten, zur Verfügung zu stehen.

Wie könnte diese Bewahrung und Tradierung aussehen? Obwohl die amerikanische Zivilisation im 21. Jahrhundert in ihrer öffentlichen Erscheinung aus massivem Kitsch bestehen wird, wird ein kleiner Bruchteil der Bevölkerung daran interessiert sein, etwas anderes mit ihrem Leben anzufangen, indem sie sozusagen »in den Untergrund« gehen, so daß ihre Beiträge nicht als Slogans kooptiert und ihres Inhalts beraubt werden können. Ich spreche nicht davon, die »Großen Bücher« des literarischen Kanons auf CD-Rom zu bringen (wo sie schließlich in einer Zeitkapsel begraben sind, wie ich annehme) oder ins Internet zu stellen; dies ist bereits getan worden und bedeutet außerdem nicht viel, da das Programm der »Großen Bücher« in Wahrheit eine Lebensweise ist und kein Datenspeicher. Die Bewahrung eines »Datenspeichers« hat natürlich das letzte Mal, während des Mittelalters, tatsächlich funktioniert; aber das war eine Zeit, in der Informationen relativ rar waren, und ihre Wiederentdeckung war deshalb um so dramatischer. Dieses Mal *ertrinken* wir geradezu in Information, daher ist es erforderlich, daß sie *gelebt*, durch die Lebensweise bewahrt wird. Wenn dies weitergegeben werden kann, könnte unser kulturelles Erbe sehr wohl als Keim einer folgenden Renaissance dienen. Wenn, in gut hundert Jahren, jene Renaissance stattfindet und damit beginnt, sich über die Arbeit der neuerlichen monastischen Bewahrung zu informieren, dann werden die letzten zwölf Dekaden von der Mehrheit der Amerikaner, nicht lediglich von zwei Prozent, als das gesehen, was sie waren: als Karikatur einer Kultur, als Reigen mentaler Vergnügungsparks.

Die Aufgabe der Bewahrung und Tradierung besteht in der Gegenwart somit darin, auf eine private, lokale Weise »Zonen der Intelligenz« zu schaffen und diese dann absichtlich vor dem Zugriff der öffentlichen Aufmerksamkeit abzuschirmen. Es handelt sich also nicht um Programme wie »Fünfzig Methoden, die Erde zu retten«, »Freiwillige Einfachheit« oder irgendeine andere modische asketische Aktivität. Es geht nicht um Showmäßiges oder Dramatisches, und praktisch jeder, der dieses Buch liest, ist in der Lage, etwas in dieser Richtung zu unternehmen. Ganz so wie Ray Bradbury einen seiner »Buchleute« in *Fahrenheit 451* sagen läßt: »Das Wichtigste, was wir uns einhämmern mußten, war, daß wir nicht wichtig sind. [...] Wir sind nicht mehr als die Schutzhüllen für die Bücher, sonst haben wir keine Bedeutung.« Kurz: Es sollte nichts Heroisches an der monastischen Option sein; ein Individuum ist ein Vehikel für eine gesunde Kultur, aber dieses Projekt verspricht *per definitionem* keinen Ruhm und es bietet auch keine unmittelbare Belohnung, die über die persönliche hinausgeht. Wendet man dies zum Beispiel auf das Gebiet der höheren Erziehung an, so würde das neue monastische Individuum ein Stichwort des Soziologen Todd Gitlin aufgreifen, dem es bei den nahezu vergessenen Geisteswissenschaften darauf ankommt, einer »rasanten, rücksichtslosen und leichtgewichtigen Kultur« entgegenzutreten, »deren Hauptwert ihre Vermarktbarkeit ist«. Dieser

Wert, so fährt er fort, kann uns nicht sagen, wer wir sind, da er uns nichts lehren kann, was wirklich dauert. Daher sollten Fakultätsmitglieder in den Geisteswissenschaften ihren leichtgewichtigen, konsumorientierten (oder ggf. auch unangenehm-ideologischen) Studenten etwa Folgendes sagen:

»Hier, inmitten der schwerelosen Watte einer Kultur der Obsoleszenz, finden Sie Jane Austen, die sich mit psychologischen Komplikationen befaßt, oder Balzac, der sich mit finanziellen Katastrophen herumschlägt. Hier ist Dostojewski, der mit Gott, Melville, der mit dem Nichts, Douglass, der mit der Sklaverei ringt. Hier ist Rembrandts religiöse Innerlichkeit, Mozarts Überschwang, Beethovens Sehnsucht. In einer Kultur von Spreu, hier ist der Weizen.«[2]

Der Verzicht darauf, im Trend zu liegen, und die Studenten zum Arbeiten, das heißt: Denken, zu bringen, könnte bedeuten, daß man die Stelle verliert; aber wenn man sich der monastischen Option widmet (oder überhaupt einem Sinn im eigenen Leben), dann läßt man es eben darauf ankommen.

Ich werde weiter unten über andere Beispiele einer monastischen Option sprechen, doch zuvor möchte ich etwas über den »Guerilla«-Charakter dieser Lebensweise sagen. Um die Natur der »monastischen« Psychologie zu begreifen, müssen wir das Konzept eines nomadischen Bewußtseins oder dessen, was man »geistiges Nomadentum« nennen könnte, verstehen. Ich möchte davon ausgehen, daß es in jedem Zeitalter eine extrem kleine Fraktion von Leuten gibt, die ihren eigenen Weg gehen, ohne eine große Sache daraus zu machen: nicht Jean-Paul Sartre, sondern Boris Vian; nicht Goethe, sondern Heinrich von Kleist, nicht Martin Heidegger, sondern Ludwig Wittgenstein. Dies sind, mit anderen Worten, Mitglieder einer (kleingeschriebenen) Bohème; ihre Arbeit bricht mit den festgelegten Formen, und sie thematisiert diesen Bruch oft. Doch versuchen diese Autoren nicht, ihren Ikonoklasmus zu einer Bewegung, einer neuen festgelegten Form, zu erheben. In seinem Buch *Class* nennt Paul Fussell diese Gruppe die »Klasse X«, doch da diese Gruppe zum überwiegenden Teil sehr wenig mit der Generation X zu tun hat, werde ich statt dessen die Abkürzung NMI (Neue Monastische Individuen) benutzen. Die NMI konstituieren nach Fussell die Klasse derjenigen Menschen, die zu keiner Klasse gehören, die nicht Mitglieder einer Hierarchie sind. Sie bilden eine Art »geldloser Aristokratie«, befreit von Bossen, Aufsicht und was man normalerweise »Arbeit« nennt. Sie arbeiten in Wahrheit sehr schwer, aber da sie ihre Arbeit lieben und sie aus innerem Antrieb tun, unterscheidet sich diese Arbeit nicht sehr von Spiel. Im Kontext der zeitgenössischen amerikanischen Kultur stellen solche Menschen eine Anomalie dar, denn sie haben kein Interesse an der Welt des geschäftlichen Erfolgs und Massenkonsums. Wenn ihr Credo überhaupt formuliert werden kann, dann am ehesten durch ein Haiku des japanischen Dichters Bashô aus dem 17. Jahrhundert:

Reisend durch die Welt
Hin und her, hin und her
Bestellend ein kleines Feld.

Hier handelt es sich natürlich um jene Aristokratie (oder vielmehr Nichtaristokratie), auf die E. M. Forster hingewiesen hat; zu seiner Einschätzung dieser Gruppe gehört auch die Beobachtung, daß angesichts solcher Menschen »das Experiment des Lebens auf der Erde nicht als Fehlschlag abgetan werden kann. Aber es könnte sehr wohl als Tragödie gelten, daß man kein Mittel gefunden hat, diese Qualität vom Privaten ins Öffentliche zu übertragen«.[3] Und Forster hat recht, abgesehen davon, daß nomadisches Verhalten, wenn es übertragen werden könnte, nicht mehr länger nomadisch wäre; außerdem geschieht möglicherweise doch eine Art Übertragung ohne ein »Mittel« – das heißt, ohne irgendeine Form der Institutionalisierung. NMI könnten mit anderen Worten eine tiefgreifende historische Wirkung haben, allerdings ohne dies zu beabsichtigen oder sich sogar dessen bewußt zu sein. Zumindest hinterlassen sie durch das Beispiel ihres Lebens das Wissen, daß Menschen es tatsächlich vermögen, ein »nomadisches« Leben zu führen.

Der »Guerilla«-Charakter des geistigen Nomadentums ist besonders gut in *Nomadologie* von Gilles Deleuze und Félix Guattari dargestellt, die zwischen dem »glatten« und dem »gefurchten« Raum unterscheiden.[4] Dieser Unterschied kann am besten gewürdigt werden, wenn man die Spiele Schach und Go miteinander vergleicht. Ein solcher Vergleich wurde vor drei Jahrzehnten von Scott Boorman in dem Buch *The Protacted Game. A Wei Chi Interpretation of Maoist Revolutionary Strategy* angestellt. Boormans Argument war, daß Mao Tse Tung in der Lage war, die Kuomintang zu besiegen, weil er eine Go- (chinesisch: *wei-chi)* Strategie benutzte, während die Kuomintang wie beim Schach versuchte, ein Territorium abzustecken und zu besetzen, das heißt zu »furchen«. In der Terminologie von Deleuze und Guattari sind die Schachfiguren »kodiert«: Sie haben eine innere Natur, führen unterschiedliche Züge aus, wie Soldaten in einer Armee. Sie funktionieren in einer strukturellen Weise, in Kombinationen, üben Druck auf einen bestimmten Punkt aus, um zum Beispiel einen Durchbruch zu erzielen. Der Sieg – der Tod des Königs – ist ein Ziel, bei dem es um Alles-oder-Nichts geht. Das ist die Logik des Staates.

Go ist eine völlig andere Sache. Wie Mitglieder einer Guerilla-Armee sind die Figuren anonyme, einfache arithmetische Einheiten (identische schwarze und weiße Steine). Sie haben keine bestimmten Qualitäten, sondern nur situationsbedingte; sie funktionieren zum Beispiel durch Einfügung oder Umkreisung. Eine

Go-Figur kann in einem einzigen Augenblick eine komplette Konstellation zerstören, während Schach eine diachronische Strategie erfordert. Der Sieg ist beim Go relativ statt absolut; er folgt der Logik des Weidelands (griechisch: *nomós)* anstatt der des Staates *(polis).* Ein gefurchter Raum erfordert endlose Bewachung und Verteidigung; der glatte Raum ist dagegen schlüpfrig. Wenn etwas im »glatten« Raum bedroht ist, geht es einfach anderswohin. Da es bei diesem Raum um Nichtetablierung, um ein Nicht-Territorium geht, gibt es auch nichts zu verteidigen.

Der Konflikt zwischen dem glatten und dem gefurchten Raum läßt sich auch in der Geschichte der Wissenschaft und Kunst sowie in der Politik feststellen. Die Differentialrechnung begann, Deleuze und Guattari zufolge, als nomadische Wissenschaft. Mit ihren »unordentlichen« Vorstellungen von Grenze und dem Unendlichen war ihr Fokus fast vollständig auf den Prozeß, das Werden, gerichtet. Staatliche Mathematiker haben versucht, solche nomadischen Vorstellungen zu eliminieren und ihnen statt dessen statische Regeln aufzuerlegen, was auch geschah. Auf die gleiche Weise benötigt der Staat hydraulische Systeme (zum Beispiel zur Bewässerung), aber er muß den Fluß durch Rohre und Kanäle kontrollieren, um Störungen zu vermeiden. Der Staat versucht stets das Vorübergehende und Heuristische zu kontrollieren, dies läßt sich auf allen Gebieten von der Musik bis zum Kathedralenbau feststellen. Nichts darf vagabundieren; nichts darf dem natürlichen Mäandern der Dinge folgen. Nomadisches Denken blüht dagegen auf in mittleren Regionen, dem Weideland und den Steppen. Das Modell ist das eines Stammes in der Wüste, mit Stafetten und Intermezzi, es ist nicht dasjenige eines universalen Subjekts. Für den nomadischen Geist, so Deleuze und Guattari, ist das Zelt nicht an das Territorium gebunden, sondern an den Reiseplan. Punkte werden erreicht, nur um wieder zurückgelassen zu werden. Der Weg zur Wahrheit befindet sich immer im

Aufbau; die Bewegung ist das Ziel. »Denkt nicht das Denken rechtens nur *gegen den Hang*?« – wie der französische Anthropologe Pierre Clastres einmal gesagt hat.[5] Und dies ist das große Erbe der »guten« Aufklärungstradition – daß sie sich immer gegen den Strich bewegt und uns immer veranlaßt, tiefer ins Leben zu sehen.

Fussells NMI bilden somit keine identifizierbare Gruppe oder Klasse, und wenn man ein Treffen mit ihnen organisieren wollte, würden die richtigen nicht erscheinen, weil sie Besseres zu tun haben. Ein NMI nimmt an nichts teil, was als »Ismus« etikettiert ist. Sie mag eine unabhängige Frau sein, aber sie ist niemals eine Feministin; er arbeitet vielleicht im Umweltschutz, aber er wird seine Distanz zu Greenpeace bewahren. Denn ein NMI kennt die historische Ironie, die darin besteht, daß Bewegungen voller kritischer Energie beginnen und als neue (unterdrückerische) Orthodoxien enden, mit Texten, Helden und Slogans. Diese Person beherzigt die Ermahnung Wittgensteins – »Der wahre Philosoph ist kein Mitglied irgendeiner Ideengemeinde« –, ohne freilich ein Wittgensteinianer zu werden. Im Endeffekt ist das NMI die puristische Verkörperung des menschlichen Geistes.

Ich werde einige Beispiele oder Fallstudien der monastischen Aktivität weiter unten anführen, doch der Leser sollte sich über das Paradoxe im klaren sein, das hier vorliegt: Wenn die Aktivität ausdrücklich als monastische unternommen wird, dann ist sie in Wahrheit keine und wird wahrscheinlich mehr Schaden als Gutes tun. Dies wirft die Frage auf, wie eine solche Aktivität eigentlich während des kommenden dunklen Zeitalters als Vehikel für die Bewahrung der Kultur dienen kann, und wie bereits erwähnt kann es sein, daß sie es nicht tut. Die Geschichte ist launisch und nicht-linear; sie verspricht *nichts.* Was wir jedoch sagen *können,* ist, daß *ohne* diese Aktivität keine solche Bewahrung stattfinden wird, weshalb es sinnvoll ist, Bashôs Rat zu folgen und »ein kleines Feld zu bestellen«. Was ich hier anbiete, ist, um es noch einmal zu sagen, keine Utopie, sondern, wie ich hoffe, realistischer Optimismus.

In Anbetracht der kulturellen Verflachung, die ein integraler Bestandteil der von Robert Kaplan beschriebenen Transformation ist – Aufstieg der globalen Hegemonie der Konzerne, Erosion der Demokratie, Verdummung der amerikanischen Öffentlichkeit usw. –, gibt es eine Reihe von Fronten, an denen die monastische Option ansetzen kann. Eine der wichtigsten Kategorien besteht darin, die Leere der konzern- oder kommerzbestimmten Lebensweise zu enthüllen. Ein gutes Beispiel hierfür ist die zwanzigjährige »Karriere« David Barsamians, der ein wöchentliches einstündiges Programm bei National Public Radio leitet, das »Alternatives Radio« heißt. Das Programm bietet ein Forum für Informationen und Analysen, die normalerweise von den großen konzerngesteuerten Medien ignoriert werden. Prominente Beiträger sind unter anderem Leute wie Frances Fox Piven, der offen über Wohlfahrtsprogramme spricht (die keinerlei Problem sind und nur einen winzigen Bruchteil des Staatshaushalts beanspruchen); Jeff Cohen, der die Verzerrungen des Mainstream-Journalismus enthüllt, sowie Noam Chomsky und viele andere. 1996 hielt John Cavanna, der Kodirektor des Institute for Policy Studies in Washington, einen Vortrag zum Thema »Globale ökonomische Apartheid«, in dem er zeigte, wie das Projekt der Konzerne, die Welt zu einem gigantischen Einkaufszentrum zu machen, den Planeten homogenisiert und es den großen Firmen ermöglicht, ausländischen Arbeitern ihre Rechte zu verweigern und ihnen fünf bis zehn Prozent dessen zu bezahlen, was sie in den Vereinigten Staaten verdienen würden, usw.

Ich habe Barsamian kürzlich in Boulder/Colorado interviewt und war von der Einfachheit seines gesamten Unternehmens beeindruckt. Barsamian verschickt seine Bänder gratis an Radiostationen, so daß es sie absolut nichts kostet, die genannten Vorträge zu senden – wenn sie den Mut dazu haben. »Alternatives Radio« verdankt seine Existenz ausschließlich den Hörern, die Programmbänder und Aufzeichnungen kaufen, obwohl das reguläre Publikum, wie ich vermute, nicht sehr groß sein dürfte. Barsamians Lebensstil ist alles andere als luxuriös, und es gibt keine Konzerne, die ihm irgendwelche Gelder anbieten. Aber er hat in zwanzig Jahren niemals gehungert und verbringt seine Zeit damit, Dinge zu tun, die ihm wichtig sind. Glauben Sie, daß man eine bessere Lebensweise finden kann?

Natürlich wird das »Alternative Radio« es wahrscheinlich nicht schaffen, den Globalisierungsprozeß zum Entgleisen zu bringen, aber es demonstriert, daß ein nicht-kommerzieller Lebensstil möglich ist. Dies bedeutet keine Rückkehr zum alten agrarischen Amerika der Vorkriegszeit, sondern vielmehr, daß man sich von einer Welt befreit, die vom Markt und utilitaristischen Werten beherrscht wird – und dies ist einer der größten Beiträge, die ein NMI leisten kann. Hoffentlich bleibt das Projekt im kleinen Rahmen. Sollte man Barsamian eines Tages in »Larry King Live« sehen, kann man sicher sein, daß »Alternatives Radio« seinen Biß verloren hat.

Ein zweites Beispiel in dieser Kategorie ist eine obskure kanadische Zeitschrift mit dem Titel *Adbusters*, die in Vancouver/British Columbia veröffentlicht wird. Diese Zeitschrift widmet sich dem Lächerlichmachen und Enthüllen eines Lebens, das gemäß der Vorstellung organisiert ist, im Kaufen von Dingen liege der Schlüssel zum Glück. Die Zeitschrift karikiert regelmäßig die populäre Werbung für Zigaretten, Autos, Alkohol usw., und zwar auf höchst amüsante Weise, und betont immer wieder, daß ein Leben, das auf Waren beruht, ruiniert ist. Hier ist ein Gedicht aus der Ausgabe vom Winter 1998:

Wie jeder andere auch, machte ich alles verkehrt
Jetzt weiß ich, daß der Kauf von Dingen
Niemals die Leere im Innern ausfüllen kann
Ich frage mich, ob es Hoffnung gibt für andere
Die in der Kultur des Erwerbs sitzen wie in einer Falle
Ich fühle mich wie jemand, der entkommen ist.

Das ist nicht gerade Lyrik à la Keats, aber hohe Literatur war hier auch nicht der Zweck.

Ich bin auch davon beeindruckt, daß *Adbusters* sich der potentiellen Gefahr eines Anti-Konsum-Fetischismus bewußt ist. Daher ihre Bereitschaft, in der Ausgabe vom Frühjahr 1998 den folgenden anonymen Leserbrief abzudrucken:

»Eine Freundin von mir sagte etwas, das mich schockiert hat. Sie hatte Ihre Zeitschrift gelesen und kam, um mir zu sagen, wie cool sie war, und sie redete weiter über das »alternative« Image der Zeitschrift, ihre »Coolness«, ihre »coolen Bilder« usw.

Es sieht so aus, als sei sie abgefahren auf dem »rebellisch-alternativen« Image von *Adbusters.* Anstatt uns selbst zum Denken zu bringen, ist *Adbusters* in Gefahr, die gegenwärtig herrschende Geistlosigkeit durch eine andere Art des Hirnleere-Syndroms zu ersetzen – nur daß *Ihr* dieses Mal die Programmierer seid.«

Ich würde vermuten, daß die weltweite Zirkulation von *Adbusters* relativ gering ist; ihre Chancen, *Fortune* oder *Business Week* zu überholen, sind wahrscheinlich nicht allzu groß. Wird sie die Konsumgesellschaft besiegen? Es sieht nicht so aus. Ist es wichtig, daß sie veröffentlicht wird? Absolut. Was ist das Schlimmste, was dieser Zeitschrift passieren könnte? Daß sie aufgekauft und von *Time Warner* neu aufgemacht wird.

Ein anderes Beispiel für die monastische Opposition gegen die

Herrschaft der Konzerne und eines, das in der Tat recht viel Medienaufmerksamkeit erhalten hat, ist die Arbeit des rebellischen Filmemachers Michael Moore. Moore begann seine Karriere 1976 mit einer alternativen Zeitung in Flint/Michigan, die er zehn Jahre lang herausgab, während er gleichzeitig eine wöchentliche Radiosendung, »Radio Free Flint« moderierte. All dies brachte keinen Pfennig; Moore erhielt niemals ein Gehalt von mehr als 15 000 Dollar in irgendeinem Jahr. In den späten 1980ern machte Moore dann mit einem geringen Budget einen Film darüber, wie General Motors (GM) seine Fabriken in Flint schloß und 30 000 Leute, zwanzig Prozent der Gesamtbevölkerung in Flint, entließ, und zwar zu einer Zeit, da die Profite stiegen und es GM eigentlich ganz gut ging. Während die gesellschaftliche Struktur der Stadt zusammenbrach, dokumentierte Moore seinen Versuch, Roger Smith, den Aufsichtsratsvorsitzenden von GM, dazu zu bewegen, nach Flint zu kommen und sich die Auswirkungen dessen anzusehen, was er getan hatte. Der daraus entstandene Film trug den Titel *Roger & Me,* kam 1989 heraus und erzielte Einnahmen von mehr als 25 Millionen Dollar, womit dies der Dokumentarfilm mit der höchsten Einspielquote überhaupt wurde und zahlreiche angesehene Preise erhielt. In den letzten Tagen der Produktion bot Moore dem öffentlich-rechtlichen Fernsehen (PBS) für 10000 Dollar die Rechte für diesen Film an, doch PBS lehnte dies ab, da »er nicht lustig genug sei«. Tatsächlich ist der Film äußerst lustig; und Warner Brothers, wo man sein Potential erkannte, kaufte die Vertriebsrechte für drei Millionen. Moore landete in einem netten Eckbüro im Warner Brothers Gebäude in der Nähe des Rockefeller Centers in New York.

Wovon handelt *Roger & Me*? Die Geschichte dreht sich um einen übergewichtigen, unattraktiven Mann, der versucht, eine teuer gekleidete, mächtige Hauptfigur der Industrie zu interviewen. Im Verlauf dieser Odyssee können wir sehen, wie Lakaien des Konzerns ihre Haut retten, indem sie unehrliche oder bürokratische Antworten geben; wie die Stadt Flint zerfällt, während verzweifelte Ex-GM-Angestellte alles tun, um zu überleben; wie diese Menschen in der Weihnachtswoche aus ihren Wohnungen und Häusern geworfen werden, während Roger Smith auf der jährlichen Weihnachtsfeier eine »religiöse«, »erhebende« Frieden-auf-Erden-Rede vor den leitenden Angestellten und Mitarbeitern von GM hält. Vor allem können wir Roger Smith aus der Nähe beobachten, als Moore es schließlich doch schafft, ihn auf einem Aktionärstreffen zur Rede zu stellen und zu bitten, nach Flint zu kommen. Smith sagt ihm, er sei daran nicht interessiert; Flint sei ihm letztlich gleichgültig, und für seine Aktionen lasse er sich nicht zur Rechenschaft ziehen. Dies ist der Höhepunkt des Films, denn der Zuschauer bekommt zu sehen, *wer* hier wirklich unattraktiv ist. In den zwei oder drei Jahren nach *Roger & Me* hat GM weitere 74000 Angestellte entlassen.

In einem öffentlichen Interview fragte Moore, was der Unterschied zwischen dem Terroranschlag in Oklahoma City (1995) und dem von GM praktizierten Terrorismus sei? Warum, so fügte er hinzu, lassen wir nicht GM Crack und Kokain verkaufen, da die Firma mit ihrer Praxis Gemeinden genauso effizient zerstört. In einem weiteren Film mit dem Titel *The Big One* (1998) interviewt Moore den Aufsichtsratsvorsitzenden von Nike, Phil Knight, der zugibt, in den indonesischen Fabriken des Konzerns Vierzehnjährige zu beschäftigen. Er stellt klar, daß er nicht bereit ist, irgend jemandem zu helfen; sein ganzes Leben dreht sich um Geld und Macht. Von einem »monastischen« Gesichtspunkt aus betrachtet ist es wichtig, daß die Öffentlichkeit in Amerika solche Leute aus der Nähe sieht.

Was ist über Moore zu sagen? Hat der Erfolg ihn verwöhnt? Sicherlich besteht die Gefahr – *The Big One* wurde durch den Filmverleih Miramax vertrieben – und es scheint, daß er sehr darauf achten muß, nicht zu einer Ware der »alternativen« Art zu werden. Aber bislang ist Moores Bilanz äußerst positiv geblieben. Er hat ein Center for Alternative Media gegründet, um unabhängige Filmemacher und liberale Sozialprojekte zu unterstützen, und hat den Versuchen von Warner Brothers widerstanden, glatte, kommerzielle Filme zu machen; obendrein zückt er sein Scheckheft, um jungen Filmemachern Geld zu geben, wenn sich die Gelegenheit bietet. Die Reichen und Mächtigen mögen ihn nicht und meiden ihn, was sehr für ihn spricht, und sein Fernsehprogramm *TV Nation*, das über zwei Jahre lief, wurde schließlich abgesetzt. Moore betrachtet dies als eine ehrenhafte Auszeichnung, da diese Art der Ablehnung ein sicheres Zeichen dafür ist, daß er etwas Richtiges tut. Tatsächlich würde die Zurückweisung durch Leute wie Roger Smith und Phil Knight ihn geradezu als NMI ausweisen (wenn nicht einfach als anständigen Menschen). Als er von *Newsweek* gefragt wurde, ob er glaube, daß es realistische Möglichkeiten für einen Wandel gebe, antwortete Moore, daß die Chancen nicht gut stünden, aber daß es darauf ankomme, ein demokratisches ökonomisches System zu entwickeln. Er fuhr fort:

> »Das ist kein Kapitalismus, und es ist auch kein Sozialismus. Ein System, das einerseits fair ist gegenüber jedermann – jeder bekommt ein ansehnliches Stück des Kuchens –, das aber andrerseits nicht die Kreativität drosselt, das den einzelnen ermutigt, sich auszuzeichnen und uns allen hilft, uns als Gesellschaft weiterzuentwickeln. Das ist der Punkt, genau dies.«

Tatsächlich wurde eine solches Experiment im 20. Jahrhundert von einem großen, doch wenig bekannten NMI namens José María Arizmendi versucht, der seine Karriere als Priester in Spanien begann. Er war Journalist während des Spanischen Bürgerkriegs, und nach dessen Ende nahm er seine Studien wieder auf.

Sein Ziel bestand darin, die Bedürfnisse der Gemeinschaft mit individuellen Eigentumsrechten zu vereinbaren, mit anderen Worten, einen Mittelweg zwischen Kapitalismus und Sozialismus zu finden. 1941 übernahm er die baskische Gemeinde von Mondragón, und 1956, nach Jahren des Lehrens, Predigens und privaten Studiums, startete er mit fünf anderen Männern eine Fabrik in diesem Dorf. Sie wurde Ulgot genannt und stellte Parafinöfen und Kochplatten her. Dies führte schließlich zur Gründung einer Sparkasse, einer Berufsschule und eines Netzwerks industrieller Kooperativen, die im Besitz der Arbeiter waren und einen vertikalen Einkommensunterschied im Verhältnis eins zu drei hatten. Bis 1987 gab es hundert weitere Kooperativen, 20000 Arbeiter und einen Einkommensunterschied von 6 zu 1, was in einer Welt der Konzerne mit Unterschieden im Verhältnis von 400 zu 1 recht bemerkenswert ist. Die Kooperativen folgten einem Prinzip der Vertikalität, wenn es die berufliche Qualifizierung betraf, aber einer horizontalen politischen Struktur, d. h. stimmlichen Gleichberechtigung in allen anderen Angelegenheiten. Trotz eines Streiks im Jahre 1974 ist das Mondragón-Experiment sehr erfolgreich gewesen. Als 1986 die Arbeitslosigkeit in der baskischen Region bei über 25 Prozent lag, hat man in den Mondragón-Kooperativen 500 neue Stellen besetzt.

Was Arizmendi betrifft, so scheint er nahezu keine Ichbezogenheit zu kennen; Versuchen, ihn zu einem modernen Heiligen zu machen, hat er sich widersetzt. Dem Streik von 1974 blieb er absichtlich fern, um die Verhandlungen nicht durch seine Reputation zu beeinflussen, und er widerstand auch den Versuchen, ihn zu ehren und die Bewegung, die er gegründet hatte, zu personalisieren. Er war, um einen Biographen zu zitieren, »allergisch gegen alle Ismen – den Kooperativismus eingeschlossen«. »Ismen schränken uns ein und unterdrücken uns«, schrieb Arizmendi; »Leben heißt sich erneuern ...«

Natürlich ließen ihn die Leute nicht in Frieden. Ganze Flugzeugladungen amerikanischer Soziologen tauchten auf, um zu versuchen, die »Formel« von Mondragón herauszudestillieren (sie scheiterten); als Don José starb, tauchten überall Plaketten und Ikonen auf, und die hagiographischen Biographien folgten auf dem Fuß. All dies hatte Arizmendi verabscheut, denn es stellt das Gegenteil seiner Nicht-Philosophie dar. »Der Weg entsteht beim Gehen«, sagte er gern, eine Zeile des spanischen Dichters Antonio Machado zitierend.

Ein zweites mögliches Feld für die monastische Aktivität ist das alternative Studium, doch sollte man sich darüber im klaren sein, daß ich damit nicht jene Art von Ausbildung meine, die in den 1960ern und 1970ern populär war und die darauf abzielte, mit dem traditionellen Lehrplan zu brechen. Wie bereits bemerkt, hat sich das »Kreieren Sie sich Ihren eigenen Studiengang«-Programm im kalifornischen Stil eher als Witz erwiesen, da es Abschlüsse für private Selbstbezogenheiten und im Trend liegende Ideologien vergab und oft ein (computerisiertes) »Fern«studium förderte, das nur allzu gut in die neue globale Ökonomie paßt. Daher handelt es sich um ein Konsumentenstudium übelster Art. Ich beziehe mich hingegen auf Experimente, die versuchen, die Aufklärungstradition zu bewahren, anstatt sie zu verwerfen (wie die zuvor erwähnten Institutionen dies oft mit einem bizarren Stolz tun).

Eines der bemerkenswertesten Experimente auf diesem Gebiet ist der Clemente-Kurs in den Geisteswissenschaften, der 1994 von Earl Shorris gegründet wurde; in einem Artikel in *Harper's* vom September 1997 und in seinem Buch *New American Blues* hat er es im einzelnen beschrieben. Das ganze Projekt ist ein Prunkstück monastischer Unterwanderung in der Art, wie es sich für die Aufklärungstradition stark macht und gleichzeitig gegen die Kultur der Armut angeht, die die Unterklasse zerstört hat. Shorris hatte an einem Buch über die Armut gearbeitet und kam dabei zu der Schlußfolgerung, daß die Kombination zahlreicher Faktoren – Hunger, Drogen, Hausvermieter, Polizei usw. – die Armen in eine Art negatives psychisches Feld einsperrt, eine »Umgebung aus Gewalt«, aus der sie nicht entfliehen können, dem »Nebel« vergleichbar, den ich in der Reformschule in Washington beobachtet hatte. Dies hinderte sie daran, politisch zu werden, so daß sie keine Möglichkeit hatten, sich zu wehren. Ein Häftling schlug Shorris vor, daß der einzige Ausweg für die Armen darin bestehe, »das moralische Leben in der Stadt« zu studieren – das heißt, die Welt der Geisteswissenschaften, da dort Menschen lernten, wie man nachdenkt. Bei dieser Bemerkung ging Shorris ein Licht auf, und er kam auf die Idee, für diejenigen einen experimentellen Kurs in den Geisteswissenschaften anzubieten, die langfristig zur Unterklasse gehörten – ein Kurs, der auf dem »Große-Bücher«-Programm der University of Chicago beruhte, das vor Jahrzehnten von Robert Maynard Hutchins begründet worden war.

Um sich für Shorris' Kurs zu qualifizieren, mußte man in der Lage sein, ein Boulevardblatt zu lesen, und ein Haushaltseinkommen haben, das unterhalb von 150 Prozent der offiziellen Armutsgrenze lag, wie sie von der Zensusbehörde festgelegt wird. Das Geld für Bus und Untergrundbahnfahrt wurde bezahlt. Was das Anwerben von Schülern betraf, so stellte sich Shorris in verschiedenen Armensiedlungen in New York vor, zumeist bei Schwarzen und Latinos, von denen einige ihm nicht die Hand schütteln wollten und/oder die düster oder besorgt dreinblickten. Sein Motto? »Ihr seid betrogen worden. Reiche Leute«, so sagte er ihnen, »studieren Geisteswissenschaften.« Arme tun dies nicht. Die Geisteswissenschaften sind eine Methode, bei der man lernt, die Welt zu reflektieren, ein Schlüssel, um sich politisch zu engagieren, Macht zu bekommen. Dies sei, so Shorris, der Unterschied zwischen den Reichen und den Armen in dieser Gesellschaft. Sein Publikum hörte zu; schließlich trugen sich dreißig Leute ein.

Shorris hatte indessen nicht den geringsten Erfolg, als er Geld für sein Projekt auftreiben wollte. Zwar ging ein bißchen Geld ein, doch, wie Shorris seinen Zuhörern bei einem Vortrag erzählte, den er am 20. Januar 1998 an der University of Washington hielt, lachte man bei den meisten Stiftungen hysterisch, als er ihnen sein Projekt beschrieb. Diese Art von Ablehnung ist wichtig, denn sie ist ein guter Indikator dafür, daß das vorgeschlagene Projekt wirkliche monastische Arbeit darstellt. Wenn deine Idee durch größere Subventionen von den Konzernen gefördert wird, dann machst du wahrscheinlich etwas furchtbar falsch. Wie Barsamian und Moore bezahlte auch Shorris schließlich einen großen Teil des Projekts aus eigener Tasche.

Zum ersten Clemente-Kurs gehörten vier ehemalige Häftlinge, drei Obdachlose, ein Drogenabhängiger und eine an Aids sterbende Person. »Warum«, so Shorris, und dies hatten ihm wohl auch seine großindustriellen Nicht-Unterstützer vorgehalten, »warum sollten diesen Leuten italienische Gemälde aus dem 14. Jahrhundert oder Wahrheitstabellen oder der Tod des Sokrates wichtig sein?«

Aber diese Dinge waren ihnen wichtig. Sie identifizierten sich mit Platons Höhlengleichnis und sahen im Studium einen Ausweg. Daß Athen Sokrates zum Tode verurteilte, machte sie betroffen. Sie bestaunten die ägyptischen Galerien im Metropolitan Museum of Art. Nach jeder Stunde bildeten sich draußen in der Kälte Gruppen, die Probleme der Logik debattierten. Sie waren erstaunt über die Botschaft der *Nikomachischen Ethik*. Etwa die Hälfte von ihnen – 14 von 30 – gab aufgrund von Aids, Schwangerschaft, klinischer Depression oder anderen Problemen auf, aber 16 schafften es. Ein Jahr später waren zehn von ihnen Studenten an Vier-Jahre-Colleges oder an Berufsschulen.

Es ist ermutigend festzuhalten, daß Shorris die Haltung vertrat, daß politische Korrektheit völlig irregeleitet sei. Wie er in *New American Blues* schreibt, besteht die wirkliche Trennung im Erziehungssystem zwischen einer marktorientierten Kultur und den Geisteswissenschaften, nicht zwischen einem asiatischen und einem europäischen Gedicht. »Die Geisteswissenschaften«, so behauptet er,

»werden immer stark von der Arbeit der toten weißen Männer aus Europa beeinflußt sein, denn sie waren die Ruhestörer der Geschichte, die Schürer von Revolutionen und Erfindungen, der Impetus für den Wandel, die unbestechlichen Feinde des Schweigens, in dem die Menschlichkeit untergeht. Keine andere Gruppe von großen Werken lädt im gleichen Ausmaß zur Kritik ein oder lehnt Einsamkeit ab, und keine andere Gruppe von Werken in der ganzen Welt hat zur Politik geführt, bei all ihrer immer noch erstaunlichen Betonung von Autonomie.«[6]

Dies erinnert mich an einen Vorfall, der für das Engagement dieses Mannes bezeichnend ist. Ich sprach mit ihm nach seinem Vortrag an der University of Washington im Jahre 1998, als ihn zwei Männer um die Dreißig, in einer Kluft »guatemaltekischer Freiheitskämpfer« oder etwas Ähnlichem, ansprachen. Einer sagte zu Shorris: »Warum unterrichten Sie westliche Kultur, die unterdrükkerisch und kriegsähnlich ist? Sie sollten die Wissenschaft der Stämme und Eingeborenen lehren, die sanft und befreiend ist.« Shorris gab darauf die sanfte und hoffentlich befreiende Antwort: »Ich sehe nicht ein«, sagte er, »inwiefern es unterdrückerisch sein kann, Menschen zu lehren, über den Sinn ihres Lebens nachzudenken.« Und damit wandte er sich ab.

Etwa ein Jahr später stieß ich auf einen Absatz in Nathan McCalls bemerkenswertem Buch *Makes Me Wanna Holler,* das mich an diesen Dialog erinnerte. Die Textstelle zeigt, wie zentral die »toten weißen Männer« für jedermanns Freiheit bleiben, und sie widerlegt die Vorstellung, daß das Studium der westlichen Zivilisation nur für die Privilegierten ist. McCall, ein schwarzer Journalist der *Washington Post,* der drei Jahre wegen bewaffneten Raubüberfalls im Gefängnis saß, beschreibt, wie eine Gruppe von Häftlingen eine Diskussionsgruppe über westliche Zivilisation bildete:

»Wir debattierten über Theorien der großen Philosophen: Spinoza, Kant, Hegel, Kierkegaard und Sartre, unter anderem. Wir zerpflückten Dualismus, Pantheismus und Existenzialismus und diskutierten Fragen wie: Wie kann man das ›Gute Leben‹ schätzen, bevor man das Böse kennengelernt hat? Kommt Wesen vor Existenz oder Existenz vor Wesen? Während der Diskussionen war ich manchmal berührt von der merkwürdigen Situation, daß ehemalige Räuber, Drogenhändler und Mörder mitten auf dem Gefängnishof standen und die schwierigsten philosophischen Fragen überhaupt debattierten.«[7]

Was würde den Clemente-Kurs scheitern lassen? Nun, eine Institutionalisierung, und die ist bereits im vollen Gange. Das Projekt, das zunächst keinerlei Unterstützung bekam, erhält nun erhebliche Gelder vom amerikanischen Erziehungsministerium, verschiedenen Stiftungen und staatlichen Kommissionen für die Geisteswissenschaften. Es ist seitdem zu einem vom Bard College getragenen Programm geworden; sieben solcher Kurse gibt es nun in den Vereinigten Staaten, und unter Bards Leitung wird das Programm in den nächsten fünf Jahren auf nahezu fünfzig Orte ausgedehnt, mit Zweigstellen in Kanada, Mexiko und Frankreich. Die natürliche Gefahr besteht darin, daß ein solcher Erfolg das Programm zu einer im Trend liegenden Mode macht. In der Tat hat man Shorris sogar angeboten, einen Film über den Clemente-Kurs zu machen – sehr wahrscheinlich in der Art solcher Filme wie *To*

Sir with Love oder des absurden Michelle Pfeiffer-Films *Dangerous Minds* (Shorris hat den Vorschlag abgelehnt, was für ihn spricht).

Ein anderes monastisches Experiment im Bereich des Alternativstudiums ist das Abecedarian Project in North Carolina, das verarmten Kindern eine erstklassige Vorschulerziehung von der Geburt bis zum Alter von fünf Jahren bot. Im Gegensatz zu den düsteren Vorhersagen in dem berüchtigten Buch *The Bell Curve* aus den 1990ern, schaffte es das Abecedarian Project, eine erhebliche und stabile Anhebung des IQ-Niveaus zu erzielen. Aber diese Verbesserung ist lediglich ein Symptom für etwas weit Wichtigeres, nämlich für eine soziale Verantwortlichkeit, die Kinder in einem solch hochwertigen Kontext entwickeln und die sie befähigt, Informationen von den Erwachsenen aufzunehmen. Ein ähnliches Projekt, die Michigan High/Scope Perry Preschool Study, beobachtete etwa sechzig arme schwarze Kinder, die im Alter von drei und vier eine Qualitätserziehung erhalten hatten, bis zu ihrem 27. Lebensjahr. Es stellte sich heraus, daß nur sieben Prozent dieser Jugendlichen fünfmal oder öfter verhaftet worden waren, im Vergleich zu fünfunddreißig Prozent der Kontrollgruppe; ein erheblich höherer Teil von ihnen hatte ansehnliche Einkommen, besaß Häuser, hing nicht von Wohlfahrtsprogrammen ab, führte stabile Ehen usw.

Natürlich hat das Konzept einer entscheidenden »Zielgruppe« von Kindern im Alter bis zu drei Jahren 1997 weite Beachtung in den Medien gefunden, einschließlich einer besonderen Ausgabe von *Newsweek,* die dem Thema gewidmet war, und einem einstündigen Fernsehprogramm, in dem Bill und Hillary Clinton auftraten. All dies war freilich Schaumschlägerei, und das Thema rückte schnell aus dem Zentrum der öffentlichen Aufmerksamkeit, da sich die Medien bald dem nächsten »heißen Thema« zuwandten. Trotz der Medienschau könnten Experimente wie die von High/Scope und Abecedarian überleben, insofern der entscheidende monastische Punkt hier darin besteht, daß qualifizierte Lehrer mit dem Kleinkind individuell arbeiten. Somit ergibt sich die reale Möglichkeit, daß sich diese Kinder dem Lernen und dem Leben öffnen, anstatt in der Falle zu landen, die Shorris die »Umgebung der Gewalt« nennt.

Ein ausgezeichnetes Beispiel für monastische Aktivität auf dem Highschool-Niveau ist das Projekt eines Geschichtslehrers, Will Fitzhugh, der 1987 eine anspruchsvolle Zeitschrift mit Forschungsreferaten im Bereich Geschichte startete, die von Schülern der Sekundarstufe aus der ganzen Welt geschrieben wurden. *The Concord Review* vermittelt den Eindruck von hoher Qualität und bringt Themen, die von den Elgin Marbles bis zum Massaker von My Lai reichen. Der Stil ist sehr kultiviert, und andere Highschool-Lehrer haben begonnen, diese Aufsätze als Modelle in ihren eigenen Klassen zu benutzen. Um die Zeitschrift zu entwikkeln und zu unterhalten, investierte Fitzhugh 80 000 Dollar, seine gesamten Lebensersparnisse, da die meisten Stiftungen seine Bitten um Gelder mit dem Argument ablehnten, die *Review* sei »elitär«, da sie nur die besten Arbeiten akzeptierte. (Wie kommt es, daß in den Vereinigten Staaten herausragende Leistungen im Sport gefeiert werden, während ausgezeichnete Leistungen in der Wissenschaft als »elitär« betrachtet werden?) In der Tat ist Fitzhughs einziges Kriterium bei der Veröffentlichung Qualität, und er hat keine Scheu davor, eine politisch korrekte Arbeit abzulehnen, wenn sie zweitklassig ist. 1993 sowie 1995 mußte er die Publikation aus Geldmangel einstellen, aber die Zeitschrift setzte sich doch durch und erhielt schließlich 85 000 Dollar von der Argosy-Stiftung. Obwohl eine »elitäre« Zeitschrift nur begrenzt wirksam sein kann, hat sie vielen Schülern signalisiert, daß es in Ordnung ist, etwas zu leisten, intellektuelles Talent zu haben und zu entwickeln. Wie ein Artikel im *Boston Globe* (20. Dezember 1992) herausstellte, ermutigt die Zeitschrift die Schüler dazu, hohe Anforderungen an sich selbst zu stellen. Sie ist gegen das gängige Ethos amerikanischer Highschools angegangen, daß »dumm cool« sei, zum Teil, weil es wohl die einzige Zeitschrift der Welt ist, die sich der akademischen Arbeit von Schülern auf der Sekundarstufe widmet. Die Artikel sind nicht nur wissenschaftlich; sie sprühen auch vor Energie und zeigen die Leidenschaft ihrer Autoren für das jeweilige Thema. Obwohl *The Concord Review* von Wissenschaftlern in den höchsten Tönen gelobt worden ist, beläuft sich die Gesamtzahl ihrer Abonnenten auf 500 – eine wahrhaft monastische Zahl.

Die intellektuelle Armseligkeit amerikanischer Highschools ist bei vielen Eltern und Jugendlichen natürlich nicht unbemerkt geblieben, und es gibt nun eine lockere institutionelle Untergrundbewegung, die als »Heimstudium« bekannt und relativ verbreitet ist, mit landesweit etwa 700000 bis 1,2 Millionen beteiligten Kindern. Zum Teil wird sie – bedauerlicherweise – von christlichen Fundamentalisten unterstützt, die verhindern wollen, daß ihre Kinder Darwins Lehren oder anderen Dingen ausgesetzt werden, die ihrem Glauben widersprechen. Doch ein erheblicher Prozentsatz betrifft Eltern, die sich zugunsten ihrer Kinder »monastisch« verhalten. Sie können es sich nicht leisten, ihre Kinder auf Privatschulen zu schicken, aber sie haben erkannt, daß die öffentlichen Schulen nutzlos bis gefährlich sind.

Eine Untersuchung aus dem Jahre 1998 von mehr als 20000 »Heim«schülern zeigte, daß diese Kinder bei Standardtests erheblich besser abschnitten als Schüler öffentlicher oder privater Schulen (bei durchschnittlichen Ergebnissen in der 70- und 80-Prozent-Gruppe), und daß wenigstens 25 Prozent dieser Schüler auf einem Niveau lernten, das ein oder zwei Klassen über demjenigen ihres Alters lag. Die Untersuchung mag insofern fehlerhaft sein, als der familiäre Hintergrund, der ein höheres Bildungsniveau als bei Nicht-Heimschülern aufweist, hier eine größere Rolle spielen mag. Doch es ist interessant, daß so viele gut ausgebildete Erwachsene in den Heimschulen die beste Möglichkeit sahen, daß ihre Kinder etwas lernten.

Meine eigene Erfahrung mit der Heimschulbewegung ist, wenn ich hier einen Augenblick abschweifen darf, eher persönlicher als institutioneller Art. Vor einigen Jahren rief mich unerwarteterweise eine Frau an und bat mich, als Privatlehrer ihre dreizehnjährige Tochter Sarah in Philosophie und Literatur zu unterrichten. Sarah, die, wie sich herausstellte, sehr begabt war, war bis dahin von ihrer Mutter unterrichtet worden und war auf diese Weise in der Lage gewesen, die betäubenden Auswirkungen des öffentlichen Bildungssystems zu vermeiden. Ich begann bei ihr jedenfalls mit einigen Gedichten: Keats' »On First Looking into Chapman's Homer« und Leigh Hunts »Abou Ben Adhem«. Nebeneinander sitzend lasen Sarah und ich den Text von Platons *Menon* und diskutierten dann, was Wissen war und woher es kam. Bei anderer Gelegenheit ließ ich sie Lewis Carrolls »Jabberwocky« auswendig lernen und einen Aufsatz zu dem Thema »Warum ich George Gershwin mag« schreiben.

Eines Tages sagte ich zu Sarah, »Wir haben nun einige Wochen die alten Griechen studiert; sehen wir uns ihre Sprache an.« Ich nahm einen Satz aus Patricia Storaces Buch *Dinner with Persephone.* Storace zitiert die Zeile *»Arkhe tou paramythiou, kalispera sas.«*

»Eigentlich kennst du einige dieser Wörter«, sagte ich zu Sarah. »Beginnen wir mit *arkhe.* Kennst du ein Wort im Englischen, das ähnlich ist?«

»Ark« [Bogen], sagte Sarah.

»Richtig«, erwiderte ich. »Und was noch?«

»Archäologie?« fragte sie vorsichtig.

»Genau. *Arkhe* bedeutet ›fängt an‹. Das Wort hat mit Anfangen zu tun. Und wie ist das mit *paramythiou?«*

»Nun ...«, sagte Sarah nachdenkend. »Mythos [Sage] ist darin.«

»Richtig. Und was ist mit *para*?

»Paralegal?«

»Klar; das heißt, *wie* legal, ähnlich wie legal. Was ist dann wie eine Sage?« Sarah war sich nicht sicher.

»Ein Märchen«, sagte ich.

»Oh.« Dieser Blick eines überraschten Erkennens, den ich von Zeit zu Zeit in Sarahs Gesicht gesehen hatte.

»Und *spera* ist die Wurzel unseres Wortes Vesper, des Abendgottesdienstes. Der Satz geht somit folgendermaßen: ›Das Märchen fängt an, guten Abend.‹«

An diesem Abend ging Sarah mit ihren dreizehn Jahren in dem Glauben nach Hause, daß Griechisch letztlich gar nicht so schwierig zu lernen sei. So, glaube ich, können wir die Tradition weitergeben, und dazu braucht man keine Institution.

Betrachten wir als letztes Beispiel monastischer Aktivität zur kulturellen Bewahrung den Fall Olga Blooms, einer pensionierten Konzertgeigerin, die 1974 eine Hypothek auf ihr Haus aufnahm, um so in der Lage zu sein, eine alte Kaffeebarke zu kaufen und sie zu einer schwimmenden Konzerthalle zu machen. Als die Schauerleute vom Brooklyner Hafenviertel sahen, wie die kleine Frau schabte und sägte, begannen sie, ihr zu helfen. Das Ergebnis war ein Raum, der intim und akustisch perfekt ist. Kammermusiker lieben es, hier (zweimal pro Woche, das ganze Jahr hindurch) aufzutreten, und die Zuhörer mögen die niedrigen Kartenpreise und das intime Ambiente. Man sitzt in einem holzgetäfelten Saal und blickt durch vier malerische Fenster auf die Skyline von Manhattan. »Barkenmusik«, wie das Projekt genannt wird, hat eine kulturelle Renaissance in der Gegend ausgelöst, die bis heute anhält.

Ein Großteil der Motivation für das Projekt von Frau Bloom verdankt sich der Tatsache, daß wir in einem Land leben, das die Künste oder die Kreativität nicht allzusehr schätzt. Unser Land mag »Gewinner«, große Namen, aber die meisten Musiker fallen nicht unter diese Kategorie. Die meisten können sich keine Publicity leisten oder sich zum Beispiel einen Raum zum Spielen mieten und spielen dann bei Hochzeiten und Bar-Mizwas, auch wenn sie sehr gute Musiker sind. Bloom entschied, daß sie einen Raum schaffen wollte, wo diese Künstler der »kulturellen Massenproduktion« der amerikanischen Gesellschaft entkommen konnten, und sie hat es fertiggebracht, talentierten, aber unbekannten Leuten zu helfen, wirklich kreative Arbeit zu leisten. Sie selbst lebt von der Sozialversicherung und bekommt für ihre Arbeit kein Gehalt. »Für mich«, so sagte sie 1985 der *New York Times,* »ist Kammermusik der Inbegriff der Zivilisation.«

Als dritte und letzte Kategorie monastischer Tätigkeit könnten wir das Konzept einer breit verstandenen Umweltplanung in Betracht ziehen. Damit meine ich nicht die Ökologiebewegung oder im Trend liegende Projekte zur Rettung der Erde, sondern vielmehr Arbeit, welche die Gesundheit der Gesellschaft dadurch verbessert, daß sie die geistige und visuelle Landschaft verändert, in der wir uns alle bewegen. Die meisten unserer Städte sind visuelle und psychologische Wüsten. Wenn sie nicht wie Flint/Michigan aussehen, fangen sie an, den Konzernenklaven à la Dallas oder Atlanta zu ähneln. Keine Gemeinde, keine Seele, nur Boutiquen und Konferenzzentren. Doch eine interessante Diskussion kreativer, monastischer Antworten darauf liefert Tony Hiss in *The Experience of Place.*[8] Hiss geht auf das Gefühl von Frieden und einer erweiterten peripheren Wahrnehmung ein, die sogar an einem Ort wie der Grand Central Station stattfinden kann. Er spricht über Männer wie Frederick Law Olmsted, dem Genie der Landschaftsarchitektur des 19. Jahrhunderts, der Orte wie etwa Prospect Park in Brooklyn und Central Park in Manhattan plante. Mit seinem intuitiven Sinn für den »breitgefaßten Fokus simultaner Wahrnehmung«, schuf Olmsted Park nach Park, die alle bei denen, die darin spazierengingen, ein Gefühl der Entspannung und des Nicht-Abgehetztseins erzeugten. Olmsted glaubte, daß eine Demokratie »unbewußte oder indirekte Erholung« braucht, um zu funktionieren, Orte, wo Kommunikation und Geselligkeit stattfinden können. Solche Orte sollten seiner Meinung nach einfach statt bombastisch sein; dezentralisiert statt um vereinheitlichende Elemente angelegt; kommunikativ statt feierlich.

Die räumliche Neuplanung verlangt natürlich Organisation und Expertise. Im Fall der Innenarchitektur ist laut Hiss auf die Beleuchtung, die chemische Zusammensetzung der Luft und das Arrangement der Räume und Flure zu achten. Er scheint somit das Konzept zu bevorzugen, daß amerikanische Städte »Abteilungen zum Schutz der Erfahrung« einrichten, was meines Erachtens das Ganze zerstören wurde. Die Chancen, daß dann der neugeplante Raum, innen wie außen, eher Disney statt vielmehr Olmsted ähneln würde, sind viel zu groß. Wir sehen diese Art der Planung nun im Süden Frankreichs, wo einst idyllische, verschlafene provenzalische Dörfer, von Konzerninteressen wegen ihrer potentiellen touristischen Vermarktung heimgesucht, in »mittelalterliche« Boutiquenansammlungen verwandelt wurden und den Eindruck erwecken, sie seien künstlich verpackt. Diese Veränderung, die innerhalb von zwanzig Jahren geschah, stellt eine psychische Vergewaltigung der Umgebung dar.

Doch massiver Kitsch und die Verschandelung der Umwelt lassen sich umkehren. Vor Jahren schrieb William H. Whyte, daß relativ geringfügige Veränderungen in der Umwelt einen überraschenden Gesamteffekt haben können. In einer ländlichen Lage könnten wir zum Beispiel eine »schöne Lichtung haben, die den Blick auf eine Wiese freigibt, eine Reihe von Platanen an einem Flußufer, ein Schild mit Zeichen, weit entfernt auf dem Gipfel eines Hügels«.[9] Im einzelnen, stellte er fest, können solche Projekte trivial scheinen, aber insgesamt »können diese wichtigen Kleinigkeiten einen erheblichen Einfluß auf die Umgebung haben«. All dies ist keine »innovative Raumplanung im großen Stil«, schreibt er, vielmehr ist »die Gesamtheit, das Zusammenwirken kleiner Bilder und deren Wahrnehmung für die Menschen die echte Raumplanung.«

Ein inspirierendes Beispiel für ein Ein-Mann-Projekt zur Umgestaltung der Umgebung ist dasjenige von William Thomas, eines Arztes im Norden des Staates New York. Nachdem er 1993 Direktor des Chase Memorial Altersheims wurde, erkannte Thomas, warum die Leute lieber sterben wollten als in eine solche Einrichtung zu übersiedeln: Diese Heime sind kahle Orte, abgeschnitten von allen Zeichen des Lebens. Die Veränderungen, die Thomas herbeiführte, bezogen sich ausschließlich auf die Umgebung, und dabei reduzierte er Infektionen und die Einnahme von Medikamenten um 50 Prozent und die Sterberate um 25 Prozent. Gegen das Gesetz von New York verstoßend, ließ er 137 Hunde, Katzen, Vögel und Kaninchen herein und machte den Ort zu einem Tierpark. Er brachte Pflanzen in die Zimmer und verwandelte den Rasen in einen Gemüsegarten. Schließlich richtete er am Ort eine Kindertagesstätte ein und ermöglichte es älteren Kindern, ihre Nachmittage mit den Senioren zu verbringen. Kurz, er schuf eine blühende Welt für seine Patienten, und dies hatte zur Folge, daß auch sie aufblühten. (Nebenbei gesagt, verdienen es auch die lokalen Inspektoren, als NMI gewürdigt zu werden: Sie merkten zwar, daß Thomas gegen alle möglichen Regeln verstieß, drückten aber beide Augen zu.) Thomas berichtete über diese Ereignisse in seinem Buch *Life Worth Living,* das 1996 publiziert wurde.[10] Im Jahr zuvor hatte Gouverneur Pataki ein neues Gesetz unterzeichnet, das den Besitz von einem oder mehreren Tieren in einem Altersheim genehmigte.

In gewissem Sinn stellt die Arbeit von William Thomas lediglich eine Reparatur oder ein Rückzugsgefecht dar. Zu der unvermeidbaren Folgewirkung der konzerngelenkten Konsumgesellschaft gehören auch Einsamkeit, Entfremdung, Langeweile und Sterilität der Umgebung. Eine gesunde Gesellschaft hätte einen Mann wie William Thomas zunächst einmal gar nicht nötig, und seine Arbeit – mehr als zweihundert Altersheime haben seine Methode übernommen – wird die Struktur unserer Gesellschaft nicht ändern. Obendrein besteht auch immer die Gefahr, daß ein Projekt »gestarbucked« wird, wie alles andere im Designerland Amerika: Man nehme Pflanzen, Kinder, Tiere, dann etwas Wasser dazu und rühre alles um. Wie ich schon betont habe, im trendbewußten Land des »Hype« ist Erfolg tödlich, und Thomas selbst hat auf diese Gefahr hingewiesen. Doch trotz alledem ist die »Eden Alternative«, wie sein Projekt genannt wird, ein hervorragendes Beispiel monastischer Aktivität. Schließlich haben Central Park und Frederick Law Olmsted auch nicht den Moloch der Konzerne gestoppt; aber solche Arbeit vermittelt die Spur einer Erinnerung daran, was eine Kultur leisten und wie die Planung der Umwelt diese Kultur veredeln kann. Wohin Aktionen dieser Art in einem Jahrhundert führen könnten, weiß niemand.

Dies ist also sozusagen der Mikrokosmos; spezifische Beispiele dafür, was die monastische Option ausmachen könnte. Wir können hier auch die Traditionen des Handwerks, der Pflege und Integrität miteinbeziehen; die Bewahrung des Kanons der Wissenschaft, des kritischen Denkens und der Aufklärungstradition; den Kampf gegen die Akteure der Umweltverschandelung und gesellschaftlichen Ungleichheit; die Wertschätzung individueller Leistung und unabhängigen Denkens usw. Aber im Zentrum all dieser Beispiele steht die Ablehnung eines Lebens, das auf Kitsch, Konsumdenken und Profit oder auf Macht, Ruhm und Eigenwerbung beruht. Wie bereits angedeutet, muß die monastische Option, ganz gleich, wozu sie im historischen Sinne führen wird, zum jetzigen Zeitpunkt eine Lebensweise sein. Ein NMI versteht, daß er oder sie nicht in McWorld verwickelt sein darf, in die

»Haut« einer zerfallenden Gesellschaft, die ihre Werte aufgibt und unser kulturelles Erbe zugunsten von »Hype« und Vermarktung aufgibt. Statt dessen kann man eine Lebensweise wählen, die ihr eigenes »Kloster« wird, die Schätze unseres Erbes bewahrt, für uns wie hoffentlich für künftige Generationen. Wie ich schon gesagt habe, sollte man dabei allzu große Publizität vermeiden; die Aktivität wird authentisch bleiben, wenn sie die Belohnung in sich selbst sieht. Ich hätte wirklich bekannte Einzelpersönlichkeiten als Beispiele der monastischen Option wählen können – Leute wie Noam Chomsky, den man das »Gewissen der Nation« genannt hat, oder Harriet Doerr, die ihr erstes Buch *(Stones for Ibarra),* das den National Book Award erhielt, im Alter von 73 Jahren schrieb. Sicherlich gibt es solche Personen, und ich mag sie persönlich sehr – meines Erachtens sind sie um so großartiger, als sie Lichtjahre von »Hype« und Eigenwerbung entfernt sind. Aber sich auf solche Personen zu konzentrieren, hätte das Risiko bedeutet, den Heldenkult zu verstärken, der Teil der kahlen Landschaft der Konzerne ist, die wir bewohnen; das ist, als ob man sagte, die Dinge stehen nicht so schlecht für die Armen, denn sie könnten in der Lotterie gewinnen, oder daß wir letztlich doch eine lebendige Kultur haben, weil wir über eine kleine Handvoll von großen Künstlern und Denkern verfügen. Vor allem kann dies leicht in die Irre führen, da es den Eindruck vermittelt, nur die Großen kämen als Nomaden, als NMI in Frage, während genau das Gegenteil zutrifft: *Sie und ich* können ein »nomadisches« Leben führen, und wir können gleich damit beginnen. Wie Don DeLillo sagt, ist in einer Kultur wie der unseren der Schriftsteller zum Beispiel wahrscheinlich bedeutender, wenn er eine Randexistenz führt. »Am Ende«, so meint er, »werden Schriftsteller nicht schreiben, um zu rebellischen Helden irgendeiner Untergrundkultur zu werden, sondern vor allem, um ihre eigene Haut zu retten und als Individuum zu überleben.«[11] Das gleiche kann über alle monastischen Aktivitäten gesagt werden und über die Leute, die sich in ihnen engagieren.

Bislang habe ich Ihnen eine Mikroanalyse der monastischen Option geliefert, indem ich einige wenige konkrete Beispiele für einen realistischen Optimismus gegeben habe, und jene tagtägliche Aktivität, die in zehn oder zwanzig Dekaden von heute aus gesehen zu einer kulturellen Transformation führen kann oder auch nicht. Ich möchte dieses Buch mit einer Makroanalyse beschließen, einer Untersuchung, wie eine gewandelte Welt möglicherweise aussehen wird und wie der nächste Zyklus der Renaissance – die *Morgenröte* einer neuen amerikanischen Kultur – in dieses Gesamtbild passen könnte.

FÜNFTES KAPITEL

Alternative Visionen

Zu jedem beliebigen Zeitpunkt in der Geschichte gibt es reale Alternativen. […] Wie können wir »*erklären*, was geschehen ist und *warum*«, wenn wir nur das betrachten, was geschehen ist, und niemals die Alternativen in Betracht ziehen […]. Nur wenn wir uns die Alternativen der Vergangenheit vor Augen führen, […] nur wenn wir einen Augenblick lang leben wie die Menschen der Zeit gelebt haben, und zwar in ihrem noch fließenden Kontext und mit ihren noch ungelösten Problemen, […] können wir nützliche Lehren aus der Geschichte ziehen.
HUGH TREVOR-ROPER, »HISTORY AND IMAGINATION«[1]

Bevor ich auf die möglichen Gesellschaftsformen des 22. Jahrhunderts und die kulturelle Renaissance eingehe, zu der es möglicherweise in seinem Gefolge kommt, ist es vielleicht sinnvoll zu rekapitulieren, wieweit wir in unserer Diskussion gekommen sind. Zu Beginn habe ich die These aufgestellt, daß sich die amerikanische Kultur trotz des ökonomischen und technologischen Anscheins in ihrer Dämmerungsphase befindet und sich rasch dem Punkt des sozialen und kulturellen Bankrotts nähert. Der Abstand zwischen Reich und Arm ist niemals größer gewesen; unsere langfristige Fähigkeit, für grundlegende Sozialprogramme zu zahlen, ist zunehmend in Frage gestellt; Unwissenheit und funktionales Analphabetentum sind in diesem Land so hoch, daß wir uns international lächerlich machen, und die Übernahme unserer geistigen Welt durch McWorld, d. h. konzerngesteuerte Konsumentenwerte, ist nahezu vollkommen. Zwar sind die USA wirtschaftlich gesehen ein Riese, doch in Wahrheit ein kultureller Scherbenhaufen, ein »Reich der Wüste«.

Mein Argument war auch, daß die hier zugrundeliegende Chronologie im Sinne historischer Zyklen gar nicht so neu ist. Es gibt einfach keine Ausnahme von der Regel, daß alle Kulturen schließlich verfallen, und auch wir werden diesem Schicksal und den Gesetzen der Historie nicht entgehen. Der Vergleich mit Rom ist recht beunruhigend: In der Spätphase des Römischen Reiches kam es zu einer extremen Kluft zwischen Arm und Reich und zum Verschwinden der Mittelklasse; die Kosten der Bürokratie und Verteidigung trieben es in den Bankrott; Lese- und Schreibfähigkeit und griechische Bildung lösten sich in einer Art New-Age-Denken auf, usw. Ein dunkles Zeitalter senkte sich auf Westeuropa herab, und mit oder ohne Absicht betätigte sich ein neuer Mönchsorden als Institution zur Bewahrung der klassischen Bildung bis zu dem Zeitpunkt einer möglichen kulturellen Renaissance. Im elften und zwölften Jahrhundert wurde dieses Material wiederentdeckt, floß zurück in den europäischen Mainstream und wurde zum lebenswichtigen Element der kulturellen Erneuerung. Wir haben auch gesehen, wie bestimmte Science-Fiction-Autoren, namentlich Walter Miller und Ray Bradbury, diesen Prozeß als oszillierendes Phänomen erkannten und sich über den Charakter dieses wiederkehrenden historischen Musters den Kopf zerbrachen.

Im dritten Kapitel habe ich dieses Rätsel in gewisser Weise zu lösen versucht, wobei ich von der Vorstellung einer »Schatten«komponente innerhalb der kulturellen Renaissance ausging und dabei vor allem den Szientismus und Materialismus der Aufklärung hervorhob, die unter dem Eindruck eines unaufhörlichen Fortschritts des Kapitalismus dafür sorgten, daß sich das Programm der Aufklärung zur großindustriellen Konsumentenkultur des 20. Jahrhunderts wandelte. So sind wir in die Phase von

McWorld eingetreten, eine Ära der ökonomisch-technischen Brillanz, in der die Oberfläche die Substanz ersetzt hat und der Erfolg des Systems in Wahrheit dessen Scheitern darstellt. Vor allem die Bildung gerät unter den Druck konsumorientierter Wertvorstellungen, und das Erziehungswesen verschlechtert sich dank des fortschreitenden allgemeinen Konsumfetischismus.

Schließlich habe ich über eine mögliche moderne Version der Mönchsoption gesprochen, bei der es eine neue Art von Mönchsorden unternimmt, diese Gesellschaft zu kritisieren und die positiven Aspekte der Aufklärung, nicht als einer politischen Bewegung als vielmehr einer Lebensweise, zu bewahren und weiterzugeben. Ob wir über Michael Moore sprechen, der die vornehme Gewalt kapitalistischer Gier herausstellt, oder über Earl Shorris, der ehemaligen Häftlingen Platon und Aristoteles nahebringt, oder über Olga Bloom, die auf einer Barke auf dem East River Kammermusikkonzerte organisiert – dies alles sind Beispiele für Menschen, die die Qualität des amerikanischen Lebens auf sanfte Weise verwandelt haben, nicht im Sinne irgendeiner politischen Bewegung oder einer unausgegorenen »aquarischen Verschwörung«, sondern einfach aufgrund ihres eigenen Engagements. Natürlich kann dies nicht wirklich das amerikanische Leben ändern, aber es hinterläßt möglicherweise eine Erinnerungsspur, ein Fragment kultureller Bewahrung, woran in günstigeren Zeiten wieder angeknüpft werden mag. Dies ist eine Frage der Zeit, und am Anfang des 21. Jahrhunderts ist es viel zu früh, darüber auch nur zu spekulieren.

Wie der Leser weiß, habe ich versucht, meine eigene Analyse von jenen optimistischen Büchern abzusetzen, die eine relativ schnelle Umkehr vorhersagen oder suggerieren, daß die Heilung Amerikas ohne Schmerzen zu erreichen sei. Ein Buch, das ich wirklich bewundere, weil es sich nicht scheut, davon auszugehen, erst ein kommendes »dunkles Zeitalter« als Voraussetzung für eine kulturelle Erneuerung anzusehen, ist Immanuel Wallersteins gedankenreiche Untersuchung *Utopistics,* die ausdrücklich das herkömmliche utopische Denken ablehnt: »Das Letzte, was wir brauchen«, sagt er, »sind weitere utopische Visionen.«[2] Je größer der Ehrgeiz eines Gesellschaftsplans ist, desto größer ist normalerweise der resultierende Schaden, und Wallerstein ist skeptisch, was die menschliche Fähigkeit angeht, weise kollektive Entscheidungen zu treffen. (»Aus so krummem Holz, als woraus der Mensch gemacht ist«, schrieb Immanuel Kant, »kann nichts ganz Gerades gezimmert werden.«) Daher Wallersteins Interesse an dem, was er »utopische Wissenschaft« oder die »Wissenschaft des Utopischen« nennt: »[...] die ernsthafte Veranschlagung historischer Alternativen, die Anwendung unseres Urteilsvermögens im Hinblick auf die materielle Rationalität alternativer möglicher historischer Systeme«. Eine solche »Wissenschaft« analysiert sozusagen die Beschränkungen, die dem menschlichen Gesellschaftssystem auferlegt sind, und die Räume, die menschlicher Kreativität offenstehen. Vorstellungen von einer perfekten, »unausweichlichen« Zukunft lehnt sie zugunsten einer historisch möglichen, hoffentlich besseren, aber notwendigerweise ungewissen Zukunft ab. Was sich laut Wallerstein im Hinblick auf unsere gegenwärtige Lage klar sagen läßt, ist, daß der gegenwärtige Prozeß der Globalisierung die Endphase unseres historischen Systems ist und wir in ein dunkles Zeitalter des historischen Übergangs eintreten.

Der »Wellen«theorie des sowjetischen Wirtschaftswissenschaftlers N. D. Kondratieff folgend, sagt Wallerstein voraus, daß das frühe 21. Jahrhundert einen Aufschwung, eine erneute Expansion der Weltwirtschaft erleben wird, mit verstärkten Möglichkeiten für Investitionen und Kapitalakkumulation. Die Kluft zwischen Reich und Arm wird noch größer werden und damit eine noch größere Polarisierung zwischen dem Zentrum und der Peripherie entstehen. Während sich die Ideologie der endlosen Kapitalakkumulation (»Fortschritt«) weiter ausbreitet, vertieft sich auch die Legitimationskrise dieser Ideologie. Nationen mittlerer Stärke in den Gebieten, die nicht zum Zentrum gehören – wie zum Beispiel der Irak –, werden in der Lage sein, die mächtigen Nationen im Zentrum erfolgreich herauszufordern; und innerhalb des Westens selbst wird der Mangel an akzeptablen Jobs für Nicht-Weiße eine zunehmende Bedrohung darstellen, da die Zahl der nichtweißen Bevölkerung zunimmt. Die Reichen werden sich immer größere Sorgen um ihre persönliche Sicherheit machen, wie dies heute in Ländern der Dritten Welt der Fall ist, und das moderne Weltsystem wird in eine Phase der fortgesetzten Krise und Instabilität eintreten. Schließlich wird es eine sehr große Peripherie innerhalb des Zentrums geben. Die privilegierte Klasse wird versuchen, diesen Herausforderungen dadurch zu begegnen, daß sie sich die Rhetorik der Unzufriedenen – auf Gebieten wie der Ökologie, des Multikulturalismus, der Frauenbewegung – zu eigen macht, was zu der Illusion führen wird, daß ernsthafte Veränderungen im Gange sind, während in Wahrheit die entscheidenden Besitzverhältnisse gleich bleiben. Schließlich ist jedoch eine dunkle Ära, ein Bruch des Systems, unvermeidlich, da das System nicht wie bisher überleben kann; die Belastungen sind zu groß geworden, und schließlich wird sogar die Strategie der Vereinnahmung nicht funktionieren. Das Ergebnis von all dem ist nicht vorhersehbar, was in der Natur der Sache liegt. Das Nachfolgesystem mag besser sein oder auch nicht; ja, es könnte sehr wohl viel schlechter sein.

Ich persönlich glaube an die bessere Variante, aber dies wird unter anderem vom Ausmaß »monastischer« Aktivität abhängen. Gestützt auf die Chaostheorie, verweist Wallerstein auf einige Punkte in bezug auf das kommende dunkle Zeitalter, die sich mit der These der monastischen Option überschneiden. Übergangsperioden, so betont er, sind keine normalen Zeiten; es sind Zeiten, in denen individuelle Handlungen eine weit größere Wirkung auf die historischen Entwicklungen haben können, als dies normalerweise der Fall wäre. In stabilen Systemen haben selbst große Fluktuationen relativ geringe Auswirkungen (das ist mit dem Begriff *System* gemeint). Aber wenn sich Systeme weit von ihrem Gleichgewicht entfernen, was heute geschieht, so können selbst geringe Fluktuationen große Wirkungen haben. Kurz, die Rolle monastischer Aktivität wird unvorhersagbar; sie könnte unabsichtlich das System, während es zerfällt, in eine neue Richtung lenken. Dies ist meines Erachtens nicht einfach eine Frage des freien Willens oder des Voluntarismus, denn die grundlegende Arbeit muß auf kumulative und evolutionäre Weise geleistet werden, damit dieser Anstoß wirkliche Wucht hat. Dennoch könnte es wie eine Überraschung aussehen, wenn es dazu kommt.

Die gesamte Frage einer »utopischen Wissenschaft« oder »wissenschaftlichen Utopik«, der sorgfältigen Veranschlagung künftiger Möglichkeiten und monastischer Aktivität als einer treibenden Kraft für solche Veränderungen, ist das Thema eines Films des Schweizer Filmemachers Alain Tanner aus dem Jahre 1976: *Jonah, der im Jahr 2000 fünfundzwanzig sein wird.* Die Handlung findet in und um Genf statt, wo in der Nachfolge der »Sechziger« verschiedene Radikale der Nachsechziger unabsichtlich bei dem flüchtigen, planlosen Versuch zusammenkommen, eine bessere Gesellschaft zu schaffen. Der Mittelpunkt der Geschichte ist das Denkmal Rousseaus in der Innenstadt von Genf, das die Suche nach Alternativen zum unterdrückten Leben in der kommerziellen Kultur symbolisiert. Marcel betreibt organische Landwirtschaft und widmet sich Umweltbelangen. Max, ein enttäuschter Marxist, bekommt Wind von einem Grundstücksplan, den größere Banken ausgeheckt haben, und rät den kleinen Landbesitzern, ihr Land nicht zu verkaufen. Seine Freundin Madeleine versucht, das Realitätsprinzip zu überwinden, indem sie Tantra-Sex praktiziert; und Marie, eine Kassiererin im Supermarkt, berechnet den alten Rentnern stillschweigend geringere Preise für Lebensmittel. Matthieu startet das Projekt einer Heimschule nach dem Montessori-Modell, während sich Marco, ein Geschichtslehrer an dem Gymnasium, der Präsentation monastischer Alternativen widmet. Die Geschichte ist nicht fest vorgegeben, sagt er seinen Schülern; Alternativen sind immer möglich. Er läßt Marie in seine Klasse kommen, um das Leben einer Kassiererin zu beschreiben. Er läßt Matthieu darüber sprechen, wie die Wirtschaft von den Reichen zugunsten ihres eigenen Nutzens manipuliert wird. Sein Argument ist, daß die Geschichte, bildlich gesprochen, »Wurmlöcher« aufweist, anhand derer zukünftige Alternativen erkannt werden können, und daß die gleichen Wurmlöcher, die von Propheten wie Rousseau benutzt werden, um einen Blick in die Zukunft zu werfen, von Historikern Jahrhunderte später in umgekehrter Richtung benutzt werden, um die Vergangenheit zu verstehen.

Wie die Geschichte endet? Marco wird wegen seiner Offenheit entlassen und singt schließlich Lieder wie »Kirschblütenzeit« für die Senioren in einem Altersheim. Marie wird beim Mogeln im Supermarkt erwischt und für sechs Monate ins Gefängnis geschickt. Die alternative Schule wird geschlossen, da Matthieus Arbeitgeber, Marcels Frau, sagt, sie habe ihn angestellt, um Mist zu schaufeln, nicht um Kinder etwas über Wale zu lehren. Und Max bleibt trotz seines bescheidenen Erfolges beim Durchkreuzen des Schweizer Banken-Deals enttäuscht und zynisch.

Ich habe diesen Film jahrelang vor verschiedenen Klassen gezeigt, und ich bin immer wieder erstaunt, wie unterschiedlich die Reaktionen sind, die von Begeisterung bis zur Verzweiflung reichen. Ist das Glas halb leer oder halb voll? Einige Studenten weisen darauf hin, daß alle Experimente gescheitert sind; andere sehen die verschiedenen Bemühungen als erste Schritte auf dem Weg zu einem anderen Leben. Im Film wird der entscheidende Punkt von Madeleine ausgesprochen, ein Punkt, den wir schon betont haben: Geschichte schreitet langsamer voran als ein einzelnes menschliches Leben. Wählt man den monastischen Weg, so gibt es, wie gesagt, keine Garantien. Man öffnet vielleicht Wurmlöcher, durch die ein Historiker in zweihundert Jahren sehen könnte, um zu sagen: »Klar, so mußte es kommen.« Wie Nietzsche einmal bemerkte, ist es »das Zeichen einer höheren Kultur, die kleinen unscheinbaren Wahrheiten zu schätzen«, denn diese addieren sich und machen letztlich den Unterschied aus. Die monastische Option hat zum Beispiel nichts mit der pompösen Bewegung einer »freiwilligen Einfachheit« zu tun oder mit einem institutionalisierten Clemente-Kurs oder mit einem PBS-Programm über »Spiritualität«. Sie ist viel privater und weit weniger mit einer Absicht verbunden, und sie bezieht sich auf Dinge, die bleiben.

Das Thema einer alternativen Zukunft ist natürlich für unsere Diskussion zentral. Wenn auch notwendigerweise höchst spekulativ, ist sie das Herzstück meiner Makroanalyse. Marcos Argument von den Wurmlöchern, oder was ich als Leerstellen sehe, scheint mir völlig zutreffend. Dies bedeutet *nicht*, daß es keine Beschränkungen gibt, daß die Zukunft endlos formbar oder rein zufällig wäre. Das wäre voluntaristisches New-Age-Geschwätz, und darauf brauchen wir uns erst gar nicht einzulassen. Aber die Vorstellung von Leerstellen in der Geschichte erinnert daran, daß die historische Unausweichlichkeit erst im nachhinein existiert, und daß in Wahrheit die Dinge nicht in Stein gemeißelt sind. Ein *gewisses* Maß an Kontingenz ist weit plausibler als völlige historische Unausweichlichkeit, die Vorstellung, daß die Dinge sich so entwickeln mußten, wie sie es taten. Einige Historiker haben diese »Was-wenn«-Fragestellung aufgegriffen, auf die der britische Historiker Niall Ferguson in der von ihm herausgegebenen Essaysammlung *Virtual History* im einzelnen eingeht; und es ist interessant, daß sich im Genre der Science Fiction ein Untergenre gebildet hat, die sogenannte »alternative Geschichte«, um das gleiche Thema zu erforschen. Es gibt eine Reihe von Romanen, die ein Ergebnis als Ausgangspunkt wählen, das dem wirklichen historischen Ergebnis entgegengesetzt ist. Was wäre geschehen, wenn die amerikanischen Südstaaten den Bürgerkrieg gewonnen hätten? Was, wenn die Achsenmächte im Zweiten Weltkrieg die Alliierten besiegt hätten? Was, wenn die protestantische Reformation im Sande verlaufen wäre und die westliche Welt nahezu vollständig katholisch wäre? Der Wert solcher kontrafaktischen historischen Spekulation liegt genau darin, daß wir zwar in bezug auf unsere eigenen historischen Umstände »natürlich« sagen können, doch auch bei einem radikal anderen Szenario, wenn sich die Ereignisse völlig anders entwickelt hätten, letztlich »natürlich« gesagt hätten. So erhalten wir in Kingsley Amis' Roman *The Alteration* die Gelegenheit, eine katholische Welt zu betrachten, in der die individuelle Meinungsfreiheit scharf eingegrenzt ist, aber die wissenschaftlichen und technologischen Beschränkungen zu einer weniger hektischen, entspannteren Welt geführt haben. In Philip Dicks *The Man in the High Tower* hat Deutschland – »natürlich« – den Zweiten Weltkrieg gewonnen, und das, was in diesem Szenario als abartige Phantasievorstellung erscheint, ist ein Untergrundroman im Genre der alternativen Geschichte (verfaßt von dem Mann im Hochturm), in dem Deutschland – »natürlich« – den Krieg verliert. Entscheidend ist, daß ein detailliertes Nachhinein nicht absolut sicher ist, was die Vorhersage der Zukunft betrifft. Brüche haben sicherlich eine lange und gewöhnlich verborgene Entwicklung, aber wenn sie auftreten, kann es so aussehen, als kämen sie aus dem Nichts. In diesem Sinn könnten die monastischen Pfade auf ungeklärte Weise eine Welt herbeiführen, die sich grundlegend von jener unterscheidet, die von den Regeln und dem Ethos der transnationalen Konzerne beherrscht wird. Für diejenigen, die in der ersteren leben, wird es genauso eine Frage des »Natürlich« sein wie für jene, die in der letzteren leben. Vielleicht müssen wir das Unerwartete erwarten.

Lassen wir unseren Geist ein bißchen wandern und denken wir das Unerwartete. Zunächst einmal möchte ich darauf hinweisen, daß historische Perioden sich durch nackte Chronologie nicht sinnvoll umreißen lassen. Das 19. Jahrhundert begann zum Beispiel mit der Französischen Revolution im Jahre 1789, die den letzten Bruch mit dem Feudalismus und dem *ancien régime* bedeutete. Geht man von einer zusammenhängenden geistigen und politischen Landschaft aus – einer, die im Westen relativ frei von Kriegen war –, so dauerte es bis 1914, also insgesamt 125 Jahre. Der Erste Weltkrieg und die Russische Revolution führten zu einer völlig anderen Welt: die letzte Phase der Moderne, das Zeitalter des Völkermords, die Ära der Angst, der Anomie, Picassos, Einsteins und des unaufhaltsamen Aufstiegs des Vereinigten Staaten zur einzigen Supermacht. Diese Konstellation endete wiederum 1989, als im Prinzip das 21. Jahrhundert begann. Warum sage ich das?

Im Jahre 1989 zeichneten sich endlich die Umrisse einer Welt ab, die ganz anders war als diejenige, die 1914 begonnen hatte. In jenem Jahr begann das Ende der Sowjetunion und der (bequemen) Organisation der Welt in zwei entgegengesetzte Lager. Dies ist der Kernpunkt dessen, was wir *Globalisierung* nennen. Nicht mehr eine klar definierte Welt der binären Opposition, sondern eine dezentralisierte, fragmentierte Welt, in der wieder bittere regionale Rivalitäten auftauchten und der »Feind« nicht mehr eindeutig ausgemacht werden konnte. Den Vereinigten Staaten kam ihre moralische, antikommunistische Sendung abhanden, und das Vakuum füllte man mit Ablenkungen aus: einem kurzen, oberflächlichen »Krieg gegen die Drogen«, dem Golfkrieg und einem Jahrzehnt trivialer politischer Skandale, die als Nachrichten galten. Solche Entwicklungen waren jedoch nur vorübergehender Natur. Die wirklich neue moralische Sendung war die globale Hegemonie der Konzerne, die alte Doktrin einer »manifest destiny« wurde nun in die ökonomische Arena importiert und auf die ganze Welt projiziert. Wie ich im ersten Kapitel sagte: Wie das 20. Jahrhundert das amerikanische Jahrhundert war, so wird das 21. Jahrhundert das der Amerikanisierung sein, und es wird in einer neuen Weltwirtschaft verankert sein, in der das Konsumdenken eine ausgesprochene Religion ist.

Der zweite Markierungspunkt der neuen Zeitenwende war, daß 1989 oder kurz danach die Technologie der Mikroprozessoren begonnen hatte, die geistige Landschaft der Vereinigten Staaten und eines großen Teils von Westeuropa neu zu bestimmen. E-Mail, Hypertext und das World Wide Web unterstützten diesen Globalisierungsprozeß und die Ausbreitung transnationaler Konglomerate auf verschiedene Weise. Als letzte Phase der wissenschaftlichen und industriellen Revolution hatte die Informationsrevolution damit begonnen, die Realität so abstrakt zu machen, daß sie völlig virtuell wurde. Wie die Texte auf einem Computerschirm, auf dem jegliche Information nur ephemere Qualität hat und anscheinend gegenüber jeder anderen Information gleichwertig ist, so sind nun Orte, Menschen und Organisationen zugleich überall und nirgends. Der Nationalstaat fing an, zunehmend irrelevant zu werden (»Cyberia« kennt keine Grenzen), und der Sinn zunehmend horizontal. Geschichte, Identität und Autorschaft wurden nun als abstrakte Datenbits in der neuen Welt einer ewigen elektronischen Gegenwart gesehen.

Der dritte Faktor beim Übergang ins 21. Jahrhundert, der Wandel von der Moderne zur Postmoderne, ist eng mit den beiden anderen verflochten. Um 1989 hatte eine ursprünglich esoterisch-akademische französische Diskussion über die »Welt als Text«

und die Abwesenheit von Sinn das breite Bewußtsein erreicht. Auf mannigfache Art zeigte sich der Nihilismus der Dekonstruktion in einer neuen Art von Alltagssensibilität: Der amerikanische Präsident wurde, wie bereits erwähnt, eine Art Aufsichtsratsvorsitzender ohne Moral oder persönliche Verantwortlichkeiten; das einzelne Individuum hatte nicht nur keine Identität, sondern *brauchte* auch keine und konnte sich ständig neu erfinden; Entscheidungen waren eine Frage dessen, was sich durchsetzen läßt, und hatten deshalb keinen existentiellen oder ethischen Sinn (und waren daher im wesentlichen gleichrangig); und schließlich – wenn wir den religiösen Fundamentalismus jetzt einmal beseite lassen – war kein Wert irgendeinem anderen überlegen, da es so etwas wie Wahrheit nicht gab und die Realitäten austauschbar waren, so daß das geistlose Konsumieren zur Hauptbeschäftigung wurde.

Mit dem Jahr 2000, dem zwölften Jahr der neuen Ära, sind die drei bezeichnenden Charakteristika – Globalisierung, Kybernetik und Dekonstruktion – klar hervorgetreten. (»O brave new world / That has such people in't« schrieb Shakespeare vor fast vierhundert Jahren.) Trotz der Gefühle derjenigen, die sich (vernünftigerweise) etwas anderes wünschen, werden uns diese Faktoren im neuen Jahrhundert begleiten, und sie stellen die Ideologien einer Nation dar, die ihre Grundlagen verloren hat. Denkt man an die tagtägliche Lebenserfahrung, so sind die meisten Amerikaner ängstlich und desorientiert geworden, denn sie leben unweigerlich ein Leben der Leere und Vergeblichkeit. Dennoch kann diese Konstellation nicht andauern, denn sie ist offensichtlich von Natur aus instabil und transitorisch. Man kann so viel über Globalisierung, virtuelle Realität und postmoderne »Hype« reden, wie man will; am Ende gibt es tatsächlich eine soziale, politische und ökonomische Welt, die nicht-virtuell ist und nicht dekonstruiert werden kann. Wir haben dies erlebt, als die südostasiatischen Ökonomien 1998 zusammenbrachen und sich dort über

Nacht die jeweilige Mittelschicht auf der Straße wiederfand, um Früchte und Schnürsenkel zu verkaufen. Wenn die Elektrizität ausfällt, die Supermärkte geschlossen sind und die Militärpolizei die Straßen kontrolliert, um die Ordnung aufrechtzuerhalten, wird es auch nicht viel helfen, auf die Löschtaste zu drücken, Derrida zu lesen oder der letzten Gruppe kultureller Gurus zu lauschen.

Eine Reihe von Wissenschaftlern hat versucht, über diesen Punkt hinaus auf das 21. Jahrhundert zu sehen, wenn die Übergangsphase vorbei und ein neues Weltsystem etabliert ist. So nimmt Wallerstein in seinem Buch *Capitalist Civilization* drei mögliche Szenarien an, von denen sicherlich jedes eintreffen kann.[3] Das erste ist der Neofeudalismus, bei dem die endlose Kapitalakkumulation als Selbstzweck endlich aufgegeben worden ist, aber eine rigide gesellschaftliche Hierarchie wiedererrichtet wurde, um die politische Stabilität zu sichern. Ein zweites Szenario ist der »demokratische Faschismus«, bei dem die Welt in die zwanzig Prozent einer Elite und achtzig Prozent des Rests aufgeteilt worden ist. Dies war laut Wallerstein auch Hitlers Version, nur daß er (abgesehen vom Übergewicht seiner Ideologie) den Fehler machte, eine zahlenmäßig zu kleine Elite zu haben. Schließlich könnten wir möglicherweise eine dezentralisierte egalitäre Weltordnung bekommen, obwohl Wallerstein nie sagt, wie wir dies erreichen könnten – mir scheint, daß hier die Machtverhältnisse ignoriert werden. Im Jahre 3000 könnten wir jedenfalls, Wallerstein zufolge, auf den Kapitalismus oder die Periode von 1500 bis 2100 als lange Übergangsphase zu einer stärker egalitären Welt oder als ein durch und durch instabiles sozioökonomisches Experiment zurückblicken, in dessen Folge die Welt wieder zu stabileren politischen Formen zurückkehrte.

Es gibt jedoch eine Reihe anderer Möglichkeiten, von denen einige wahrscheinlicher sind als andere. Die am wenigsten wahrscheinliche ist das New-Age- oder populistische Szenario, auf das ich in der Einleitung hinwies, demzufolge eine Kombination von hingebungsvoller Aktivität im »richtigen« Sinne und ein Wandel im geistigen Bewußtsein in zwei oder drei Jahrzehnten eine Wende zum Besseren bewirken. Dies könnte man das »Wunder«-Modell nennen, denn es basiert auf Wunschdenken anstatt auf einem ernsthaften Verständnis von Geschichte oder Gesellschaftswissenschaft. Ebenso unwahrscheinlich ist das extreme Gegenstück, das Szenario eines totalen und schnellen Zusammenbruchs, wie er sich in der alten Maya-Kultur ereignete, obwohl vermutlich lange vor den letzten Ereignissen Anzeichen auf diesen Kollaps hindeuteten. In den Vereinigten Staaten würde dieses Szenario einen Abstieg in regelrechte Barbarei bedeuten, wie er im Film *Blade Runner* beschrieben ist. Dies ist sicherlich möglich und mag sogar in einem *gewissen* Ausmaß gegen Ende des 21. Jahrhunderts, vielleicht für kurze Zeit, geschehen; aber generell erscheinen mir die Aussichten auf einen langsamen statt schnellen Zerfall größer, denn in diesem Land scheint das Krisenmanagement immer sehr gut zu funktionieren. Das heißt, wir tendieren dazu, uns mit ernsthaften Problemen fünf Minuten vor zwölf zu befassen, um so ein Desaster zu verhindern, aber gleichzeitig wenig mehr zu erreichen. Wir könnten dies die Option des »Durchwurstelns« nennen, bei dem das Hauptziel darin besteht, sich gerade über Wasser zu halten. Hungersnöte könnten zum Beispiel durch die Herstellung billiger Lebensmittel aus Seetang vermieden werden, und ein Massenselbstmord könnte durch die Verteilung einer Prozac-ähnlichen Droge abgewendet werden. Durchwursteln ist das, was wir im Augenblick in Wahrheit tun, aber wir können nicht davon ausgehen, daß wir dies auf unbestimmte Zeit tun können.

Eine andere Möglichkeit und eine, die von dem Historiker Warren Wagar (in *A Short History of the Future)* als logisches Ergebnis des Zusammenbruchs des Kapitalismus vorgebracht wurde, ist das Entstehen einer weltweiten Regierung nach einem kommunistischen Modell. Dies erscheint nun als etwas veraltet; Einflußzonen in, sagen wir, drei größeren politischen Blöcken erscheinen weitaus wahrscheinlicher. Aber die Idee ist, daß die einzige Kraft, welche die Weltordnung stabilisieren kann, genau dies ist: eine einheitliche, autoritäre Weltordnung. Möglicherweise *driften* wir eher zu ihr, als daß wir sie absichtlich organisieren; in der Tat handelt es sich um das, was nach Ansicht rechter, paramilitärischer Gruppen in diesem Land bereits auf die eine oder andere Weise geschieht. Wie sehr ich auch deren Antisemitismus, weißes Vormachtdenken und Kryptofaschismus verabscheue, diese Gruppen haben in einem Punkt recht: Tag für Tag werden von der Regierung immer detailliertere Informationen über uns alle angehäuft und per Computer erfaßt – wichtige Daten wie medizinische Informationen, Einkommen, Konsumverhalten, Kriminalität, psychologische Verfassung usw. – und unter der jeweiligen Sozialversicherungsnummer zentral gespeichert. Wie wir oben gesehen haben, wird das logische Ergebnis von all dem in apokalyptischer Form von Ira Levin in *This Perfect Day* beschrieben, ein Szenario, in dem eine computerisierte Gesellschaft von chemisch ruhiggestellten Bürgern von einer kleinen technologischen Elite gefügig gehalten wird. Dieses Modell könnte auch auf die Einflußsphären-Situation angewandt werden, derzufolge die Welt in geopolitische Blöcke aufgeteilt ist (Nordamerika, Europa, das Pazifische Becken), die à la Singapur zusammen die Welt überwachen und die Massen mittels Organisationen wie Interpol regulieren.

Solch ein System wäre in der Tat schrecklich; es könnte auf unbestimmte Zeit stabil sein, denkt man an das Ausmaß an militärischer Macht, die in den Händen der herrschenden Klasse und ihrer technokratischen und administrativen Untergebenen versammelt ist. Es ähnelt m. E. sehr Wallersteins Szenario eines demokratischen Faschismus. In Wagars Gesamtplan wird dieses System letztlich so bürokratisch, erstickend und kopflastig, daß es im Gefolge ständiger Rebellionen auseinanderbricht und zu Wallersteins dritter Option führt, einer dezentralisierten egalitären Weltordnung – Wagar nennt sie »Haus der Erde« (im Prinzip die Grüne Option). Demnach wären Quebec, Nord- und Südkalifornien, Schottland, das Elsaß usw. alle unabhängige politische Einheiten. Diese Devolution oder Balkanisierung kann natürlich viele Formen annehmen, einschließlich der neofeudalen, die Wallerstein beschreibt. Man kann sich eine mosaikartige Welt in grüner, egalitärer, bioregionaler Harmonie vorstellen oder eine Situation wie etwa im mittelalterlichen Italien, eine anarchische Ansammlung kriegerischer Staaten. Diese Ministaaten könnten dabei genauso repressiv wie jedes andere totalitäre Regime sein.

Wir können auch die Möglichkeit eines sog. »hellenistischen« Modells in Betracht ziehen, das – historisch gesehen – auf der Blütezeit der griechischen Kultur im Mittelmeerraum und weiter östlich während der Jahre 336 bis 30 v. Chr. beruht. Weiter gefaßt, konnte sich diese Kultur bis auf das zweite Jahrhundert erstrekken, als Rom damit begann, dieses riesige Gebiet zu übernehmen, und die beiden Kulturen sich vermischten. Trotz jüngster wissenschaftlicher Arbeiten, die das Bild etwas modifiziert haben, gilt die griechisch-römische Welt von Alexandria und anderen Orten traditionellerweise als Schmelztiegel, als kaleidoskopische Kultur, die kosmopolitisch und hoch entwickelt war. Dies sieht in der Tat aus wie eine Eine-Welt-Situation, da alles unter dem Banner Griechenlands und Mazedoniens oder später der Oberherrschaft des SPQR – senatus populusque Romanus – zusammengefaßt war. Es war tatsächlich eine sehr reiche und komplexe Synthese griechischer und alter nahöstlicher intellektueller Traditionen und Lebensweisen. Dank dieser kreativen Mischung kam es namentlich in den beiden ersten Jahrhunderten n. Chr. zu einer bemerkenswerten kulturellen Renaissance in den Städten des alten Griechenlands und des Nahen Ostens, als neue literarische Werke in allen Genres erschienen, die Architektur und die darstellenden Künste in Blüte standen und sich die Naturwissenschaft und die Philosophie dank des Einflusses von Galen, Ptolemäus und, im dritten Jahrhundert, von Plotin wandelten. Unter der Fassade der griechischen und später römischen Einheit lag ein kompliziertes, mosaikartiges Muster religiöser und politischer Sekten. Rom kümmerte es zum Beispiel nicht, was diese Untergruppen taten, solange sie es im Privaten taten und in der Öffentlichkeit Lippenbekenntnisse zur römischen Oberherrschaft ablegten. Taten sie dies nicht – die Juden in Palästina sind vielleicht das beste Beispiel hierfür –, schritt der Staat mit Macht gegen sie ein. Aber wenn sie bereit waren, »dem Kaiser zu geben, was des Kaisers ist«, dann galten diese Subkulturen als harmlos und durften ihre andersartigen Lebensweisen praktizieren. In gewissem Sinn ist das die Situation, die wir heute in Europa und Nordamerika haben, nur daß der soziale und ökonomische Druck zum Konformismus so intensiv ist, daß monastisches oder bohèmehaftes Handeln irgendeiner Art nur sehr schwer zu bewahren ist. Die herrschende Kultur im Westen durchdringt alle Bereiche; wir besitzen eigentlich nicht die relative Toleranz der hellenistischen Welt, und die Marginalisierten in unserer Gesellschaft werden kaum als eine Art künstlerischen Experiments gesehen. (Selbst die Harley-Davidson-Gruppen tendieren dazu, normale Jobs zu haben.) Aber dies würde monastisches Handeln in seiner Wirkung um so radikaler machen, denn wenn unsere Version von SPQR, nämlich die Fortune 500, abgelehnt wird, könnte möglicherweise die Struktur von innen ausgehöhlt und in eine »hellenistische« Richtung gelenkt werden. Vielleicht ist dies nicht das ideale Ergebnis monastischer Aktivität, aber ich kann mir gut vorstellen, daß dieses

Modell wohl nicht die schlechteste mögliche Zukunft für die westliche Welt wäre, zumindest eine Zeitlang.

Kommen wir schließlich zu dem oszillatorischen Modell oder dem Modell eines Zerfalls mit anschließender Renaissance, wofür ich ständig plädiert habe. (In Wahrheit ist dies ebenso ein Metamodell wie ein einfaches Modell, da es die meisten der bislang beschriebenen Modelle einschließen kann.) Bei diesem Szenario würde die monastische Aktivität die größte Wirkung entfalten. Die Idee besteht hier, wie im Westeuropa des zwölften Jahrhunderts, in einem langsamen, zufälligen und unerwarteten Zusammenfallen von Faktoren – wozu die monastische Bewahrung und Tradierung gehören –, die zu einem synergetischen, unvorhersagbaren Ergebnis führen. Genau darum geht es in der alternativen Geschichte, doch in diesem Fall ist das »Was-wenn?« in der Zukunft und nicht in der Vergangenheit angesiedelt. Wie in Wallersteins *Utopistics* gibt es Verbindungen zur Chaostheorie, derzufolge geringe Fluktuationen unerwartete Konsequenzen haben können. Ich bin mir nicht sicher, aus welchen anderen Faktoren sie bestehen würde, und dies ist kein unwichtiger Punkt. Wir wissen, wie sie im zwölften Jahrhundert aussahen, aber wir können nur spekulieren, wie sie im 21. aussehen werden. Aber wenn wir nur einen Augenblick die monastische Option an sich betrachten, so machen in diesem Szenario Michael Moores Filme (zusammen mit David Barsamians Radioprogrammen usw.) das konzernbestimmte Leben so lächerlich, daß Millionen junger Leute es ablehnen, so zu leben, und geschäftliche Aktivität im allgemeinen zwar nicht obsolet wird – das wäre ebenso unmöglich wie unerwünscht –, aber etwas, was man nicht mehr zum Zentrum des Lebens machen möchte. Olga Blooms Barkenkonzerte führen zu Hunderttausenden von Musikkarrieren. Will Fitzhughs Zeitschrift erzeugt ein weitverbreitetes Verlangen nach kreativer geistiger Arbeit. Das Beispiel des Clemente-Kurses bringt Menschen dazu,

Jane Austen zu lesen und nicht ihre Zeit damit zu vergeuden, auf dem Web zu surfen. Ist dies eine reine Phantasievorstellung? Schon möglich, aber so etwas ist tatsächlich im zwölften Jahrhundert passiert, wie wir im zweiten Kapitel gesehen haben. Ich spreche schließlich über kleine Veränderungen, die sich mit der Zeit akkumulieren; es ist überhaupt nicht so unwahrscheinlich, wie man denken könnte. Und es ist wichtig, sich daran zu erinnern, daß selbst dann, wenn die monastische Aktivität keine hinreichende Bedingung hierfür ist, sie doch eine *notwendige* ist. Das ideale Ergebnis solcher Tätigkeit besteht darin, daß es beim unerwarteten Zusammentreffen der Faktoren zu einer erneuerten Aufklärung kommt, aber natürlich in modernisierter, post-postmoderner Form.

Nehmen wir zum Spaß einmal an, daß dies tatsächlich geschieht. Was wären in diesem Fall die entscheidenden Charakteristika der Neuen Aufklärung? Es mag nützlich sein, zuerst die Charakteristika der alten Aufklärung Revue passieren zu lassen. Natürlich gibt es viele; Tausende von Büchern sind über dieses Thema geschrieben worden. Aber das wichtigste Konzept ist vielleicht, folgt man dem schottischen Historiker David Daiches, das der Verbesserung. Freilich verstehen wir dieses Konzept heute, glaube ich, besser; eine oszillatorische Theorie kann nicht den Begriff unbegrenzter Verbesserung enthalten, und ich werde unten mehr über die reflexive Qualität unseres zeitgenössischen Wissens sagen. Aber das 18. Jahrhundert war ein Zeitalter des Optimismus, da es davon ausging, daß Kenntnisse über die natürliche Welt, das Individuum und die Gesellschaft unweigerlich alle drei Bereiche verbessern würden. Wenn es sich auch nicht völlig um »Wissen um des Wissens willen« handelte, so war diese Vorstellung doch auch nicht rein utilitaristisch. Vielmehr glaubten die Philosophen der Aufklärung, daß eine unbeschränkte und interesselose Untersuchung auf diesen drei Gebieten auf natürliche

Weise zu dem führen würde, was Francis Bacon »die Erleichterung des menschlichen Loses« nannte.

Denkt man an eine Renaissance oder an eine Neue Aufklärung, so liegt auf der Hand, daß es sich nicht um eine einfache Wiederholung des 18. Jahrhunderts handeln kann. Zu viel ist zwischen der damaligen Zeit und heute geschehen, und viele unserer Bedürfnisse unterscheiden sich sehr von denen früherer Zeiten. Viele, aber nicht alle. Ich stelle mir wieder einmal eine Mittelklasse voller Energie vor, ein bewußtes Anknüpfen an die Aufklärungstraditionen der Demokratie und eines sich immer stärker ausdehnenden intellektuelles Denkens sowie eine Kultur, in der die Künste, die Wissenschaften und die Literatur eine zentrale Rolle im Leben eines sehr großen Teils der Bevölkerung spielen. Ich stelle mir auch eine Zivilisation mit starken humanistischen Werten vor, in der die Geschäftswelt und die Cybertechnologie eine dienende Rolle spielen. Die Welt von Kommerz und Bildschirmterminals würde in der Neuen Aufklärung als *Mittel* zu einem guten Leben betrachtet, aber niemand würde den Fehler machen, es mit dem guten Leben selbst zu verwechseln. Dementsprechend würden Konzerne in viel geringerem Umfang als heute bestehen, und ihr Einfluß wäre entsprechend reduziert. In der Tat könnte es nicht anders sein, da es nach dem »Großen Zusammenbruch« im 21. Jahrhundert jedermann klar wäre, daß die Übermacht der Konzerne über unser Leben ein tödliches Arrangement war, das letztlich für den Kollaps verantwortlich war, und daß nun, in der Phase des Wiederaufbaus, ein solcher Einfluß um jeden Preis zu vermeiden sei. Gleichzeitig würde es eine gesündere Balance zwischen der globalen und der regionalen Kultur geben. Außerdem würden McWorld und die Coca-Kolonisierung des Planeten der Vergangenheit angehören.

Ich nehme jedoch nicht an, daß die Veränderungen als Resultat eines »neuen Bewußtseins« oder einer geistigen Verfassung oder irgendeiner Form zielgerichteten, populistischen Handelns zustande kommen werden. Sicherlich wird sich die Einstellung gegenüber vielen Dingen ändern müssen, und ganz bestimmt werden die Menschen in absichtsvoller Weise handeln müssen. Aber der motivierende Faktor hinter all diesen Veränderungen wird das Ausmaß des großen Zusammenbruchs sein, der als eine Art Weckruf von ungeahnter Dimension fungieren wird. Obendrein wird es nicht mehr möglich sein, daß transnationale Konzerne die gesamte Umwelt kontrollieren und erfassen, da sie finanziell so sehr geschwächt sind, daß sie einfach nicht mehr die Mittel haben werden, um weiteren Schaden anzurichten. In einem solchen Kontext werden monastische Werte nicht mehr als kurios gelten, und sie werden keine Randphänomene mehr sein.

Wenn das 22. Jahrhundert eine Rückkehr zu den Werten der Aufklärung mit sich bringt, so wird es nicht so sein, als kehrten wir zu ihr zurück. Zu viel ist, wie gesagt, seit dem 18. Jahrhundert geschehen. Die Rückkehr wird einer Spiralbewegung ähneln, die einige der Aufklärungsideale aufnimmt, aber genug Bewußtheit entwickelt hat, um sie sozusagen auf eine höhere Ebene zu heben. Auch geht viel von dem, was sie aufnehmen wird, auf den positiven Beitrag des postmodernen Angriffs zurück. Wir können unmöglich die Aufklärung einfach wieder zum Leben erwecken, denn sosehr wir die Macht ihrer Weltanschauung kennen, so sind wir uns auch ihrer Grenzen bewußt. Die aufklärerische Vision einer unbegrenzten Verbesserung und erschöpfenden Weltkenntnis ist nicht mehr glaubwürdig. Die Vorstellung, daß eines Tages alles Wissen in einigen wenigen Grundprinzipien zusammengefaßt sein wird, daß wir im Endergebnis vollkommen verstehen, was Individuen und die Gesellschaft funktionieren läßt, und daß wir, auf dieser Basis, ein besseres Leben für alle schaffen können – diese Vorstellung ist einfach nicht mehr länger haltbar. Diejenigen, die während der Aufklärung lebten, glaubten, daß wir alles wissen können. Die Postmoderne machte den Fehler zu glauben, daß wir nichts wissen können. Die Wahrheit ist sicherlich, daß wir *einige* Dinge wissen können, und daß es einen Wert hat, Wissen zu haben. Eine gewisse Entspannung zwischen Aufklärung und Postmoderne ist somit möglich. Der Beitrag, den die Postmoderne im Bereich der westlichen Philosophie geleistet hat, ist ein Thema, das sicher schon vorher aufgegriffen wurde (wenn auch nicht mit solcher Entschiedenheit): Es gibt eine reflexive Qualität all unseres Wissens. Wenn wir die Wahrheit entdecken, so gibt es dabei auch eine subjektive Komponente, durch die wir sie schaffen, und deshalb müssen wir uns bewußt bleiben, daß wir die Wahrheit suchen. Wir verfolgen Ziele (wenn auch nicht unbedingt politische, wie ich gleich hinzufügen möchte) bei der Wahrheitssuche, und so wird sich immer die Frage stellen, wie wahr die »Wahrheit« eigentlich ist. Es scheint zuzutreffen, daß $E = mc^2$ ist und Galileos Beschreibung der Schwerkraft richtig war, während diejenige des Aristoteles nicht stimmte, und daß es sich dabei um wirklich universelles Wissen handelt, das für alle Zeit gültig ist, doch ebenso zutreffend ist auch, daß viel von dem, was wir wissen, kulturell und zeitlich bedingt ist. Der Trick besteht sozusagen darin, die Wahrheit mit all jenem Optimismus und der Liebe zur Vernunft zu suchen, welche die Aufklärung beseelte, und zur gleichen Zeit bereit zu sein, dieser Bemühung einen postmodernen Dreh zu geben: Der Wissende ist Teil des Gewußten, und das Wissen ist wahrscheinlich vorläufig. Ich suche die Wahrheit, *und* ich bin mir dessen bewußt, daß ich dies als kulturell situierter Wahrheitssucher tue. Zugegeben, die Postmoderne degenerierte rasch zu einer furchtbaren, narzißtischen Hybris; aber wenn sie mit den Werten der Aufklärung verbunden wird, könnte sie die Vertreter der Neuen Aufklärung befähigen, sich im Hinblick auf fixierte Positionen über die Natur der Wahrheit in Bescheidenheit zu üben.

In einem alten Witz wird die Frage gestellt: »Was bekommt man, wenn man einen Dekonstruktionisten mit einem Mafioso kreuzt? Antwort: Jemanden, der dir ein Angebot macht, das du nicht verstehen kannst.« E. O. Wilson schlägt in seinem Buch *Consilience* folgende philosophische Faustregel vor, die, wie ich glaube, gut für die Neue Aufklärung funktionieren würde: »Insoweit«, schreibt er, »philosophische Positionen sowohl Verwirrung stiften als auch weitere Untersuchungen abschneiden, sind sie wahrscheinlich falsch.«[4] Dies beschreibt die Postmoderne sehr gut, und doch kann, wie Wilson zugibt, das ganze Unternehmen nicht einfach »neben Theosophie und transzendentalem Idealismus ins historische Kuriositätenkabinett verbannt werden«. Denn Texte sind oftmals unbestimmt, und vielfältige Gesichtspunkte und Interpretationen sind oft möglich. Die postmoderne Rebellion gegen fixierte Formen hinterläßt schließlich ein positives Erbe: Sei dir fixierter Formen bewußt. Ja, man hat hier einen Vorschlaghammer benutzt, um eine Nuß zu knacken, doch erkennen wir an, was Anerkennung verdient.

Reflexives Denken wird also zum Bewußtsein der Neuen Aufklärung gehören. Ich bin sicher, daß sich dies ohne weiteres mit der monastischen/nomadischen Sicht des Lebens vereinbaren läßt. Ernest Becker plädiert in seinem Artikel »The Spectrum of Loneliness« für eine monastische Perspektive als eine Art Bestimmung für die Menschheit, bei der das Individuum seine oder ihre eigene kulturelle Konditionierung durchschaut und es ablehnt, noch länger blind von einem heroischen Macht- und Erfolgsprogramm angetrieben zu werden. An diesem Punkt der Befreiung von der konditionierenden Kultur wird der einzelne direkt mit dem Problem des Lebenssinns konfrontiert und kann keine sichere Antwort finden. Er wird vielleicht versucht sein, wie Becker zu fragen, »welche Art von sozialen Formen wir uns vorstellen können, in denen die Einsamkeit der Individuation als erstrebenswertes Entwicklungsziel im persönlichen Leben gilt ...?«[5] Er muß folglich das Leben wie eine Art Fragezeichen leben und, wie Becker schreibt, »nur an diesem Punkt kann man von einem echten religiösen Bewußtsein für unsere Zeit sprechen«. Deshalb ist die monastische Option meines Erachtens sowohl spirituell wie weltlich: Sie kombiniert die Suche der Aufklärung nach Wahrheit mit einem radikalen Nicht-Wissen. Becker weist darauf hin, daß es dieses Dilemma war, das den deutschen Soziologen Max Horkheimer (vgl. das dritte Kapitel) vermutlich veranlaßte, davon zu sprechen, daß »die Gemeinden der Aufgegebenen« das angemessene Bewußtseinsniveau des modernen Menschen darstellen.

Dennoch bleibt die Frage, ob nicht ein gesundes Elitentum – wir sollten eigentlich von »Qualität« sprechen – demokratisiert werden kann, ohne zerstört zu werden. Wie viele können der kulturellen Konditionierung entgehen? Wie groß können diese »Gemeinden der Aufgegebenen« sinnvollerweise sein? Dies war letztlich die Frage, die hinter der Literatur steckte, die im »Intermezzo« diskutiert wurde, und dies führt mich zum letzten Thema, das ich ansprechen muß – nämlich die Frage der Macht. Wenn die menschliche Rasse es nicht wirklich schafft, mit der Tendenz zu brechen, wie sie die den Jägern und Sammlern nachfolgenden Gesellschaften hatten, in denen Angst durch Machtausübung bekämpft wurde, dann wird die von mir beschriebene Gesellschaft nach dem Großen Zusammenbruch nicht viel mehr als Wunschdenken sein. Wir könnten sicher immer noch eine Neue Aufklärung haben, aber nur im Rahmen einer hierarchischen sozialen Organisation oder bestenfalls eines wie oben beschriebenen hellenistischen Modells. Ich muß bekennen, daß ich von beiden Möglichkeiten nicht begeistert bin. Lassen sie mich somit diese Erörterung mit ein paar Worten über die Macht und ihr Verhältnis zum Menschen beschließen.

Rousseau hatte geglaubt, das Problem der sozialen Ungleichheit – das heißt, das Problem der Macht – sei für Menschen *innerhalb einer Zivilisation* charakteristisch. Wir wissen nun, daß er sich geirrt hat, aber nur teilweise. Aufgrund der verlängerten Abhängigkeit des Kindes und der psychologischen Konfiguration der Trennung von Selbst/Anderem, die beim Menschen gewöhnlich im dritten Lebensjahr stattfindet, ist der Wille zur Macht Teil unserer biologischen und psychologischen Veranlagung, aber er wird in der modernen Zivilisation weit mehr freigesetzt als in Kulturen der Jäger und Sammler. In einer brillanten ethnographischen Studie *(Staatsfeinde)* hat Pierre Clastres argumentiert, daß solche Kulturen eine komplexe und paradoxe Methode haben, den Machtwillen zu kontrollieren. Ich diskutiere dies ausführlich in einem früheren Buch, *Wandering God,* und da es sich um eine recht verwickelte Beweisführung handelt, kann ich sie hier nicht eigentlich wiederholen. Für unseren Zweck genügt es jedoch zu sagen, daß eine Rückkehr zum Zustand der Gesellschaft der Jäger und Sammler mitsamt ihren komplexen »Ausgleichsmechanismen« zur Verhinderung sozialer Ungleichheit keine wahrscheinliche Möglichkeit darstellt. Dies wirft die Frage auf, was funktionieren würde. In seiner *Short History of the Future* entwirft Wagar ein Szenario, demzufolge Altruismus und ein gleichzeitiges fehlendes Interesse an Macht gentechnisch in die Menschen programmiert wurden, so daß eine neue Rasse, der »Homo sapiens altior« entstand. Wagar geht davon aus, daß keine Religion oder geistige Disziplin dazu in der Lage ist. Vielmehr müßten wir, ähnlich wie in Anthony Burgess' *Clockwork Orange*, wissenschaftlich in die Persönlichkeit eindringen, um solch radikale Veränderungen herbeizuführen.

Ira Lewin beschäftigt sich, wie wir gesehen haben, mit der gleichen Frage und argumentiert, daß Rebellen oder Revolutionäre normalerweise die alte Machtelite stürzen wollen, um sich selbst als die neue zu etablieren. Was seinen heroischen (und antiheroischen) Protagonisten Chip von all den anderen unterscheidet, ist, daß er nicht die Mächtigen ersetzen will, sondern die Macht als solche abschaffen möchte. Sicher ist dies zumindest innerhalb der Zivilisation eine utopische Vision, denn es ist unwahrscheinlich, daß mehr als eine Handvoll Leute jemals »Gemeinden der Aufgegebenen« bilden und innerhalb dieser Gemeinden keine Machtspiele inszenieren werden (daher Gilles Deleuzes zutreffende Formulierung vom »Mikrofaschismus der Avantgarde«). Eine Politik mit solch heiligenähnlichen Zügen würde ein Machtvakuum erzeugen, und dieses Vakuum würde sich eher mit den schlechtesten Elementen der Gesellschaft als mit den besten füllen. Sieht man einmal von einer gentechnologischen Intervention ab, so werden wahrscheinlich die NMI, wie schon E. M. Forster gesagt hat, eher die Gewürze der Gesellschaft sein, niemals deren Fleisch und Kartoffeln.

Dies führt mich zu einem weiteren alternativen Szenario, einem, das ich nicht so gern in Betracht ziehe, das sich aber als reale Möglichkeit bietet: Marge Piercys Vision einer dreistöckigen Gesellschaft in ihrem futuristischen Roman *He, She, and It.* Wie im Fall von Wagars Szenario ist Piercy zufolge Wandel nur aufgrund einer Apokalypse möglich: wieder einmal Atomkrieg. Aber während sich Wagar eine Weiterentwicklung von einer sozialistischen Eine-Welt-Formation zu einer dezentralisierten egalitären Welt vorstellte (die letztlich durch Gentechnologie möglich gemacht wird), besteht Piercys Vision darin, daß sich die Konzerne wieder etablieren und daß die Vereinigten Staaten dann in eine kleine, wohlerzogene Elite und eine große Masse von Menschen aufgeteilt sind, die in einer armen, chaotischen und ungesunden Megalopolis, die »Glop« genannt wird, wohnen. Allerdings gibt es eine Ausnahme, nämlich eine Gemeinde monastischer Rebellen, die Tikvah (das hebräische Wort für Hoffnung) heißen, ihren eigenen Regeln folgen und weder der Sterilität des Konzernlebens noch dem anarchischen Elend des Glop erliegen. Diese Rebellen suchen ein Leben, das Sinn und Selbstbewußtsein ermöglicht, und könnten als exemplarische Träger dessen gelten, was ich die Neue Aufklärung nenne. lhre Trumpfkarte – das heißt, der Grund dafür, daß die Konzerne sie nicht vereinnahmen oder vernichten – besteht darin, daß sie Software-Genies sind und »Rebellen«programme erstellen, die sie befähigen, sich zu schützen. In diesem Szenario haben wir also eine Renaissance, eine Bewahrung und Tradierung der Aufklärungskultur, aber nur für einige wenige, und ihr Einfluß auf den Rest der Kultur ist offenbar nicht existent. Piercys Vision besteht also in einer einzigen Zone der Intelligenz in einer ansonsten bedrückenden Welt. So könnte das 22. Jahrhundert sehr wohl aussehen, und vielleicht ist es als Modell so wahrscheinlich wie die anderen in diesem Kapitel; aber im Hinblick auf eine größere Gesellschaft wäre es eine sehr beschränkte Art der Renaissance.

Mit dieser Übersicht verfügen wir, glaube ich, über eine recht breite Palette von Möglichkeiten. Innerhalb der Zivilisation jedenfalls sind dies wahrscheinlich die Hauptalternativen, die uns zur Verfügung stehen, obwohl man natürlich niemals ganz sicher sein kann. Denken wir jedoch daran, daß die monastische Option nicht von Natur aus mit diesen größeren politischen Ergebnissen befaßt ist. Ich habe diese Möglichkeiten Revue passieren lassen, um dem Leser und der Leserin einen Eindruck davon zu vermitteln, was diese Art der Makroanalyse bietet. Viele von uns wollen über den nächsten Horizont hinausblicken, um ein Gefühl dafür zu bekommen, wie es alles sozusagen ausgehen wird. Aber letztlich brauchen wir uns nicht zu sehr um das Gesamtbild zu kümmern, denn wir haben sowieso wenig Kontrolle über die Zukunft; und selbst wenn wir sie hätten, würde angesichts des oszillatorischen Verlaufs, mit dem unsere Kultur vermutlich immer wird leben müssen, die langfristige Konstellation eben das sein, was es auch immer sein mag, mit Fluktuationen von Licht und Dunkel über längere Zeiträume. Dies ist sicherlich nicht die aufklärerische Sicht der Menschheitsgeschichte, sondern vielmehr wohl eine der Einsichten, über die wir heute verfügen und zu früheren Zeiten nicht. Der britische Philosoph Stuart Hampshire hat diesen Aspekt besser formuliert, als ich es kann:

»Wenn man einmal die übernatürlichen Behauptungen über die Absichten des Schöpfers aufgegeben hat, bleibt kein hinreichender empirischer Grund zu glauben, daß es so etwas wie eine historische Entwicklung der Menschheit als Ganzes gibt. Was wir in der Geschichte sehen, sind Ebbe und Flut verschiedener Bevölkerungen in verschiedenen Phasen gesellschaftlicher Entwicklung, die miteinander agieren und kein gemeinsames Muster der Entwicklung aufweisen. Benutzt man ältere historische Kategorien, so können wir sinnvollerweise davon sprechen, daß verschiedene Bevölkerungen zu einem Zeitpunkt ihre Blütezeit hatten und mächtig wurden, dann in Dekadenz verfielen und relativ schwach wurden; und Historiker können sinnvollerweise nach einigen allgemeinen Gründen für diese Auf- und Abstiege suchen. Selbst wenn solche allgemeinen Gründe gefunden werden, werden sie allein nicht auf ein Schicksal verweisen und auch nicht auf eine Ordnung in der Entwicklung der Menschheit in ihrer Gesamtheit.«[6]

Und dies ist das »Ende« unserer Geschichte und der Möglichkeiten, die sich, im Kleinen wie im Großen, hinsichtlich der monastischen Option im 21. Jahrhundert bieten. Ich überlasse es Ihnen, zu entscheiden, ob das Glas halb voll oder halb leer ist oder ob dies überhaupt wichtig ist. Denn die monastische Persönlichkeit des 21. Jahrhunderts wird nicht aktiv sein, um große, heroische Ergebnisse zu erzielen, sondern wegen des Gefühls für Wert und Sinn, welches das Handeln selbst enthält.

Dieses Handeln mag eine Wirkung haben oder auch nicht. Unsere Aufgabe besteht lediglich darin, unser Bestes zu versuchen. Lew Welch, ein »Beat Poet« vergangener Jahre aus San Francisco, hat dies so formuliert:

Welch merkwürdigen Spaß sie daran haben,

Ganze Welten zu zerstören,

ALLES zu tun,
Um unsere Leben zu beenden, unser

Wildes Nichtstun?

Aber gegen ihre Wut haben wir unseren Charme,
Und müssen immer wieder sagen, »Seht,
Wenn niemand so leben wollte,
Wäre alle Arbeit der Welt vergebens.«

Und dann und wann hört dies ein Sohn, eine Tochter.

Dann und wann schafft es ein Sohn, schafft es eine Tochter.

Und kommt davon.

Oder wie ein alter Quäkerspruch sagt: »Laß dein *Leben* sprechen.« Das allein ist es, was am Ende wirklich zählt.

ANMERKUNGEN

EINLEITUNG

1 Neil Postman, Wir amüsieren uns zu Tode. Urteilsbildung im Zeitalter der Unterhaltungsindustrie, Frankfurt: Fischer, 1989, S. 190.

2 Thomas Frank, »Dark Age«, in: Thomas Frank and Matt Weiland (Hg.), Commodify Your Dissent, New York: W. W. Norton, 1997, S. 272.

3 Don DeLillo, Weißes Rauschen. Köln: Kiepenheuer & Witsch, 1987, S. 58 u. 72.

4 In: Niall Ferguson (Hg.), Virtual History, London: Papermac, 1998, S. 1.

5 E. M. Forster, »What I Believe«, London: Hogarth Press, 1939, S. 18.

6 Zitiert nach Katherine Washburn and John Thornton (Hg.), Dumbing Down. Essays on the Strip Mining of American Culture, New York: W. W. Norton, 1996, S. 35.

7 Zitiert nach Earl Shorris, New American Blues. A Journey Through Poverty To Democracy, New York: W. W. Norton, 1997, S. 352.

ERSTES KAPITEL

1 Lewis Lapham, Waiting for the Barbarians, London: Verso, 1997, S. 220.

2 John Cassidy, »Who Killed the Middle Class?«, in: The New Yorker, 16. Oktober 1995, S. 113–124.

3 Robert Reich, »My Dinner With Bill«, in: The American Prospect, Nr. 38 (May/June), 1998, S. 6–9.

4 Paul Krugman, »The Spiral of Inequality«, in: Mother Jones, November/Dezember 1996, S. 44–49.

5 William Finnegan, Cold New World, New York: Random House, 1998, S. XIII.

6 Zitiert nach Joel Millman, »Mexico's Billionaire Pyramid«, in: Washington Post, National Weekly Edition, 5.–11. Dezember 1994, S. 25.

7 David Calleo, The Bankrupting of America. How the Federal Budget Is Impoverishing the Nation, New York: William Morrow and Co., 1992, S. 172.

8 David Rieff, »Therapy or Democracy?«, in: World Policy Journal, Jg. 15, Nr. 2, 1998, S. 68.

9 »Number of Poor Children Rises 22 %«, in: Seattle Post-Intelligencer, 23. März 1992, S. A3.

10 »India's Child Slaves«, in: International Herald Tribune, 17. Oktober 1996, S. 10; vgl. ähnliche Artikel in: Seattle Times, 22. Januar 1997, S. A1 und A6.

11 Carol Henson, »Child Labor Figures Nearly Double Earlier World Estimate«, Seattle Post-Intelligencer, 12. November 1996, S. A1 und A6.

12 Melanie Conklin, »Terror Stalks a Columbian Town«, in: The Progressive, February 1997, S. 23–25.

13 Mitteilung der Associated Press im Internet vom 21. Januar 1997.

14 Christopher Chase-Dunn, »The Effect of the International Economic Dependance on Development and Inequality in Cross-National Study«, in: American Sociological Review, Bd. 40, 1975, S. 720–738.

15 »Congress Approves GOP Plan to Cut Taxes«, in: Washington Post, 6. August 1999, S. A1 und A6.

16 Kevin Phillips, Arrogant Capital. Washington, Wall Street, and the Frustration of American Politics, Boston et al.: Little, Brown, and Co., 1994, S. XVI.

17 Ibid., S. 107.

18 David Koitz, »Social Security Reform«, CRS Issue Brief Nr. IB98048, 31. März 1999.

19 Henry J. Aaron, Robert Reischauer, Countdown to Reform. The Great Social Security Debate, New York: The Century Foundation Press, 1998.

20 Peter Peterson, Gray Dawn. How the Coming Age Wave Will Transform America – and the World, New York: Random House, 1999.

21 John Simon, in: Dumbing Down, a. a. O., S. 43–54.

22 Peter Sacks, Generation X Goes to College, Chicago: Open Court, 1996.

23 Mark Edmundson, »On the Uses of a Liberal Education. I. As Lite Entertainment for Bored College Students«, Harper's, September 1997, S. 39–49.

24 Jean François Lyotard, Das postmoderne Wissen. Ein Bericht, Wien: Böhlau, 1986, S. 24 u. 26

25 Sven Birkerts, Gutenberg Elegien, Frankfurt: S. Fischer, 1997, S. 180.

26 Fredric Jameson, The Cultural Logic of Late Capitalism, Durham: Duke University Press, 1991.

27 Robert Grudin, Book, New York: Random House, 1992, S. 119.

28 Alvin Kernan, In Plato's Cave, New Haven: Yale University Press, 1999, S. 239.

29 Alain Finkielkraut, Die Niederlage des Denkens, Reinbek: Rowohlt, 1989, S. 124.

30 James Twitchell, »›But First, a Word from Our Sponsor‹, Advertising and the Carnivalization of Culture«, in: Dumbing Down, a. a. O., S. 198.

31 Paul Fussell, Bad, or, the Dumbing Down of America, New York u. a., Summit Books, 1991, S. 13.

32 Birkerts, a. a. O., S. 248.

33 William Leach, Land of Desire: Merchants, Power, and the Rise of a New America, New York: Pantheon Books, 1993.

34 David Denby, »In Darwin's Wake«, in: The New Yorker, 27. Juli 1997, S. 50–62.

35 Michael Orestes, »That Woman«, in: New York Times Book Review, 4. April 1999, S. 6.

36 Judy Mann, »From the Hill, Evidence of Our Decline«, in: Washington Post, 29. Januar 1999, S. C11.

37 Jeffrey Toobin, »Pat 'n Bill«, in: The New Yorker, 8. Februar 1999, S. 28–32.

38 David Denby, »The Moviegoers«, in: The New Yorker, 6. April 1998, S. 94–101.

39 David Rieff, a. a. O., S. 66.

40 David Remnick, »In the Capital of Words«, in: The New Yorker, 22. bzw. 29. Juni 1998, S. 136.

41 Zitiert nach David Remnick, »Exile in Main Street«, in: The New Yorker, 15. September 1997, S. 48.

42 Robert Kaplan, »Was Democracy Just a Moment?«, in: Atlantic Monthly, Dezember 1997, S. 55–80.

43 Ted Hughes, Tales from Ovid. Twenty-four Passages from the Metamorphoses, London: Faber & Faber, 1997, S. XIV.

44 Robert Kaplan, An Empire Wilderness. Travels Into America's Future, New York: Random House, 1998, S. 181.

45 Shelby Steele, Content of Our Character, New York: St. Martin's Press, 1990, S. 15.

ZWEITES KAPITEL

1 The Poems of Alexander Pope, hrsg. von John Butt, London, 1963, S. 800. Die deutsche Übersetzung stammt von Werner von Koppenfels.

2 J. B. Bury, in: Mortimer Chambers (Hg.), The Fall of Rome, New York: Holt, Rinehart and Winston, 1970, S. 13–20.

3 Meyer-Reinhold, ibid., S. 74–82.

4 Michael Grant, The Fall of the Roman Empire, Radnor: The Annenberg School of Communications, 1976.

5 Joseph Tainter, The Collapse of Complex Societies, Cambridge: Cambridge University Press, 1990, S. 128–152.

6 Charles M. Radding, A World Made By Men: Cognition and Society, 400–1200, Chapel Hill: University of North Caroline Press, 1985.

7 Carl Sagan, The Demon-Haunted World: Science as a Candle in the Dark, New York: Random House, 1995.

8 M. L. W. Laistner, Thought and Letters in Western Europe, London: Methuen, 1957, S. 36 ff.

9 M. D. Knowles, »The Preservation of the Classics«, in: Francis Wormald und C. E. Wright (Hg.), The English Library Before 1700, London: Athlone Press, 1958, S. 136–147.

10 Charles Homer Haskins, The Renaissance of the Twelfth Century, Cambridge: Cambridge University Press, 1971, S. 33.

11 Pierre Riché, Education and Culture in the Barbarian West, Sixth Through Eighth Centuries, Columbia: University of South Carolina Press, 1976.

12 Charles M. Radding, »Evolution of Medieval Mentalities: A Cognitive-Structural Approach«, in: American Historical Review, Jg. 83, Nr. 3 (Juni 1983), S. 577–597.

13 Charles Homer Haskins, a. a. O.

14 Morris Berman, Coming to Our Senses, New York: Simon & Schuster, 1989.

15 R. W. Southern, »The Schools of Paris and the School of Chartres«, in: Robert L. Benson und Giles Constable (Hg.), Renaissance and Renewal in the Twelfth Century, Cambridge: Harvard University Press, 1982, S. 113–137.

16 John W. Baldwin, »Masters at Paris from 1179 to 1215: A Social Perspective«, ibid., S. 138–171.

17 Janet Martin, »Classicism and Style in Latin Literature«, ibid., S. 537–568.

18 Kenneth Minogue, »The Ego and the Other«, in: Times Literary Supplement, 8. Januar 1999, S. 3–4.

INTERMEZZO

1 George Steiner, In Blaubarts Burg. Anmerkungen zur Neudefinition der Kultur, Frankfurt: Suhrkamp, 1972, S. 12.

2 Walter M. Miller, Lobgesang auf Leibowitz, München: Heyne, 2000.

3 Ibid., S. 93 f.

4 Ibid., S. 188 f.

5 Ibid., S. 189 f.

6 Ibid., S. 338.

7 Ray Bradbury, Fahrenheit 451, Zürich: Diogenes, 1981.

8 Ibid., S. 63.

9 Ibid., S. 54.
10 Ibid., S. 165.

DRITTES KAPITEL

1 Richard Power, Gain, New York: Picador, 1998, S. 159.
2 Max Horkheimer und Theodor W. Adorno, Dialektik der Aufklärung, Frankfurt: Fischer 1970, S. 4.
3 Ronald Wright, A Scientific Romance, New York: Picador, 1998, S. 341.
4 Horkheimer/Adorno, a. a. O., S. 142.
5 William Leach, Land of Desire, a. a. O.
6 James R. Beniger, The Control Revolution: Technological and Economic Origins of the Information Society, Cambridge: Harvard University Press, 1986.
7 William Leach, a.a.O.
8 Ibid., S. 382.
9 Julien Freund, The Sociology of Max Weber, New York: Pantheon, 1968, S. 22.
10 John Dewey, Philosophy and Civilization, Gloucester: Peter Smith, 1931, S. 329 f.
11 Julien Freund, a. a. O., S. 22.
12 Jane Abu-Lughod, »Restructuring the Premodern World System«, in: Fernand Braudel Center, Review, Bd. 13., Nr. 2, S. 273–286.
13 Russell Jacoby, Dogmatic Wisdom, New York: Doubleday, 1994, S. 19.
14 John Updike, Bech in Bedrängnis, Reinbek: Rowohlt, 2000, S. 265 f.
15 Rosemarie Hill, »Explorations of a Third Space«, in: Times Literary Supplement, 23. April 1999, S. 18.

VIERTES KAPITEL

1 Doris Lessing, Anweisung für einen Abstieg zur Hölle, Frankfurt: Fischer/Goverts, 1981, S. 283 f.
2 Todd Gitlin, »The Liberal Arts in the Age of Info-Glut«, in: Chronicle of Higher Education, 1. Mai 1998, S. B 4–5.

3 E. M. Forster, a. a. O., S. 18.

4 Gilles Deleuze/Félix Guattari: Nomadology: The War Machine [Traité de nomadologie], New York: Semiotext(e), 1986.

5 Pierre Clastre, Staatsfeinde. Studien zur Anthropologie, Frankfurt: Suhrkamp 1976, S. 27.

6 Earl Shorris, a. a. O., S. 343.

7 Nathan McCall, Makes Me Wanna Holler: A Young Black Man in America, New York: Random House, 1997.

8 Tony Hiss, The Experience of Place, New York: Vintage Books, 1991.

9 Ibid., S. 167 f.

10 William H. Thomas, Life Worth Living: How Someone You Love Can Still Enjoy Life in a Nursing Home, Acton, Mass.: Van der Wyk & Burnham, 1996.

11 Zitiert nach David Remnick, »Exile in Main Street«, a. a. O.

FÜNFTES KAPITEL

1 Hugh Trever-Roper, »History and Imagination«, in: Hugh Lloyd-Jones et al. (Hg.), History and Imagination, London: Duckworth, 1981, S. 363.

2 Immanuel Wallerstein, Utopistics, Or, Historical Choices of the Twenty-first Century, New York: Basic Books, 1998, S. 1. Vgl. die deutsche Übersetzung u. d. T.: Die Wissenschaft des Utopischen. Historische Alternativen im 21. Jahrhundert, Wien: Promedia, 2002.

3 Immanuel Wallerstein, Historical Capitalism; with Capitalist Civilization, London, New York: Verso, 1995.

4 Edward O. Wilson, Consilience: the Unity of Knowledge, New York: Knopf, 1998, S. 43.

5 Ernest Becker, »The Spectrum of Loneliness«, in: Humanitas 10 (1974), S. 237–246.

6 Zitiert nach: John Gray, Isaiah Berlin, Princeton: Princeton University Press, 1996, S. 88 f.